ANDREAS
SCHUTTI
mit Daniel Gerber

DISCO KÖNIG

GELD · SEX · MACHT

Wie ich erst alles verlieren musste, um wirklich reich zu werden

SCM
Hänssler

SCM

Stiftung Christliche Medien

SCM Hänssler ist ein Imprint der SCM Verlagsgruppe, die zur Stiftung Christliche Medien gehört, einer gemeinnützigen Stiftung, die sich für die Förderung und Verbreitung christlicher Bücher, Zeitschriften, Filme und Musik einsetzt.

MIX
Papier aus verantwortungsvollen Quellen
FSC® C014496

3. Auflage 2020

Max-Eyth-Straße 41 · 71088 Holzgerlingen
Internet: www.scm-haenssler.de; E-Mail: info@scm-haenssler.de

Lektorat: Christiane Kathmann, www.lektorat-kathmann.de
Umschlaggestaltung: Patrick Horlacher, Stuttgart
Titelbild: Robert Maybach - Fotografie; www.robertmaybach.com
Satz: typoscript GmbH, Walddorfhäslach
Fotos im Bildteil: Andreas Schutti (privat)
Druck und Bindung: GGP Media GmbH, Pößneck
Gedruckt in Deutschland
ISBN 978-3-7751-5887-9
Bestell-Nr. 395.887

INHALT

PROLOG

Der verlorene Sohn

Letztlich war es nicht schwer gewesen, die beiden Prostituierten zu Sex ohne Gummi zu bewegen. Bei der einen brauchte es etwas mehr Überredungskunst als bei der anderen, aber bald waren die zwei bereit, meinen Appetit auf einen Dreier zu stillen. Schöne Worte und harte Währung führten dazu, dass ich diesen Kick, das Spiel mit dem Tod, ausleben konnte, dank Viagra auch ziemlich lange.

Allerdings war der Sex nur das vordergründige Ereignis. Auf gleicher Ebene stand der Reiz, die beiden herumzukriegen und sie dazu zu bringen, etwas zu tun, das sie zunächst abgelehnt hatten.

Doch dieser Kick allein reichte mir nicht. Nachdem ich von den beiden abgelassen hatte, fuhr ich nach Linz zu meiner Familie, um mit meiner Lebensgefährtin zu schlafen. Anschließend brauste ich in meinem Cabrio zu meiner Geliebten, der amtierenden Miss Austria, um mit ihr das Quartett vollzumachen.

Ich führte ein Leben in Saus und Braus. Die erfolgreichsten Diskotheken im Land gehörten mir. Dank der wildesten Aktionen, zum Beispiel Nacktduschen normaler Besucher in einer Glaskabine auf der Bühne, waren meine Ausgeh-Tempel stets zum Bersten voll.

Die Millionen flossen auf mein Konto und ich streckte meine Fühler aus, um die *NACHTSCHICHT*-Kette um Standorte in Südafrika, Spanien, USA, England, Deutschland und der Schweiz auszudehnen. Ich hatte es geschafft. Ich, der kleine Junge, aus Oberösterreich, der in ärmlichen Verhältnissen aufgewachsen war, in einem Haus mit Lehmboden, ohne fließendes Wasser und einem Plumpsklo.

Doch mein märchenhafter Aufstieg forderte seinen Tribut: Warum nur überlegte ich, ob ich bei 260 Kilometer pro Stunde zwischen Wien und Linz einfach die Hände vom Lenkrad nehmen sollte? Innerlich war ich komplett ausgelaugt. Moralisch bankrott, zerrissen und abgewrackt. Wären nicht meine Kinder gewesen, hätte es sicherlich die Beerdigung des Jahres gegeben, bei der die falschen Freunde, all die Schmarotzer und Neider so getan hätten, als hätten sie mich geliebt. Die wahren Gefährten und meine Angehörigen hätten echte Tränen der Trauer fließen lassen.

Ziellos, haltlos, rastlos eilte ich von einem irdischen Erfolg zum anderen. Wie der verlorene Sohn in der Bibel wollte ich an einem Ort der Geborgenheit ankommen. Mit einem Unterschied: Der junge Mann aus dieser Geschichte hatte einst ein echtes Zuhause, ich aber hatte in der Kindheit keine Vaterliebe erfahren. So war ich der verlorene Sohn, der heimwollte, ohne zu wissen, wo das ist.

1

Top of the World

»Auf euch werde ich runterpissen!« Diesen verheißungsvollen Vorsatz setzte ich in Graz nun auch in die Tat um. Nur wenige Jahre zuvor hatte ich mir geschworen, dass mein gelber Strahl die Lackaffen und Gastrobonzen der Stadt treffen würde. Freilich stand ich nicht tatsächlich auf dem Dach unserer neuen *NACHTSCHICHT*, um einen ge*harn*ischten Treffer zu landen. In der Zeit der Mobiltelefon-Kameras wäre das doch eher suboptimal gewesen – auch wenn ein Skandal oft die beste Werbung ist. Stattdessen tat ich es nur symbolisch, aber dafür umso ausführlicher.

Mein Schwur ging zurück auf die Eröffnung des »Lucky Valley« in Linz. Mit diesem gigantischen Lokal hatte ich mich erst wenige Jahre zuvor in die Liga der Big Player hochkatapultiert. Eines Abends stand ich auf dem Parkdeck dieses Zentrums und sah die Gastrokapitäne der Stadt, wie sie bei einem Empfang mit ihren Rotwein- und Champagnergläsern zusammenstanden und jeder über seine eigenen Witze lachte. In diesem Moment schwor ich mir: Auf diese wichtigtuerischen, geschniegelten Lackaffen und Ausgeh-Generäle würde ich eines Tages runterpissen. Denen allen würde ich »es« eines Tages zeigen.

Und nun war dieser Moment gekommen. Ich führte bereits mehrere pulsierende Diskotheken und die *NACHTSCHICHT* in Graz war das neue Prunkstück in dieser Ausgeh-Juwelensammlung. Der eingangs erwähnte Zeitpunkt war somit gekommen. Natürlich waren es nicht genau »die«, die ich damals gesehen hatte. Doch inzwischen zeigte ich »es« den anderen Discobesitzern und Gastrogenerälen in mehreren großen Städten Österreichs. Ich hatte »sie« nun zu Luft, zu Wasser und zu Boden besiegt, an die Wand gefahren und angezählt. Der Erfolg, das Im-Mittelpunkt-Stehen, die Anerkennung waren die Luft, die ich zum Atmen brauchte. Etliche waren eifersüchtig, aber wie heißt es so schön: *Neid ist etwas, das man sich verdienen muss.* Und dafür hatte ich hart geschuftet. Vor meinen Etablissements standen die Leute Schlange. Über meine Ausgeh-Tempel wurde in den Medien berichtet. Die Stars gingen ein und aus. Ich war oben angelangt auf dem Dach der Discowelt. Mit meinem neuen Lebensgefühl holte ich Pokal um Pokal in Form von Frauen, Autos und immer wieder neuen Ausbauplänen.

Zu diesem Zeitpunkt wusste ich noch nicht, dass ich später russisches Roulette in einem Bordell spielen würde, wodurch ich nicht nur mich, sondern auch andere Menschen in den Tod reißen konnte. Selbst in meinen durchaus kühnen Träumen wagte ich nicht, mir vorzustellen, dass wir nach Südafrika expandieren würden, wo uns eine Schießerei vor dem Lokal die Schockstarre in die Gebeine treiben würde, und nach Spanien, wo die marokkanische Drogenmafia für die Polizei nur ein müdes Lächeln übrig hatte.

Ohne Höschen gegen »Freude«

Zum *NACHTSCHICHT*-Komplex in Graz gehörten gleich mehrere Ausgeh-Lokale: der Tanztreff *Mausefalle*, die Disco *Kokomo*, das *Rock-Café* sowie ein Spielsalon.

Mein Lächeln zog sich bis weit über die hintersten Backenzähne, als ich erfuhr, dass wir mit unserer Inhousepartymeile insbesondere einen Konkurrenten ausgestochen hatten: die Diskothek *Fun* (also »Freude«). Die »Fehde« reichte zurück in eine andere Stadt. In Linz standen wir bereits in Konkurrenz mit diesem Nachtschwärmer-Mekka, das einige Zeit vor unserer Eröffnung ins Grazer Nachtleben eingestiegen war. Mit unserem Nacht-Imperium setzten wir neue Maßstäbe und wir räucherten mit dem Kunstrauch unserer Disco den Freudentaumel im *Fun* schlicht und ergreifend aus. Die Leute gingen nicht mehr in die Freudenhöhle, sie kamen zu uns. Und dies in solchen Scharen, dass sogar die Verkehrsnachrichten durchaus süffisant davon erzählten – der hippe Sender *Ö3* berichtete, dass unsere Eröffnung einen Verkehrsstau ausgelöst hatte …

Ich hatte alle Register gezogen und das *Kokomo* ganz im afrikanischen Stil gestaltet mit üppigen Palmen und afrikanischen Skulpturen und Masken, die jedoch in Neonfarben bemalt waren. Unser Personal tippelte in eng geschnittenen Stofffetzen mit Leoparden- und Zebramustern herum, die Männer wie Tarzan, die Frauen wie Jane. Sogar ein Pool befand sich im Innenbereich.

Unser Personal war hip und zog das Publikum richtiggehend ins Lokal. Damit unsere Barkeeperinnen – oft mit Rastas ausgestattet – und die männlichen Cocktail-Helden die Gäste sexy und knackig bezirzten, schenkte ich ihnen Solarium-Gutscheine, denn sie sollten auch in den Frostmonaten wohlige karibische und mediterrane Wärme verströmen und zum Bleiben und Anbeißen verlocken. Um gerade Letzteres sicherzustellen, versprach ich einzelnen Mädels einen ansehnlichen Trinkgeld-Bonus, wenn sie unter dem ohnehin knappen Raubtier-Muster-Mini kein Höschen trugen. Also rein gar nichts außer die – nun ja – nackte Natur. Ein paar machten dies hemmungslos mit. Manche bückten sich lasziv und langsam, wenn sie hinter der Bar etwas aus einem tiefer gelegenen Regal oder einer Schublade hervorholen mussten oder wenn ihnen beim Bedienen etwas auf den Boden gefallen war. Die Männer schauten verblüfft – und bestellten nach. Es gab sogar einige Kellnerinnen, die sich unten anfassen ließen, wenn jemand eine Flasche Champagner bestellte. Die Massen kamen in Strömen. Der Alkohol floss in Strömen. Das Geld floss in Strömen. Sieg auf der ganzen Linie.

In meinen – und nicht nur in meinen – Augen war ich schlicht der Größte. Mit diesem weiteren Nachtlokal hatte ich mir auf dem vermeintlichen Höhepunkt meiner Discokarriere noch einmal ein weitaus höheres Ziel gesetzt und auch dieses erreicht. Ich war derart selbstverliebt, dass ich glaube, alles, was ich wollte, auch erreichen zu können. Bestätigt wurde ich darin von wimpernklimpernden Schönheiten, die Dinge flöteten wie: »Wenn der Andi in einen Raum kommt, betritt er ihn nicht – er erscheint!« Obschon ich eine Familie hatte, die mich liebte, erschien ich manchen dieser Mädchen in der Nacht …

Der Erfolg prägte mein Ego nach Belieben. Regelmäßig wurde über unsere Lokale in der Presse berichtet. Mein Stolz wuchs täglich. Es fühlte sich gut an, der Größte zu sein und die Millionen auf dem Konto zu sehen – denn ich war aus dem Nichts gekommen. Einst gehänselt, stand ich nun ganz oben.

Ich konnte dabei zusehen, wie in meinem Leben das in Erfüllung ging, wovon Heerscharen von Männern träumen: ein lautes, schrilles, schillerndes Nachtleben. Mädels, die einen anhimmeln. Geld, das einem nachrennt (statt umgekehrt). Boliden mit so viel PS, dass es für einen Kenworth-Truck reichen würde.

Wirklich damit umgehen konnte ich nicht. Die Leute scharten sich um mich, sonnten sich in meinem Erfolg und wollten etwas davon abbekommen. Manche taten alles für mich. Wenn mir ein Mädel gefiel, organisierten mir Typen ihre Nummer, ohne dass ich danach gefragt hatte – einfach um sich bei mir einzuschleimen und Punkte zu sammeln. Im Gegenzug zeigte ich mich großzügig und verlieh beispielsweise meine Autos.

All dieser Erfolg war im Grund Gift für mich, doch ich trank dieses in vollen Zügen. Und ich fand darin nur Bestätigung. Keiner sagte: »Das ist Blödsinn, was du da machst!«, wenn ich permanent meine Lebensgefährtin betrog. Keiner fragte: »Denkst du, dass das richtig ist? Du hast eine Familie!« Da waren nur die Schulterklopfer, die das toll und cool fanden und mich dabei unterstützten – und selbst nach allen Regeln der Kunst das Gleiche taten. Ich hatte keinen Freund der Sorte, die auch mal bereit ist, einem ins Gewissen zu reden. Im Gegenteil: Mein Erfolg bedeutete für viele andere Geschäftsleute, dass auch sie erfolgreicher waren, etwa jene Lieferanten, die durch uns zu Überfliegern wurden. Klar, dass da niemand Tempo aus der Sache nehmen wollte. Um mich herum gab es nur Leute, die mich noch mehr in die Richtung pushten, in die ich bereits ging.

Sehen und übersehen werden

Innerlich lebten eigentlich zwei Andis in mir. Der eine, der gern und laut im Mittelpunkt stand. Der, der sich in der Masse sonnte und Mädels abschleppte. Ich wollte das alles richtig auskosten. Oft hielt ich unterwegs auf einem Parkplatz wenige Minuten von der Disco entfernt kurz an, um 150 Liegestützen zu stemmen, um die Muskeln aufzupumpen, damit diese schön angespannt und für die weiblichen Besucher ein Blickfang (und für die männlichen ein

Statement) waren. Bei den beliebten Chuck-Norris-Facts würde es heißen: »Wenn Chuck Norris Liegestütze macht, drückt er nicht sich nach oben, sondern die Welt nach unten.« Genau so fühlte ich mich.

Da war aber auch der andere Andi in mir, dem ein gewisser Neidlevel unangenehm war. Ich fand es enorm cool, all die Schlitten von Mercedes über BMW bis hin zu Porsche zu fahren, die in meiner Garage darauf warteten. Aber wenn mich Bekannte vor der Disco damit sahen, war mir das peinlich. Das Angeber-Leben auf vier Rädern sorgte in mir für eine innere Scham, irgendwie war ich nicht der Überdrüber-Prolet. Ich fuhr selten – womöglich noch mit dem Cabrio – vor der Tür vor. Meine Lebensgefährtin Astrid war da eher die Autofanatikerin.

Da ich zwischen all den Discos und flüchtigen Bekanntschaften in ganz Österreich zirkulierte, legte ich jährlich an die 180 000 Kilometer zurück. Vor meinen Partybunkern parkte ich öfters in der dritten Reihe oder sogar auf einem Parkplatz hinter dem Lokal. Bei neidvollen Blicken und dem Negativen, das da mitschwingt, war ich sensibel.

Ein Abend war für mich dann ein gelungener Abend, wenn mein Lokal zum Bersten voll war. Und das war oft so. Wenn auch nur an einem Ort auf der Tanzfläche noch eine Lücke war, in die sich zwei oder drei Personen hätten reinquetschen können, wurde ich unruhig und begann bereits zu grübeln, was wir noch besser machen könnten. Existenz- und Versagensängste schossen schnell in meine stets kreisenden Gedanken und verursachten einen hämmernden Mechanismus in meinem Gehirn, der seine Wurzeln in meiner Kindheit hatte und mir auf Schritt und Tritt folgte.

War die Hütte voll, fand ich Ruhe und begann, mich nach fe-schen Mädels umzusehen, mit denen ich von Disco zu Disco ziehen konnte. An jedem Ort durfte ich den VIP-Eingang nutzen, was meine jeweilige Begleiterin natürlich beeindruckte. Das Augenpaar, das mich da von Stunde zu Stunde stärker bewunderte, war die Krönung auf meinem Discokönighaupt. Es ging mir bei diesen One-Night-Stands jedoch nicht so sehr um den Sex an sich – um den natürlich auch –, sondern um die Eroberung. Der Alkohol half mir, die Frauen schneller rumzukriegen und mein Gewissen abzutöten.

Männer zweimal, Frauen nur einmal

Warum genau geht man in so eine Disco wie meine *NACHT-SCHICHT*? Nur wenige sind zum Tanzen da, die meisten wollen sich mindestens zeigen, sich präsentieren. Und von diesen wiederum wollen viele aufreißen oder aufgerissen werden. Zweifelsohne heißt das nicht, dass jede(r) da drin auch gleich bereit ist, mit jemandem ins Bett zu gehen. In all den Jahren habe ich beobachtet, dass bei den Frauen eine von zwei dazu bereit ist, mit jemandem ins Bett zu gehen. Bei den Männern dagegen gingen etwa 98 Prozent mit, wenn eine Frau ihnen schöne Augen machte. Oder anders gesagt: Die Männer mussten zweimal fragen, die Frauen einmal. Jeder Abend dreht(e) sich um das Gleiche und auch ich schaute, dass ich nicht zu kurz kam.

Für mich gab es zwei typische Arten von Aufriss-Nächten. Die eine lief so ab: Die Tanzfläche bebte, die Laune war feuchtfröhlich und ich erkannte, dass alles einwandfrei lief. Ein sorgenfreier Abend. Dies geschah selten, da ich immer irgendwo noch etwas sah, das zu optimieren war. Aber es gab sie. Mit einem positiven Gefühl in den Eroberungsfeldzug zu steigen, machte natürlich noch viel mehr Spaß.

Unter über tausend Mädels, die sich im Lokal in Szene setzten, war schnell eine für den Boss des Betriebs gefunden. Standesgemäß baggerte ich aber nicht selbst, sondern ich schickte jemanden von der Crew, um abzuchecken, ob da etwas laufen könnte. Es erhöhte das Knistern, wenn die Kleine das Spiel mitspielte und anmutig in meinen Vorhof vordrang. Und es verhinderte, dass ich im eigenen Lokal einen Korb verpasst bekam. Ich war nicht der klassische Aufreißertyp und brauchte darum etwas Alkohol oder eine Starthilfe.

Dann ging es darum, die Maus zu beeindrucken. Ich zeigte ihr mein Reich und genoss die anerkennenden Blicke. Anschließend ging es nach draußen. Mit dem 500er- Mercedes klapperten wir die anderen Diskotheken ab und trafen uns jedes Mal mit dem Chef zum Small Talk. Auch hier ging es um sehen und gesehen werden. Es war wie im Film. An jedem Ort gab es einen Drink aufs Haus und an jedem Ort schmiegte sich das Mädel etwas enger an mich.

Bei diesen Abenden stand das Beeindrucken, das Sich-zur-Schau-Stellen, im Vordergrund. Sex war nicht der Ansporn, sondern der Jagdinstinkt. Was natürlich nicht hieß, dass man tief in der Nacht nicht trotzdem in einer Hotelsuite landete …

Die andere Form meiner typischen Disconacht steht in manchen Punkten im Widerspruch zur vorher beschriebenen Szene. Dennoch waren beide typisch.

Das Ausgangsszenario war ähnlich: Die Tanzfläche war gerammelt voll und ich erspähte eine richtig heiße Katze. Die Bässe wummerten, die Riffs rissen alles mit sich und der Kunstrauch ließ einen Moment der ungezähmten Freiheit riechen. Ich erkannte, dass es mit diesem Mädel etwas werden könnte, ging zu ihr, wir tranken etwas Alkohol und dann, so um 2 bis 3 Uhr in der Früh, nach etwas Schäkern, fragte ich schlicht und einfach: »Wollen wir Sex haben?«

Erstaunlich viele verstießen mich daraufhin nicht, besonders wenn sie wussten, dass ich der Boss des Lokals war. Dann ging es nach etwas Alkohol und Party in ein Hotel. Wichtig dabei war mir, den tollen Hengst zu markieren, was dank Viagra kein Problem war.

Eigentlich sorgte Viagra jedoch für eine Lähmung. Gefühle hatte ich dabei in den Lenden keine mehr. Sex wurde zur Kopfgeschichte, zum tierischen Akt, bei dem ich mir super vorkam. Mit Zärtlichkeit und Hingabe hat dies nichts zu tun, sondern mehr mit einem Stierkampf, bei dem es darum geht, das Ego zu befriedigen. Viele Männer bedienen sich deshalb auf dem Schwarzmarkt.

Alle sollten denken, dass ich ein toller Hecht bin, es war eine Art Marketing. Eigentlich ein Wahnsinn. Aber die Chicks waren von meiner Testosteronleistung beeindruckt. Ohne diese blauen Pillen hätte es gewiss genug Frauen gegeben, die von mir enttäuscht gewesen wären.

»Es ist vorbei!«

Natürlich litt Astrid unter meinen Affären, meist ließ sie sich jedoch nichts anmerken. Ich wusste selbst nicht, warum ich das tat, nachdem ich so verbissen um Astrid gekämpft hatte. Ich wollte ihr treu sein, doch es zog mich immer wieder weg. All den Druck vor der Eröffnung und auch in den Wochen danach – die Finanzierung war beispielsweise nur durch eine Geldjonglage der Extraklasse möglich – baute ich über das Ventil des Flirtens ab. In meiner äußerst knapp bemessenen Zeit fuhr ich manchmal statt zu meiner Familie ins ländliche Gebiet der Steiermark, wo ich ein Auge auf die Tochter eines anderen Discobesitzers geworfen hatte. Ihrer Mutter war das nicht nur recht, sie dachte aufgrund meines Erfolgs, dass ich sehr reich sei, und verkuppelte mich mit ihrer Tochter. Dass ich liiert und Familienvater war, spielte für meine Gespielin und ihre Mutter keine größere Rolle. Für meine Lebensgefährtin dagegen schon.

Astrid merkte, dass ich mich von ihr wegorientierte und eines Tages sagte ich ihr, dass es aus sei. Doch statt mit unsagbarer Traurigkeit oder einem Wutanfall von der Wucht eines Erdrutschs reagierte sie völlig unerwartet. Mit einer Bestimmtheit, die keinen Deutungsspielraum übrig ließ, entgegnete sie: »Ich denke nicht im Traum daran zu gehen. Sag, was du willst, aber ich gehe garantiert nicht!«

Dennoch fuhr ich tief in der Nacht nach Betriebsende unbeeindruckt zu meinem Flirt hinaus aufs Land. Als ich die Schönheit küsste, spürte ich jedoch rein gar nichts – das war mir noch nie passiert. Ich erkannte, dass ich, der Herr von Schall und Rauch, mich in einem Gebilde aus Glanz und Gloria verirrt hatte. Daher beendete ich diese Episode.

An diesem Tag erschien ich erst zu vorgerückter Stunde wieder in meinem Lokal. Und wen sah ich auf der Tanzfläche, über beide Wangen strahlend und mit ihrem Charisma den Raum einnehmend? Astrid. Sie lächelte mich an, als wäre sie frisch in mich verliebt. Nicht einfach ein Stich traf mich ins Herz, sondern eine Panzerfaust. Reumütig ging ich zu ihr, nahm sie in die Arme und sagte: »Maus, es tut mir so leid.«

Als sich die Abläufe eingespielt hatten, kehrte etwas Ruhe ein. Astrid und ich genossen eine schöne Zeit in unserem Miteinander sowie im Betrieb. Bis sich aus dem Nichts heraus eisenschwere Fäuste auf unsere Schultern legten: Ein Neider hatte uns bei den Behörden angezeigt.

Unser Lokal verfügte über eine Genehmigung für 1 000 Besucher, doch an jedem Abend begrüßten wir etwa 5 000. Eines schönen Abends wurden es noch ein paar Leute mehr: Es waren Beamte, die eine feuerpolizeiliche Überprüfung starten wollten. Sie wurden intellektuell nicht damit überlastet, im Nu herauszufinden, dass fünfmal mehr Personen vor Ort waren als genehmigt.

Der Verantwortliche forderte, dass ich umgehend das Lokal selbst räumen ließe, sonst würde er dies mit dem Bundesheer selbst erledigen. In den folgenden Stunden redete ich aufrecht und tapfer gegen den institutionellen Gegenwind. Ich malte ihm aus, dass beide Varianten zu einer Massenpanik mit Toten führen würden, wie dies in Österreich noch nie geschehen war, und dass dies auch für den Ruf der Behörden entsetzliche Folgen hätte. Sowohl er wie auch seine Vorgesetzten bis hinauf in die Politik würden zur Rechenschaft gezogen, weil ihretwegen friedlich tanzende Menschen aus ihren jungen Leben gerissen würden. Es gelang mir, die Diskussion derart in die Länge zu ziehen, dass sich die *NACHTSCHICHT* im Laufe der Stunden auf natürliche Weise leerte. Die Schlacht war gewonnen, der Krieg aber natürlich nicht. Am nächsten Tag wurde unser Prunkgebäude amtlich zugesperrt.

Rettung im Rotlicht-Milieu

Durch einen Freund aus dem Rotlichtmilieu gelangte ich an einen Immobilienhai, der einst Polizist gewesen war und über vorzügliche Kontakte zu den Behörden verfügte, auch zu Beamten, die für ein sattes Bakschisch gern schauten, was sich in bestimmten Fällen machen ließ. Man ist ja fürs Volk da und will dieses keinesfalls hängen lassen. Um ein bisschen Spielraum zu gewinnen, waren 100 000 Schilling, was ungefähr 7 300 Euro entspricht, als Zahlung notwendig. Diskret holte der entsprechende Beamte das Geld bei mir ab. Damit waren die Auflagen natürlich nicht umgangen, aber der Prozess beschleunigte sich auf wundersame Art und Weise. Das war mir mehr als recht, da jeder Tag mit geschlossenen Toren einen beträchtlichen finanziellen Verlust bedeutete, während die Betriebs- und Personalkosten weiterliefen.

Nach dieser Zuwendung wussten wir umgehend, was wir tun mussten, um den Vorgaben zu entsprechen. Innerhalb von zehn Tagen waren die nötigen Umbauten erledigt, die unter anderem zahlreiche Notausgänge beinhalteten. Die sieben Millionen Schilling (rund eine halbe Million Euro) hatte ich zwar nicht, da der Bau des ganzen Betriebs ja noch nicht weit zurücklag, aber das Geld kam dank einem aberwitzigen Jonglieren aus Geldleihen und Rückzahlungen zustande.

Astrid und ich lebten zu diesem Zeitpunkt nicht etwa in einer atemberaubenden Villa, sondern zuerst unten im Lokal und später in einer kargen Wohnung in Graz, die abgesehen von einer ausgelegenen Matratze nicht möbliert war. Zwar klingelte die Kasse nun wieder und pro Monat wurden mehrere Millionen Schilling auf meine Konten gespült, doch das Geld nutzte ich, um die Schulden vom Bau sowie dem Umbau so rasch wie möglich abzuzahlen.

Pro Monat setzten wir zu diesem Zeitpunkt etwa zwölf Millionen Schilling um und nach einem Jahr waren sämtliche Schulden getilgt. Weniger gut ging es meinem Geschäftspartner Roland: Die Arbeitsbelastung unterspülte seine Ehe, da er in Linz die »Mausefalle« führte, seine Frau aber in Graz lebte. Um ihn zu entlasten, leitete ich die *NACHTSCHICHT* ohne seine Hilfe mit Astrid und meiner rechten Hand Kurt, teilte aber fifty-fifty mit Roland. Da ich ihn sehr schätzte und ihm beistehen wollte, fiel mir diese Großzügigkeit nicht weiter schwer.

In dieser Zeit lief alles rund. Nach den langen, extremen Partynächten konnte ich daheim runterkommen. Bei all den Affären und flüchtigen Sextreffen klingt es komisch, aber wenn ich daheim war, fühlte ich mich bei meiner Familie geborgen. Es fühlte sich *richtig* an. Und trotzdem schaffte ich den Einstieg ins Familienleben nicht richtig. Denn kaum rüttelte es am Äußeren – sprich am Geschäftlichen –, vergaß ich wieder, was ich an Astrid hatte. Sosehr ich mich auch bemühte, besonders wenn ich unter Druck stand, flüchtete ich immer wieder in Eroberungen. Ein gutes väterliches Vorbild aus meiner Kindheit, dem ich folgen konnte, hatte ich nicht.

»Wehen? Warte noch!«

Plötzlich war Astrid schwanger. Mein zweites Kind war unterwegs, für Astrid war es das erste. Wir hatten nie darüber geredet und tasteten uns nun gegenseitig vorsichtig ab, ob wir das Baby überhaupt wollten. Doch bald bemerkten wir, dass wir uns enorm auf das kleine Leben freuten.

Ich kaufte uns in Graz eine Eigentumswohnung und wir richteten diese schmuck ein, damit das Kleine nicht in eine laute Bude an einer dicht befahrenen Straße hineingeboren würde. Da wir nun ein richtiges Zuhause hatten, holte ich meinen Sohn Kevin häufiger zu mir. Er nervte mich jedoch durch seine Verschlossenheit, er war stur und wollte nicht mit mir sprechen. Eigentlich sehnte er sich nach meiner Liebe, aber das verstand ich zu diesem Zeitpunkt nicht. Stattdessen versuchte ich, ihn mit allerhand Geschenken zu bestechen. Weil ich stets mit jeder Menge Arbeit eingedeckt war, setzte ich ihn oft vor Spielautomaten, auf denen er Autorennen fahren konnte.

Von Zeit zu Zeit stand ich selbst hinter dem DJ-Pult. Eines Nachts rief Astrid an. Die Wehen hatten eingesetzt. Umgehend beorderte ich den für diesen Fall vorgesehenen Ersatz hinter die Regler, holte im fürsorglichen Eiltempo meine hochschwangere Frau ab und sauste mit ihr ins Spital. Klingt das unglaublich? Leider ist es das auch. Tatsächlich schärfte ich Astrid am Telefon ein, dass sie noch ein wenig warten müsse, denn ich hielt mich für unersetzlich. Erst als ich meine Musikschicht pflichtgetreu um 2 Uhr beendet hatte, erlaubte es mir mein Terminplan, ins Krankenhaus zu fahren.

Früher wäre es jedoch auch nicht nötig gewesen, denn es dauerte noch bis 11 Uhr, bis unsere kleine Vivienne geboren wurde. Es war der 24. Oktober 1996.

Die Geburt war ein überwältigendes Erlebnis. Bei Kevin hatte ich diese nicht miterlebt, da er aus medizinischen Gründen ohne mein Beisein von den Ärzten aus dem Mutterbauch geholt worden war.

Vivienne war rotbraun, ganz dunkel, als sie frisch geboren war. Es war etwas ganz Besonderes, die ersten Schreie zu hören und sie dann das erste Mal tragen zu dürfen. Ich erinnere mich noch daran, als wäre es gestern geschehen. Und zuletzt war ich genauso erschöpft wie Astrid, weil ich ebenfalls nicht geschlafen hatte. Die Zeit als kleine Familie war wunderbar.

Doch unweigerlich meldete sich der Alltag nur allzu früh wieder, nicht zuletzt durch eine albanische Gang, die Schutzgeld erpressen wollte. Wenn man eine Disco besitzt, schwirren viele Menschen um einen herum, die etwas von einem wollen, und für die Unterwelt sind solche Lokale ein stetiger Anziehungspunkt. Dic

Albaner begannen bereits, Ausschau nach unserer Wohnung zu halten, meine Familie war in Gefahr. Deshalb zogen wir an einen sicheren Ort, damit Astrid angstfrei leben konnte. Dort verbrachten wir die ersten Monate mit Vivienne. Ich kuschelte stets gern mit ihr, wenn ich nach meiner Nachtschicht nach Hause kam. Das hielt sehr lange an, bis zu ihrer Pubertät, als es etwas weniger angemessen gewesen wäre.

Was Astrid alles für mich tat, erkannte ich im Laufe der Jahre nur mit gletscherhafter Langsamkeit. Astrid war während der Schwangerschaft und in den kommenden Jahren aufgrund unseres Nachwuchses selten in der Disco mit dabei. Doch wir hatten das Ganze gemeinsam aufgebaut und auch während dieser Zeit arbeitete sie von zu Hause aus für die Betriebe, indem sie die Buchhaltung und andere administrativen Tätigkeiten erledigte. Sie mochte das Discoleben, ich hatte sie als Discoqueen kennengelernt.

Ich selbst hatte sie sogar darauf gedrillt, möglichst wenig anzuziehen. Wenn unsere Kinder wüssten, wie sie sich auf meine Stoffdirektive hin herrichtete, würde es ihnen eher erzürnte Sorgen- statt Lachfalten ins Gesicht treiben. Wir lebten ein wildes Leben, zudem hatte Astrid auch schon früher gern viel Haut gezeigt. Diese von mir noch befeuerte Neigung lag in einem gewissen Maße auch daran, dass sie es gewohnt war, sich über das Äußere zu definieren. Das war unsere Welt, sie lebte diese Dinge mit und war nicht nur die brave Mutter, die sich daheim um den Nachwuchs kümmert. Das ganze Nachtleben war auch in ihr – mit einer mehrjährigen Kinderpause.

Leidvoll erfahren musste ich damals, zu welchen Tiefpunkten eine Sucht führen kann. Ein Freund aus der Pionierzeit meiner Gastrokarriere war in Not geraten. Seine Spielsucht schwemmte alles weg, was er aufgebaut hatte. Sein Bordell, sein Haus, alles hatte er verspielt. Deshalb verschaffte ich ihm eine Arbeit an der Tür. Doch um – buchstäblich – seinen Ruin finanzieren zu können, stahl er alles, was nicht niet- und nagelfest war. Dazu gehörte auch unser kleiner Tresor. Die beiden waren eines Nachts auf Nimmerwiedersehen verschwunden. Dem Geld trauerte ich nicht nach, es war »nur« das Wechselgeld drin. Aber mich schmerzte, dass ich ihm nicht wirklich hatte helfen können. Wenige Jahre später erfuhr ich, dass er einsam und verwahrlost verstorben war.

Mich traf diese Nachricht hart, denn wir hatten gute Jahre zusammen verbracht. Wie er, war auch ich kurz der Spielsucht verfallen und ich wusste, mit welcher Macht diese an einem zerren kann. Doch ich konnte diese Sucht wieder abstreifen, ehe ich abglitt und das damit verbundene Unheil mit voller Wucht zuschlagen konnte.

Nacktstar sorgt für Leben in der Bude

Doch der Alltag rief mich bald aus der Grübelei hoch, im Nachtleben braucht man ein bunkerdickes Fell und es galt, neue Sprossen in die Karriereleiter zu zimmern. In der damals jüngsten Landeshauptstadt St. Pölten witterte ich den nächsten attraktiven Standort für ein Lokal. Das »Hollywood Megaplex Kinocenter« hatte mir ein Mietangebot unterbreitet, das ich annahm. Täglich fuhr ich die 230 Kilometer hin, um den Fortschritt auf der Baustelle lückenlos zu überwachen, und dann am Abend wieder zurück, um in der *NACHTSCHICHT* aufzulegen oder nach dem Rechten zu sehen.

Dies wurde mit der Zeit dann doch des Guten zu viel. Deshalb setzte ich in Graz einen Betriebsleiter ein, der ebenfalls Roland hieß. Meine jüngere Schwester Martina leitete das Büro, ihr

Freund war für die Tür und den Sicherheitsdienst verantwortlich und meine andere Schwester Manuela arbeitete als Kellnerin in der *Mausefalle*.

Gleichzeitig kam mir zu Ohren, dass mein Partner Roland in Salzburg eine *Mausefalle* eröffnete, ohne dass ich daran beteiligt war. Mein Ärger war nicht unerheblich, da er von Graz die Hälfte erhielt, ohne dafür auch nur einen Finger rühren zu müssen. Und so holte ich mir hier Tilly als Partner an Bord, den Sohn eines früheren Chefs. Als ich Roland, der damals einer meiner besten Freunde war, in einem Brief mein Herz ausschüttete, erfolgte die Antwort flugs. Er habe mich mit einem Anteil an der *Mausefalle* zu Weihnachten überraschen wollen, beteuerte er. Dies erachtete ich zwar als Notlüge, in der wohl die Angst mitschwang, in St. Pölten leer auszugehen, aber ich freute mich dennoch über die plötzliche Beteiligung an der *Mausefalle* in Salzburg, und so holte ich ihn in St. Pölten mit ins Boot. Unweigerlich musste ich deshalb Tilly wieder absetzen, was auch besser war, denn inzwischen war er mit meiner Exfreundin Sabine zusammen. Wenn wir Partner geblieben wären, hätte das nichts anderes bedeutet als: »Feuer frei zum Zickenkrieg inklusive Seitensprung«, denn Sabine und mich vereinte eine On-off-Hassliebe.

Eine pulsierende Metropole mit einem alles mit sich reißenden Nachtleben, schillernd und voller Elan – so wurde mir die Stadt, die wirtschaftlich im Aufschwung war, vorgestellt. Doch als ich begann, den Staff aufzubauen, bröckelten die ersten Steine und es kam die Frage auf, ob die *NACHTSCHICHT* hier nicht eher ein Luftschloss war. Die Teammitglieder, die hier lebten, fanden nicht viel Gutes an der neuntgrößten Stadt Österreichs.

Im Gebäude hatte ich gleich noch ein Café gepachtet, das niemand sonst wollte. Ich richtete es im tropischen Stil her mit einer überdimensionalen *Hooch-Zitrone*. Die Brauerei war begeistert und finanzierte deshalb gleich einen Teil des Mobiliars. Solche Werbegags lockten stets das Publikum, zudem führten sie immer wieder zu finanziellem Entgegenkommen der Brauereien, die mit solchen martialischen Gastrospektakeln ihre Umsätze noch einmal steigern konnten.

Die Eröffnung 1997 sollte zum vollen Erfolg werden. Im Grunde hatte meine zunächst stänkernde Crew recht und das trieb meinen DJs erzürnte Sorgenfalten ins Gesicht: Bei einem Song war die Tanzfläche gerammelt voll und beim nächsten Lied herrschte gähnende Leere auf dem Parkett. Das passte mir natürlich gar nicht. Da ich einen untrügbaren Sinn für den richtigen Sound hatte, stellte ich mich umgehend hinter den DJ und ordnete an, welche Nummer wann zu spielen war. Das führte innerhalb von wenigen Minuten zu einem phänomenalen Umschwung, bald war die Tanzfläche nicht nur wieder gerammelt voll – sie blieb es auch.

Zwar konnte ich keine echten Übergänge von einem Song zum anderen hinkriegen – für den Nichteingeweihten mag das nach einer zu vernachlässigenden Kleinigkeit klingen, doch wenn Wechsel von einem Song zum nächsten nicht wie die Faust aufs Auge passen, dann fühlen sie sich genau so an – aber für die Auswahl und Abfolge der Hits, Stampfer und Anheizer hatte ich stets die richtige Nase, was mir bei den Discjockeys nicht nur Respekt einbrachte, sie waren auch bereit, auf mich zu hören. Zu ihnen gehörte Gerhard Friedle, besser bekannt als DJ Ötzi. Wie die meisten Helden hinter den Plattentellern buchte ich ihn über Agenturen, bald aber stellte ich diese Stimmungskanone ganz bei mir an.

Meine anderen Standorte trotzten dem Sommerloch als uneinnehmbare Festungen. Nicht so St. Pölten. Die Temperaturen stiegen, die Besucherzahl sank. Erstmals überhaupt sah ich mich dieser heimtückischen Gegebenheit gegenüber. Bei Waldläufen mit meinem Dobermann Carlo weinte ich. Meine nagenden Selbstzweifel, die Existenz- und Versagensängste folgten mir auf Schritt und Tritt, so wie sie dies bereits seit frühester Kindheit getan hatten. Was war, wenn die Gäste ausblieben und sich unser Betrieb nicht mehr rentieren würde? Ich wäre vor aller Augen öffentlich demontiert! Das konnte der Discokönig nicht zulassen. Deshalb kam mir eine neue Idee, »the empire strips back«, könnte man sagen.

Sex verkauft sich immer gut und so musste sich nun das Sommerloch warm anziehen: Die französische Nackttänzerin und Pornodarstellerin Lolo Ferrari sollte sich bei uns ausziehen. Wegen ihrer großen Silikonbrüste hatte sie den Weg ins Guinnessbuch der Rekorde gefunden – und nun kam sie deswegen auf unsere Tanzfläche in St. Pölten.

Einen geringfügigen Denkanstoß hatte ich bei dieser Idee jedoch erhalten: Ein anderer Discobesitzer hatte Lolo Ferrari bereits für einen Auftritt bei sich gebucht und auf Plakaten mit ihr geworben. Bei ihrer Agentur leistete ich ein regelrechtes Bravourstück: Es gelang mir, sie noch vor diesem Auftritt bei der Konkurrenz für eine Show in unserem Lokal zu buchen. Auf die Plakate druckte ich »NACHTSCHICHT – immer eine Nasenlänge voraus«. Jeder in der Stadt verstand die Botschaft. Und mir gefiel es, dem Besitzer des anderen Lokals eins auszuwischen, indem das Busenwunder zuerst bei mir die Massen anlockte. So kam es, dass Lolo Ferrari sich bei uns auszog und Autogramme verteilte. Wer wollte, konnte sie auch anfassen.

Bald traten bei uns immer wieder Pornostars auf. Unsere Flyer waren voller Möpse. Pornografie war mein Leben und das projizierte ich erfolgreich in unsere Ausgehpaläste. Frauen- und Männerstrips zogen die Scharen an. Die Umsätze schossen in St.

Pölten nach oben und das Sommerloch getraute sich in den folgenden Jahren nicht mehr, uns herauszufordern.

Erfolg und Verlust liegen nah beieinander

Auch wenn die Erträge an den verschiedenen Standorten stiegen und ich mehr und mehr zum Star der Szene wurde, lief nicht immer alles rund. Zu den bittersten Erfahrungen gehörte es, als meinem Betriebsleiter in Graz auffiel, dass Eintrittsgelder in beträchtlicher Höhe gestohlen wurden. Ich ließ Kameras installieren und musste voller Gram erkennen, dass niemand anderes als der Freund meiner Schwester in die Kasse griff. Den Millionen-Schilling-Verlust wusste ich zu verkraften. Was mir jedoch das Herz brach, war, dass meine Schwester sich vor Gericht gegen mich stellte, als der Gauner schuldig gesprochen wurde.

Dabei hatten wir in der Kindheit so eng zusammengehalten! Wir waren bei der Tyrannisierung, die wir durch ihren Vater (meinen Stiefvater) erlebt hatten, beim Betrug, den er der Familie angetan hatte, unsere gegenseitige Zuflucht gewesen. Und nun stellte sie sich gegen mich und brannte mit einem Kriminellen durch. Es war, als wäre das Traumschloss, ja das Imperium der Träume, das ich aufbaute, zumindest für einige Zeit zu einer staubigen Bezirksstadt irgendwo im Nahen Osten mutiert, aus der die Härte unerbittlicher Jahrhunderte blickte.

Doch auf der Karriereleiter ging es weiter nach oben. Die Lieferanten liebten unsere Unternehmen, da unsere Monatsabschlüsse für ihre Finanzabteilung besonders wertvoll oder gar Schätze waren wie die Ausstellungsstücke im Louvre für Kunstliebhaber. Wir brauchten uns nicht mehr selbst nach neuen Örtlichkeiten umzusehen, diese wurden regelrecht an uns herangetragen. So entschieden Roland und ich, in Linz einen weiteren Standort zu eröffnen. Und weil ich Roman einst versprochen hatte, ihm in »seiner« Stadt nicht in die Quere zu kommen, holte ich ihn und seinen Schwager einfach mit an Bord. Da wir an diesem Standort zu viert waren, blickten wir auf einen deutlich größeren Finanzierungsrahmen – was auch dringend nötig war, denn Roman brachte gleich noch einen weiteren Ableger in Salzburg ins Spiel. Für beide Bauvorhaben zusammen veranschlagten wir rund 60 Millionen Schilling, also etwa 4,4 Millionen Euro.

Um die nötige Inspiration zu finden, jetteten wir mit den Architekten nach Las Vegas, wo ich eine absolute Glimmer-, Glitzer- und Lügenwelt entdeckte, in der nichts normal ist. Tief beeindruckt waren wir vom »Cesar's Palace«. Dessen römischen Stil bauten wir in unseren beiden neuen Tanztempeln nach.

In Las Vegas passierte immer irgendwo etwas, es war unglaublich, was für Shows es dort gab. Nie kamen wir zur Ruhe, überall blinkte etwas. Ich spielte mit 100 000 Schilling, mal verlor ich, mal gewann ich. Kaum war das Glück auf meiner Seite, waren ein paar hübsche Mädels da, die mit mir etwas trinken wollten. Natürlich war mir bewusst, dass die Lokalbetreiber dank der engmaschigen Kameraüberwachungen stets mitbekamen, wenn jemand etwas gewann, um dann ein paar Girls loszuschicken, professionelle Abzocke eben. Die meisten Spieler verlieren letztlich. Ich weiß, was es bedeutet zu verlieren – und auch welch betäubendes Glücksgefühl einen durchfährt, wenn man gewinnt. Aber im Durchschnitt verliert man, denn Casinos und Glücksspielstätten sind keine von Pestalozzi gegründeten Sozialvereine.

Einmal begegnete ich Boxstar Mike Tyson auf einer Toilette. Er war eine Wucht. Seine Oberarme waren unbeschreiblich umfangreich. Ich vergaß völlig, ihn zu fragen, ob er wie ich einige Liegestütze pumpte, bevor er ein Lokal betrat. Aber vermutlich hatte er dies nicht nötig und vielleicht hätte ihn meine Frage auch nicht begeistert. Wer weiß, vielleicht hätte er mir einen Teil des Ohrs abgebissen, wie er es wenig später im Ring tat … Das wäre eine unglaubliche kostenlose Werbung gewesen!

2

Villa Wahnsinn

Nichts ließen wir in unserem gut sortierten, facettenreichen und durch unsere Eindrücke in Las Vegas aufgerüsteten und veredelten Arsenal stehen. Die Optik überwältigte. So bauten wir beispielsweise die römischen Säulen, die wir in Nevada gesehen hatten, im kleineren Maßstab nach. Alles warfen wir bei der fast zeitgleichen Eröffnung unserer neuen Unterhaltungstempel ins Rennen. Ähnlich wie *Guns'n Roses* sieben Jahre zuvor mit *Use Your Illusion I und II* gleichzeitig zwei Alben auf den Markt gebracht hatten – der eine oder andere Song hatte auch in unseren Betrieben zu den tragenden Säulen gehört –, schlugen wir nun einen Doppelmeilenstein in die österreichische Diskotheken-Geschichte.

Die Menschen spürten die Liebe zum Detail in den verschiedenen Themenbereichen der *NACHTSCHICHT*. Wir boten nicht Schaumschläger-Billigausstattung, sondern einen für das Auge wohlklingenden Dekorationskanon, viel nackte Haut und einen Klangteppich, der die Leute regelrecht auf die Tanzfläche zog.

Zuerst eröffneten wir 1998 den neuen Standort am Rande der 200 000-Seelenstadt Linz. In jedem Ohr war damals der Eurodance-Knaller »Bailando« von der niederländischen Sängerin »Loona«. Ihren Platin- und Echo-gekrönten Hit interpretierte sie bei unserem Start in Linz live. Die *NACHTSCHICHT* war gedroschen voll: 1 500 Besucher waren von den Behörden genehmigt, doch bei der Eröffnung und oft auch später waren dreimal so viele Leute gleichzeitig in der *NACHTSCHICHT*.

Zwei Wochen später eröffneten wir in Salzburg nicht weniger bombastisch. Wir hoben die Erlebnisgastronomie auf ein bislang in Österreich unbekanntes Level. Die beiden neuen *NACHTSCHICHT*-Diskotheken spielten in einer eigenen Liga, entsprechend groß war der Andrang. Die Gäste wurden aus dem Alltag rausgeholt, was auch unser Ziel war. Die beiden Eröffnungen waren bei Weitem nicht unsere ersten und so waren wir entsprechend gut vorbereitet. Das einzige Epizentrum fand sich an der Tür, weil wir die Massen einfach irgendwann stoppen mussten, da wir schlicht keinen Platz mehr hatten, die Schlange vor dem Einlass war hundert Meter lang. In Salzburg waren tausend Besucher von den Behörden genehmigt, doppelt so viele waren drin.

Dem verheißungsvollen Auftakt folgte in den Folgejahren der uneingeschränkte Erfolg, der darin gipfelte, dass das ORF-Wirtschaftsmagazin »Eco« uns 2003 einen Beitrag widmete, in welchem festgehalten wurde, dass wir gerade daran waren, die 100-Millionen-Euro-Umsatzmarke zu knacken.

Doch zurück in die Zeit kurz nach der Eröffnung der beiden neuen Leitsterne am österreichischen Ausgeh- und Nachtschwärmer-Himmel. Nur die Sperrstunde konnte uns noch stoppen – und diese begab sich stets bereits am späteren Nachmittag (auch unter der Woche) in ein aussichtsloses Rückzugsgefecht.

Natürlich stieg der Arbeitsaufwand mit den beiden zusätzlichen Schuppen. Um dem gerecht zu werden, zogen wir als Familie nach Linz. Von dort aus konnte ich meinen alles überwachenden Raubvogel-Kreis (meine Devise lautete unverrückbar: »Bei mir kann jeder tun, was ich will«) nach St. Pölten, Wien, Graz und wieder zurückziehen.

Unaufhörlich klingelten die Kassen, gleichzeitig waren auch etliche Probleme zu bewältigen. Dazu gehörte Ärger mit den DJs. Wenn man mit dem Sound, den man auflegt, die Massen kontrollieren und bewegen kann, steigt einem das durchaus zu Kopf, und man will der obercoole Typ hinter dem Pult sein. Immer wieder spielten sie, was sie wollten, oder streuten eigene Kompositionen ein, welche sie und ihre Freunde lustig fanden, sonst aber niemand. In meinen Lokalen war stets die Musik der Garant für den Erfolg und solche Eigenregie-Übungen der DJs leerten die Tanzfläche. Der falsche Sound zur falschen Zeit ist ungefähr so, als würde im Fußball plötzlich der Ball durch einen Tennis- oder Basketball ersetzt. Die Musik war unser Rückgrat. Entsprechend gab ich an unseren wöchentlichen Meetings meine Direktiven jeweils in nicht zu diskutierender Generalität im Kasernenhof-Ton weiter. Den einen oder anderen habe ich bei mehrfacher Zuwiderhandlung entlassen. Entsprechend wenig andächtig, aber richtig ruhig war es deshalb bei den Sitzungen.

Damit die DJs wirklich das taten, was ich forderte, richtete ich außerdem über eine Glasfaserleitung ein Netz ein, durch das ich stets beobachten konnte, was an den einzelnen Standorten gespielt wurde.

Auge in Auge mit der albanischen Mafia

Mit dem wachsenden Erfolg wurden auch Neider, Parasiten, zwielichtige Gestalten und Banden auf uns aufmerksam. Manche waren auf Zerstörung aus, andere wollten vom Profit etwas abbekommen. Ausländergruppen drohten mit Messerstechereien, um auf diese Weise Schutzgeld zu erpressen. Beim erschreckenden Höhepunkt dieser Art war ich von rund 25 zu allem entschlossenen Albanern eingekesselt, die ihre Messerklingen blitzen ließen. Wir standen in der Nähe des Notausgangs auf sehr engem Raum. Die Türsteher waren auf wundersame Art und Weise plötzlich verschwunden, weil sie großen Respekt vor dieser Klientel hatten.

Das mögliche Ende vor Augen, wagte ich eine gewaltige Behauptung: »Ich bin in diesem Betrieb nur die Vorzeigefigur, sonst aber eine kleine Nummer. Glaubt ihr denn wirklich, dass ich der Betreiber all dieser Diskotheken bin? Hinter dem ganzen Unternehmen steckt die ebenso mächtige wie rücksichtslose Russenmafia!« Ich erklärte, ich sei nur das Aushängeschild eines gigantischen Russenimperiums, dessen Möglichkeiten unser Denken weit übersteigen würden. Wenn ich angetastet würde, würden die Russen die Albaner nicht einfach umbringen, sondern auf furchtbare Weise hinrichten. Offensichtlich war ich überzeugend, denn sie verzogen sich schließlich.

Durch einen Kellner, der selbst Albaner war, konnte ein Treffen mit dem Gang-Führer vereinbart werden. Ich stellte mich mit ihm etwas abseits vor dem Lokal auf und machte ein paar Regeln fest. Dazu gehörte, dass er reindurfte – Ganovenehre –, aber seine Jungs nicht, weil das zu Problemen führen würde. Meine Vermutung, dass er reingehen, aber dann bald wieder verschwinden und nicht mehr wiederkommen würde, stellte sich als richtig heraus. Das war gut, denn vorher war diese Gruppe für etliche Probleme verantwortlich gewesen. Bei 3000 bis 4000 Personen geht eine Gruppe von 20 Leuten zunächst unter. Doch die Schwierigkeiten nahmen zu und eine Person war bereits mit dem Messer attackiert worden.

Solche Bandenprobleme stellten sich leider immer wieder ein. In Wien waren es eher die Türken, später in Spanien die Marokkaner. Teils kämpften verschiedene Gruppierungen auch gegeneinander. In Wien entfachten erhitzte Gemüter auf den Straßen schon mal Massenschlägereien von bis zu 30 Leuten. Dann schlossen wir umgehend die Tore, damit die Welle der Gewalt nicht auch in unser Lokal flutete. In solchen Fällen muss man nicht mehr versuchen, etwas dagegen auszurichten.

In Wien geschahen oft extreme Dinge. Wenn es nicht die Migranten waren, dann traten Städter gegen Landeier an. Gerade Letztere waren noch für ein weiteres Problem verantwortlich. Männer zwischen vierzig und fünfzig griffen häufiger einfach Besucherinnen zwischen die Beine und wenn man sie zur Rede stellte, reagierten sie mit einem dümmlichen: »Ach was, soll sich nicht zicken.« Einmal hatte ich es in einer solchen Situation mit einem Typen zu tun, der mir kräftemäßig deutlich überlegen war und der mich schlicht auseinandergenommen hätte. Ich kam ihm mit einer Präventivkopfnuss zuvor. Das Ganze endete vor Gericht, wo er sich als das arme Opfer darstellte, im Lokal hatte er jedoch noch großgetan.

Im Umkreis unseres Standorts in Salzburg prügelten sich häufig unkontrollierbare Elemente ausländischer Schlägerbanden. Zudem musste ich wiederholt die Betriebsleiter austauschen, weil sie entweder in die Kasse griffen oder unfähig waren, die Mitarbeiter zu führen. Der traurige Tiefpunkt war ein Todesfall: Ein Mann war auf das Dach geklettert und dann heruntergefallen. Das ganze Wochenende über lag er tot in einem nicht einsehbaren Treppeneingang, erst am Montag wurde er aufgefunden.

Ein weiteres Drama, das mich bis heute schmerzt, ereignete sich ebenfalls in Salzburg. Während einer unserer Beach- und Schaumpartys stürzte ein junger Besucher mit dem Kopf derart unglücklich auf den Beckenrand des Pools, dass sein Genick brach und er in der Folge querschnittgelähmt war. Im Nachhinein war nicht klar, was passiert war. Einmal sagte er, Freunde hätten ihn gestoßen, ein andermal, dass es Fremde gewesen seien. Wir hatten zwar Security-Leute dort positioniert und der Pool war behördlich genehmigt, aber das konnte das Unglück nicht verhindern. Der lebenslustige Junge war ein Wrack, da halfen auch die 500 000 Schilling nichts, die ich ihm gab, ehe unsere Versicherung sich seiner annahm.

Als ich ihn daheim besuchte, um ihm das Geld zu geben, strahlte die ganze Atmosphäre aus, dass er mich für den Schuldigen hielt. Er suchte – und das ist mehr als nur verständlich – nach jemandem, den er für sein Unglück verantwortlich machen konnte. Mir tat es sehr weh, ihn im Rollstuhl vor mir zu sehen. Ich sagte ihm, dass es mir irrsinnig leidtat, dass dies bei uns passiert war, dass wir aber nicht verantwortlich dafür seien. Letztlich ging es hier auch um Eigenverantwortung.

Das Geld steckte er in Anwälte. Wegen seiner Anschuldigungen schaffte ich es nicht, noch einmal hinzugehen. Wir telefonierten noch zwei, drei Male, die Vorwürfe wurden nicht weniger. Schließlich überließ ich die Sache den Versicherungen. Emotional habe ich das Ganze aber nie wirklich verdaut.

Mein Reich: 3 500 Quadratmeter

Damit ich als (Disco-)König standesgemäß residieren konnte, kaufte ich in der Nähe von Linz ein 3 500-Quadratmeter-Grundstück. Bevor ich einzog, baute ich mein neues Heim mehrfach um. Manches ließ ich selbst errichten und baute es dann trotzdem noch mal um. Eigentlich ein Wahnsinn.

Der Name Villa wäre für den Prunkbau, den ich damals hochziehen ließ, fast schon eine Beleidigung gewesen. Zu dem Gebäude gehörte ein Hallenbad mit vergoldeten Versace-Fliesen. Und beim Einfahren auf das Gelände empfingen einen nachts malerische Lichter, sowohl die Villa als auch der Weg waren beleuchtet.

Oft nahm ich Leute mit nach Hause. Mehrfach ereignete sich dabei die folgende dSzene: Wir waren gerade auf das Anwesen eingebogen und zunächst war einzig die Garage zu erkennen, in der mehrere Fahrzeuge eingestellt waren. Von außen hatte dieser Trakt die Größe eines kleinen Einfamilienhauses. »So groß ist dein Haus nun auch wieder nicht, wie alle sagen«, meinten meine Besucher dann meist. Verwundert blickte ich zu ihnen hinüber und stellte klar: »Bist deppert! Das sind die Garagen!«

Mein Fantasieland kostete schließlich umgerechnet fast drei Millionen Euro, viele der Arbeiten bezahlte ich einfach so, ohne Rechnung. Für allzu viel Kleinkram fehlte mir schlicht die Zeit – gut möglich, dass dabei die Beträge um den einen oder anderen Schilling aufgerundet worden waren und ich immer mal wieder etwas zu viel bezahlte.

Kindheitserinnerungen wurden wach und wahr. Damals, in ärmlichen Verhältnissen, hatte ich mir ausgemalt, wie einfach das Leben als Schillingmillionär wäre. Ich könnte anderen Menschen helfen und ein angenehmes Leben führen. Tatsächlich konnte ich nun anderen Menschen zur Seite stehen. So etwa meiner Mutter, der ich einen Wagen kaufte und ein Haus mietete, nachdem sie sich von meinem Stiefvater getrennt hatte.

»My home is my castle« – treu nach diesem Sprichwort richteten wir uns in unserem Schloss ein, das umgehend zur Pilgerstätte für Schaulustige wurde. Ich brachte tonnenweise Geld heim, spielte den liebenden Familienvater und betrog meine Lebensgefährtin am laufenden Band, was sie zu diesem Zeitpunkt noch nicht ahnte. Wenn ich nach den endlosen Nachtschichten so gegen sechs Uhr morgens daheim vorfuhr, nahm ich Vivienne aus dem Bettchen, legte mich mit ihr auf das Sofa und schlief ein. Wenn sie erwachte, begann sie, auf mir herumzukrabbeln, zu lachen und an meiner Nase und den Ohren zu ziehen, bis Astrid sie nahm. Nach einigen Stunden Schlaf ging dann die Arbeitsschlacht weiter. Rastlos. Pausenlos. Atemlos.

Wenn Kevin bei uns war, spielten wir Fußball, fuhren mit dem Rad ins Grüne oder unternahmen etwas anderes zusammen. Doch etwas konnte ich nicht ungeschehen machen: Er war neidisch auf Vivienne, weil er früher keinen richtigen Vater gehabt hatte. Einer der Hingabe, Liebe und Annahme zeigte. Einer, der da war und Zeit hatte. Dieser Vater – ich – hatte ihm gefehlt. Ich hatte ihn kaum zu Bett gebracht. Diese Nestwärme hatte ihm gefehlt und dadurch konnten wir nicht auf eine Bindung aus den frühesten Tagen blicken. Zudem hing ich während unserer gemeinsamen Zeit oft am Telefon, weil noch irgendetwas irgendwo organisiert werden musste.

1999 folgte ein neuer Höhepunkt. Wir eröffneten im Donauzentrum, Wiens größter Shoppingmall, eine weitere *NACHTSCHICHT*. Auf 2 500 Quadratmeter boten wir eine neue Dimension in der Unterhaltungsindustrie. Die monatliche Miete schlug mit umgerechnet 65 000 Euro zu Buche. Den Coup hatte mein Immobilienmakler eingefädelt, der durch diesen Deal nicht weniger als eine Million Schilling einstreichen durfte (also rund 73 000 Euro). Zudem führte er mich in den Geldadel Wiens ein, in dem ich mich aber unwohl und deplatziert fühlte, obschon es meinem Ego natürlich schmeichelte. Dank meinem Immobilienkameraden konnten so niedrige Betriebskosten ausgehandelt werden, wie sie vor und nach uns niemand zugestanden bekam.

Anders als die abenteuerlichen Horden des ottomanischen Empires, die am nachhaltigen Widerstand der tapferen Wiener gescheitert waren, blieben wir nicht vor den Toren unserer Hauptstadt stehen, sondern eroberten sie im Sturm. Schon wenige Wochen nach der Eröffnung ging mein Discotheken-Märchen auch hier weiter. Zu unserem Eroberungs-Wirbelsturm gehörte wenig Stoff, dafür viel nackte Haut: Go-go-Girls und Stripperinnen lockten alles, was in der Gesellschaft etwas zu sagen hatte, in unsere »Soul Bar«. Diese war bereits in Linz ein erfolgreicher Teil der *NACHTSCHICHT* gewesen und in Wien führte sie das »Who's who« der Stadt in unser Lokal.

Dort begann auch die phänomenale Laufbahn eines Künstlers, der heute zu den wichtigsten Interpreten im deutschen Sprachraum gehört.

Der Anton aus der *NACHTSCHICHT*: DJ Ötzi

Einer der DJs, die mir Freude bereiteten, hieß Gerhard Friedle, besser bekannt unter seinem Bühnennamen DJ Ötzi. Damals war er noch kein Star, sondern einer unserer fünfzehn DJs, die teilweise zwischen unserer wachsenden Anzahl an Standorten zirkulierten. Schnell merkte ich, dass er eine besondere Gabe hat. Er kam in unseren Lokalen bombastisch an und nahm den Raum im Nu ein. Die Leute sangen mit, wenn er bei den Refrains die Musik zudrehte und a cappella sang. Wenn man nicht etwas Besonderes ist, kann das uneingeschränkt in die Hosen gehen. Doch er hatte das gewisse Etwas. Das waren Momente, die ich nicht missen wollte. Er schuf ein Kollektiv, ein Miteinander, er einte Tausende Besucher in einem Augenblick. Viele von ihnen waren ab einem bestimmten Zeitpunkt betrunken, aber friedlich.

Rasch eroberte er die Herzen in den angesagtesten Lokalen Österreichs – sprich in unseren, in meinen. Der Moment kam, als er mit seinem ersten Song am Start war. Natürlich wollte er sich damit nicht blamieren, deshalb hatten wir es zuerst an unseren anderen Standorten getestet. Doch nun donnerten die Beats aus den Boxen und der Titel war ein Kracher. Ein Knock-out. Er zog alle in seinen Bann. Bald darauf war *Anton aus Tirol* die meistverkaufte Single Österreichs.

Meine Idee, dass er bei uns kündigen sollte, um eine Karriere als Sänger zu starten, gefiel DJ Ötzi weniger, aber er hatte bereits Anfragen, bei denen er an einem Tag mehr verdient hätte als bei uns in einem Monat (und das war nicht wenig). Mit Herbert Fechter fand ich einen Manager für ihn, denn der Hit *Anton aus Tirol* schoss in schwindelerregende Höhen (und sollte 75 Wochen in den nationalen Charts verharren). Längst wurde DJ Ötzi auf der Straße erkannt und ich stieß dadurch ebenfalls in neue Sphären vor. Plötzlich fand sich seine Single in vielen Ländern in der Hitparade. Wenn der Erfolg da ist, schwirren alle um einen herum, und man wird hochgehoben und gefeiert. Mein Versprechen, ihn in diesem Haifischbecken nicht allein zu lassen, hielt ich, indem ich so lange an seiner Seite blieb, bis er sich an den Umgang im Business gewöhnt hatte. Noch heute sind wir befreundet.

Bei der Musik hatte ich oft den richtigen Riecher, so auch mit Sandra Stumptner, die bei mir im Büro arbeitete und im Laufe der Zeit zur Künstlerin »Antonia aus Tirol« mutierte. Zunächst trat sie mit DJ Ötzi auf, später folgte eine ebenfalls bis heute anhaltende

Solokarriere. Sandra ist zudem mit meinem Bruder Peter zusammen.

Apropos richtiger Riecher: Den DJ-Ötzi-Song *Hey Baby* wollte die Plattenfirma nicht publizieren. Doch Fechter und ich drängten auf die Veröffentlichung. Das Resultat kann sich sehen lassen: Als erster österreichischer Künstler holte DJ Ötzi Platin in Großbritannien. Und nicht nur dort, sondern sogar in Australien landete der Titel zuoberst in den Charts und er fand auch in den USA Beachtung. In nicht weniger als zwanzig Nationen donnerte der Titel in die Hitparade. Kostenlos regelte ich Gerhard noch ein weiteres Jahr die Finanzen, bis er seine Frau kennenlernte, die diesen Part übernahm. Geld hatte ich selbst genug – aber großartig gefühlt hatte ich mich dabei natürlich. Mit wachsendem Stolz blickte ich auf mein pulsierendes Imperium und meinen Aufstieg in die Welt von Glanz, Glamour und Gloria.

Zu den Stars in unseren Lokalen gehörte außerdem Gigi D'Agostino. Zu den ganz großen Hits des Italieners, die er bei uns in Österreich auflegte, gehörte der französische Titel *L'amour toujours*. Zuletzt hatte er sich in unserem Land Dreifach-Platin erarbeitet sowie Platin in Deutschland. Er wurde in unseren Lokalen zum Überflieger und wir befeuerten den Hype mit Touren durch unsere Standorte in Österreich. Er verstand es, die Stimmung im Lokal zu pushen, die Leute standen. Er hätte ein Weltstar werden können, wäre da nicht seine Flugangst gewesen. Deshalb blieb sein Aktionsradius nur in den (global gesehen) engen Grenzen, die ihm sein Auto gewährte.

Geteilte Freundin

Irgendwann landete ich mit Madelaine[1] im Bett, der besten Freundin meiner Frau, die zudem mit einem Freund von mir verheiratet war, der in einem unserer Betriebe arbeitete.

Madelaine war schön, ohne Frage. Dennoch war es nicht etwa ihr bezaubernder Anblick oder so etwas wie Liebe, was mich zu ihr hinzog, sondern mein Ego. Sie hatte es doch tatsächlich gewagt, mir einmal – einfach so als Spruch – zu sagen, dass ich nicht ihr Typ sei und sie mit mir niemals in die Kiste steigen würde. Dabei war ich es gewohnt, fast jede zu kriegen, die ich wollte. Zu meinen damals oft geäußerten Sprüchen gehörte: »Für jede Frau gibt es die richtige Platte, die man auflegen muss.« Eine Weisheit, die sich immer wieder als richtig erwies. Das war letztlich auch bei Astrids bester Freundin der Fall, die sie nun – unwissentlich versteht sich – mit mir teilte.

Sie wusste zwar, dass ich sie ständig betrog, aber beim schnellen Sex mit anderen schwieg sie sich aus. Wenn sie allerdings bemerkte, dass ich nebenher eine Affäre hatte, reagierte sie verärgert. Schließlich fand sie heraus, dass ich es mit ihrer besten Freundin trieb. »Dann geh doch, wenn es dir nicht passt!«, erwiderte ich kalt, als sie mich zur Rede stellte. Doch sie blieb.

Eine brutale Schlägerei war nötig, damit ich mich wieder ganz in Astrids Arme zurückbegab. Die bereits beschriebenen düsteren und gut organisierten Banden von Türken, Albanern und anderen Migranten aus dem Balkan hatten sich wieder einmal formiert. Behangen mit Goldketten, die Hochkragenhemden bis zum Bauchnabel offen, frisiert wie Fußballstars und gebürstet auf

---

[1] Name geändert.

Krawall. Regelmäßig sorgten sie für Ärger vor unserem Lokal und belästigten Gäste, die rein- oder raus wollten.

An einem unschönen Abend hatten sich diese Gruppen zusammengetan, um uns zu überrollen. Im Nu hatten sie unsere Türsteher wie Dominosteine umgenietet. Gemeinsam mit meinem Bruder und den Leuten vom Sicherheitsdienst, die drinnen im Lokal postiert waren, stellte ich mich den Eindringlingen entgegen, denn eine ausufernde Schlacht in der *NACHTSCHICHT* in Salzburg mit Dutzenden Verletzten wäre undenkbar gewesen. Wir mussten dies mit aller Macht verhindern. Es gelang uns tatsächlich, die Horde in die Flucht zu schlagen, mein Andenken daran waren drei gebrochene Rippen.

Unweigerlich musste ich die folgenden Tage ruhen. Erstmals seit Jahren hatte ich Zeit zum Überlegen, zum Reflektieren, zum Nachdenken. Das goldene Hamsterrad war für einen Moment angehalten worden. Ich sah das gigantische Imperium, das ich aufgebaut hatte. Ich, der Junge vom Land voller Versagens- und Zukunftsängste. Hunderten Menschen bot ich eine Arbeitsstelle. Ich wohnte nicht mehr, ich residierte. Ich fuhr keine Autos mehr, sondern Schlitten. Frauen umgarnten mich von allen Seiten. Doch auf die Frage »Herz, was willst du mehr?« beschlich mich das Wissen, dass ich tief im Inneren überhaupt nicht glücklich war. Nach außen war ich der coole Typ, der Draufgänger, der Frauenheld, der Leistungsträger, der Schwerarbeiter im Maschinenraum unseres Unternehmens. Aber zutiefst im Inneren war eine gigantische Leere. Immer wenn ich etwas erreicht hatte, wich die Freude überraschend schnell, um einem stetig wachsenden Abgrund der Sinnlosigkeit Platz zu machen. Benennen, was mir fehlte, konnte ich nicht – sonst hätte ich es gekauft.

Astrid kümmerte sich liebevoll um mich, auch ohne dass ich ihr von der inneren Zerrissenheit erzählte, die ich während des hektischen Alltags immer an den Rand drängen und negieren konnte, die mich nun aber mit voller Wucht traf. In Anbetracht dessen, was ich ihr angetan hatte, war ihre liebevolle Hingabe umso erstaunlicher, und ich fand nicht gerade die schmeichelhaftesten Worte für mich selbst und mein Tun. Stattdessen klagte ich mich heftig an. Warum nur ließ ich zu, dass mein Ego dermaßen riesig geworden war, dass es kurz davorstand, mich aufzufressen und meine Familie in den Abgrund zu reißen?

Nachdem ich wieder gesund war, beendete ich die Affäre mit Astrids Freundin – allerdings erst nachdem wir noch einmal zusammen Sex hatten. Sie fiel aus allen Wolken, war zutiefst gekränkt und verletzt, was mich aber nicht sonderlich erschütterte.

Zu einer nachhaltigen Einsicht hatten meine Gedanken auf dem Krankenbett nicht geführt, wie ich bald erkannte. Kaum zurück in der Arbeitswelt war der Hype um mich und meine Lokale wieder da und das Ego konnte ungehindert weiterwachsen.

Stau bis auf die Autobahn – Vollgas in die Charts

Im Dezember 2000 eröffnete ich die siebte *NACHTSCHICHT* – das Märchen ging weiter. Die Genehmigung hatten wir für 2000 Besucher erhalten, ein Mehrfaches an Partyhungrigen war dabei. Etliche aber schafften es gar nicht bis zu uns: Der Rückstau der ankommenden Fahrzeuge erstreckte sich bis auf die Autobahn zurück. Und dies, obschon eigentlich ein ausgeklügeltes Verkehrskonzept vorlag, immerhin gehören zum SCS-Komplex in Vösendorf bei Wien nicht weniger als 300 Shops.

Zu jenen, die mit einem Unterhaltungsfeuerwerk dafür sorgten, dass auch diese Eröffnung bei anhaltender Hochstimmung über die Bühne ging, gehörte Gigi D'Agostino. Mit der Zeit freundeten wir uns an und trafen uns einige Male zu privaten Kurztrips, zum Beispiel nach Italien in seine Heimat mit ein paar meiner Betriebsleiter und inklusive Dolmetscher, da wir beide weder Englisch noch die Sprache des anderen konnten. Als ich ihn schließlich zum ersten Mal in meine Villa mitnahm, meinte er anerkennend: »Bastardo!« So viel Italienisch verstand ich gerade noch …

Der durchschlagende Erfolg unserer Lokale und die bei uns auftretenden Musiker weckten das Interesse der Branche. Ein Produzent schlug uns vor, gemeinsam mit ihm eine *NACHTSCHICHT*-Compilation zusammenzustellen. Meine Aufgabe war es, die Songs und deren Abfolge auszusuchen. Es sollte umgehend die erfolgreichste derartige CD-Serie der Nation werden. Jede Edition donnerte in die Charts, manche davon grüßten von der Topposition aus und stürzten damit den *Ö3*-Sampler vom Thron. Eine halbe Million Mal gingen die CDs über den Ladentisch, die zehnte Edition sprengte gar die 50 000er-Marke, wofür wir mit Platin geehrt wurden.

Mein Ego wurde dadurch noch stärker befeuert. Abgesehen davon, dass diese Silberlinge jede Menge Geld einspielten, genossen wir durch die Erwähnung der Alben stete kostenlose Radio- und TV-Präsenz, sprich beste Gratiswerbung.

Gleichzeitig wuchs die Anzahl der Neider. Was ich hatte, wollten viele andere auch. Der Konkurrenzkampf wurde erbitterter und hinterhältig. Es begann mit falschen Bombendrohungen, damit wir eine Disco räumen ließen. Buttersäure wurde verschüttet und Pfefferspray versprüht.

Der fieseste Angriff war, als jemand behauptete, er habe sich in der *NACHTSCHICHT* mit einer Spritze gestochen, die mit Aids infiziert war. Eine Anzeige wurde erstattet und plötzlich kreisten die Geier über uns. Experten äußerten sich über alle möglichen Gefahren, die das Nachtleben bot, in Interviews wurde spekuliert, was genau geschehen sein könnte, und das Publikum bekam es mit der Angst zu tun, was sich natürlich auf unseren Umsatz auswirkte. Dieser sank zwischenzeitlich um bis zu dreißig Prozent.

Mitten in den Charts-Höhenflug hinein folgte dieser Absturz. Ich fand kaum mehr Schlaf und war am Boden zerstört. Umgehend suchten mich meine Existenzängste wieder heim – ausgerechnet jetzt, wo ich sie doch gerade weggepustet hatte. Es dauerte einige Zeit, bis klargestellt werden konnte, dass der Vorfall eine reine Erfindung war. Doch die Drahtzieher hatten ihr Ziel erreicht: Ich war gebremst und für einige Zeit aus dem Geschäft abgezogen. Hinzu kam, dass manche Leute es nun ausgesprochen witzig fanden, andere Gäste mit irgendwelchen spitzen Dingen zu piksen.

Als ob das alles nicht genug gewesen wäre, wurde auf unseren Parkplätzen mit Drogen gehandelt. In solche Geschichten wollte ich nie verstrickt werden, im Gegenteil, ich arbeitete eng mit der Kripo zusammen, um sicherzustellen, dass unsere Lokale, so gut es ging, clean blieben. Nur eine Sache habe ich abgesagt: einen Undercovereinsatz, bei dem die Beamten die richtig großen Drogenbosse hochnehmen wollten. Das war mir dann doch eine Nummer zu groß.

RÜCKBLENDE

Der verstoßene Sohn

Er wusste, wie es sich anfühlt, ein Zuhause zu haben, der verlorene Sohn in der Bibel. Bei mir sah das anders aus. Ich erlebte in frühester Kindheit vor allem Streit. Nur wenn mein Stiefvater besoffen war, war er gut drauf, sonst war er sehr oft ein absoluter Tyrann.

Sein Verhalten hatte er irgendwo gelernt, wahrscheinlich bei seinen Eltern oder Großeltern, ähnlich wie mein richtiger Vater. Und mein Opa hatte diesbezüglich ebenfalls seinen Anschauungsunterricht gehabt. Er war Vollwaise, kannte kein liebevolles Elternhaus, sondern fristete ein Dasein als billige Arbeitskraft, die stets zu Diensten sein musste. Er wurde von einer Familie zur nächsten weitergereicht. Liebe an die nächste Generation weitergeben? Mein Großvater konnte das nirgends sehen, lernen oder gar erfahren. Er wusste nicht, was das war. Und so wusste er auch nicht, wie er meinem Vater etwas für ihn derart Fremdes hätte geben können. Mein Vater wiederum wusste nicht, wie er mir und uns als Familie ein warmes Nest hätte bieten können. Er wurde von seinem Vater oft geschlagen und er musste mit ansehen, wie mein Opa sich immer wieder in außereheliche Affären verstrickte.

Das »Gelernte« setzte mein direkter Vorfahre um, wodurch ich in einem Haus voller Betrug, Niedertracht und Gewalt aufwuchs. Meine frühesten Kindheitserinnerungen drehen sich nicht um einen liebevollen, verständnisvollen Vater, der sich um mich kümmerte – auch nicht später bei meinem Stiefvater. So weit ich zurückdenken kann, erlebte ich Ablehnung und Erniedrigung, sobald ich den kleinsten »Fehler« beging.

Zusammen mit meinen Schwestern Christine, Manuela und meinem Bruder Peter lebte ich mit meinen Eltern in einem kleinen Dorf in Oberösterreich, an einem Ort, wo sich Fuchs und Hase gute Nacht sagen. Eine Eigenheit solcher Landidyllen ist, dass jeder alles von jedem weiß. Bereits wenn man einen Beutel Milch kauft, wird das zum Dorfgespräch. Kein Wunder, dass unser Familienleben das Kaff, in dem wir lebten, in seinen Grundfesten erschütterte. Es gab hässliche Tuscheleien, üble Gerüchte und strafende Blicke.

Mein Vater schreckte nicht davor zurück, vor meiner Mutter mit anderen Frauen zu flirten oder manchmal sogar mit ihnen zu knutschen – man stelle sich diese Erniedrigung für Mama vor. Im gleichen Jahr wie Manuela kam mein Halbbruder Thomas zur Welt, den Papa mit einer anderen Frau gezeugt hatte. Davon erfuhr ich jedoch erst Jahre später.

Eine der kargen Erinnerungen, die ich an diese Zeit habe, ist, wie Vater sich vor dem Spiegel seine Kleider zurechtzupft und sich parfümiert, um zum nächsten Seitensprung aufzubrechen. Ich stand nahe bei ihm und empfand tief im Inneren eine Abneigung gegen das, was da gerade vor sich ging, obwohl ich damals natürlich noch keinen blassen Schimmer davon hatte. Deshalb streckte ich ihm die Zunge heraus. Erst da kam mir in den Sinn, dass er das im Spiegel von bester Warte aus mitverfolgen konnte. Reflexartig drehte sich mein Vater um und gab mir aus dieser Semipirouette heraus eine Ohrfeige – dann ging er. Mal wieder. Statt dass er sich um die Familie kümmerte, verprasste er unser weniges Geld mit anderen Frauen. Dabei lebten wir bereits karg: Unser Haus hatte nur einen Lehmboden, es gab kein Bad, keinen Boiler für Warmwasser, sondern nur eine Kaltwasserpumpe – und zum »Ausgleich« ein Plumpsklo im Freien.

Lückenlos an diese Erinnerung reiht sich ein anderer Vorfall ein. Meine Mutter saß mit uns vier Kindern am Mittagstisch. Plötzlich hörten wir draußen eine Hupe. Mama rannte nach draußen, immerhin hatten wir Vater bereits seit mehreren Tagen nicht mehr gesehen. Wir Kleinen schauten aus dem Fenster und wurden Zeuge von folgendem Schauspiel: Vaters Wagen stand an der Einfahrt und er wartete darauf, dass meine Mutter einen Spielzeugtraktor zur Seite stellte, damit er richtig parken konnte – eine unglaubliche Niedertracht. Man kann sich meinen Groll sicher vorstellen.

Meine Mutter war zusehends am Ende ihrer Kräfte: Sie musste vier Kinder großziehen, ihrem Mann zu Diensten sein und gleichzeitig mit ansehen, wie er sich mit anderen Mädchen vergnügte. Eines Tages fuhr sie zusammen mit mir mit dem Rad in das Wirtshaus, in welchem die Gespielin arbeitete, mit der er Thomas gezeugt hatte. Mama stellte die Frau zur Rede, doch bald darauf brannte Vater mit einer anderen durch. 1972 verließ er die Familie und setzte sich nach Deutschland ab. Manuela war damals noch nicht einmal ein Jahr alt, ich war drei, Peter fünf und Christine sieben.

Bevor Vaters Alimente kamen, erhielten wir vom Staat 500 Schilling, das entsprach damals etwa 70 DM. Ohne die Zuwendungen meiner Oma und meiner Urgroßmutter hätte das nicht einmal für das Essen gereicht.

Das ländliche Oberösterreich der 1970er-Jahre war nicht unbedingt eine Oase für alleinerziehende Mütter mit vier Kindern. Um sich durch den harten Alltag zu kämpfen, stützte sich Mama auf zwei Säulen: Alkohol und Tabak. Oder sagen wir auf zweieinhalb Säulen: Denn ein wenig war auch ich noch ihr Trost. Immer wieder sagte ich kleiner Knirps, wie sehr ich sie liebe und dass sie mein Alles ist. Sicherlich waren meine unbeholfenen Worte ein kleiner Lichtblick für sie. Dennoch mühte und quälte sie sich vor allem weinend von Stunde zu Stunde und von Tag zu Tag.

Damals war alles noch viel schwieriger als heute. Das Geschirr für fünf Personen musste von Hand gespült werden, auch eine Waschmaschine hatten wir nicht, einen Trockner natürlich erst recht nicht. Alles war damals umständlicher und arbeitsintensiver, auch wenn wir Kleinen Mutter, so gut es ging, unterstützten und im Haushalt anpackten. Jedes Kind hatte seine Ämtchen. Wir trugen bei, was wir konnten – der Unterschied ist dennoch gigantisch, ob ein liebender Vater da ist, der einem den Rücken stärkt, oder ob ein paar kleine Kinder versuchen, den Papa zu ersetzen.

»Willst du mein Vater sein?«

Damals fragte ich verschiedene Männer, ob sie mein Vater werden wollten, was einigermaßen schockierte Blicke auslöste. Tröster gespielt hätten dagegen andere Männer gern. Mehrere Kollegen meines Vaters wollten sich an meine Mutter heranmachen. Doch für solche Späße war sie nicht zu haben. Mir entgingen diese Annäherungsversuche nicht, weil ich damals im gleichen Bett wie Mama schlief. Die Kerle klopften spätabends an ihr Schlafzimmerfenster. Man kann sich vorstellen, wie dieser Trost ausgesehen hätte, er hätte wohl vor allem dem Tröstenden gedient … Damals kannte ich diese Zusammenhänge noch nicht, dennoch wuchs in mir eine Abneigung gegen diese Typen.

Während ich mich nachts an meine Mutter kuscheln konnte, waren wir Kinder am Tag oft auf uns allein gestellt. Mama war innerlich derart fertig, dass sie sich nur mühsam durch den Alltag zu schleppen vermochte. Wir streunten umher und kamen und gingen, wie es uns gerade passte. In den drei Jahren bis zu meiner Einschulung ging ich oft in den Wald oder spielte mit anderen Kindern in der Natur.

Wenn man keinen richtigen Vater hat, sucht man sich einen Ersatz. Einen solchen fand ich in unserem Nachbarn Pepi. Als kleiner Junge beeindruckte mich, dass er einen kleinen Lastwagen fuhr, mit dem er verschiedene Güter auslieferte. Manchmal durfte ich bei ihm vorn in der Kabine sitzen und mitfahren. Vor über vierzig Jahren brauchte es dazu noch keinen Kindersitz. Gleichzeitig führte Pepi eine kleine Garage, in die ich täglich reinschaute. Der Duft von altem Öl hing in der Luft und liebend gern verschmierte ich mir meine Finger mit diesem dickflüssigen schwarzen Gold, um sie dann mit einem alten Lappen zu reinigen. Immer wieder durfte ich mithelfen, ich putzte alte Autoteile und durfte manchmal auch ein paar Schrauben lösen, wenn es etwas zu demontieren galt.

Mit der Zeit erweiterte sich sein Unternehmen, das ich als Bub auch ein klein wenig als das unsere betrachtete. Pepi legte sich einen kleinen Truck zu, den er eigenhändig zu einem Abschleppwagen herrichtete. Mich beeindruckte, wie er die Ladefläche umfunktionierte, Auffahrtschienen einpasste und eine Winde hinter dem Führergehäuse festschraubte. Zuletzt lackierte er das Gefährt in grellem Orange und brachte oben ein oranges Drehlicht an. Beim Ausprobieren durfte ich auf den Knopf drücken und zusehen, wie das Licht behände durch die Werkstatt huschte. Das war ein Lichtblick in meiner Kindheit – einer der wenigen.

Mein neuer Vater kam sehr plötzlich. Weder Mutter noch ich kannten ihn, als er mit einem kleinen, knorrigen Traktor den holprigen abschüssigen Weg vor unserem Haus herunterrumpelte. Der

Anhänger ächzte und in der Nähe unserer Einfahrt verabschiedete sich die Ladung in Richtung Boden. Umgehend war ich zur Stelle, um ihm beizustehen. Doch er war in höchster Eile. Deshalb verfrachteten wir eilends nur die größten und wichtigsten Dinge zurück auf die Ladefläche. Ich versprach ihm, dass ich den Rest fein säuberlich einsammeln würde, damit er ihn später holen konnte, und schon war er weg. Nun musste ich nur noch aushecken, wie ich ihn mit meiner Mutter vertraut machen konnte, denn ich dachte, dass er ein guter Vater wäre. Tatsächlich lernten sich die beiden kennen und er besuchte meine Mutter häufiger, vorläufig jedoch nur im Dunkeln. Ich dachte, dass dies sicher daran lag, dass er ja tagsüber arbeiten musste.

Mein Plan war aufgegangen. Doch es sollte noch besser kommen: Pepi rückte näher an unsere Familie heran, indem er die Schwester meines neuen »Vaters« lieben lernte. Bald darauf heirateten die beiden sogar.

Der neue Mann im Haus veränderte unsere Lebensumstände jedoch nicht von einem Tag auf den anderen. Immer zu Beginn des neuen Monats kauften wir neue Lebensmittel und bezahlten die alten Schulden – damals konnte man in den Geschäften noch auf Pump einkaufen. Zur Monatsmitte war dann das Geld meist wieder weg, aber noch eine zweistellige Anzahl Tage übrig. Mit einer Vollmacht ausgestattet ließ mich Mama jeweils mit meinem Rad bei der Bank vorfahren, um hundert Schilling (etwa 14 DM) abzuheben. Oft musste ich mit leeren Händen wieder gehen, weil nichts mehr da war, das hätte abgehoben werden können. Tief bekümmert kreuzte ich dann daheim auf, im Wissen, dass meine Mutter nun keine Lebensmittel kaufen konnte.

Das weiße Licht

Wenn ich mit älteren Jungs zusammen war, hatte ich eine große Gosche. Irgendwann reichte es ihnen und sie wollten mir eine Abreibung verpassen. Sie beschlossen, mich in einen Pool zu werfen. Mein panisches Aufbegehren, dass ich nicht schwimmen könne, hielten sie für eine Finte. In hohem Bogen flog ich ins Wasser.

Ich kämpfte, konnte mich aber nicht über Wasser halten und tauchte ab. Bald wurde ich bewusstlos. Dann hörte ich ein Pfeifen und plötzlich sah ich ein weißes Licht. Dazu überkam mich ein tiefer Frieden. Ein absoluter Frieden. Nie vorher und nie nachher habe ich etwas derart Intensives erlebt. Ich konnte damals etwas spüren, was ich heute glaube: Wenn kleine Kinder sterben, kommen sie direkt in den Himmel.

Die Jungs, die mich in den Pool geworfen hatten, bekamen jedoch Panik. Obwohl ich weggetreten war, hörte ich, wie jemand reinsprang, um mich wieder herauszuholen. Ich musste Wasser erbrechen und dann konnte ich wieder nach Atem ringen. Mehr weiß ich im Detail nicht mehr. Lange Zeit erinnerte ich mich kaum noch an diesen Frieden. Ich hatte das Unglück und alle Begleitumstände wohl verdrängt.

Vorfreude ist die schönste Freude und eine solche erlebten wir einmal vor Weihnachten. Mein Bruder und ich entdeckten auf dem Dachboden zwei brandneue Spielzeugkranwagen. Von solchen hatten wir schon lange geträumt. Wir zählten die Tage und Stunden, die uns noch von Heiligabend und damit von diesen Geschenken trennten. Aber wir wussten auch, dass sich Mutter das eigentlich gar nicht leisten konnte. Einmal mehr hatte sie dafür im Geschäft anschreiben lassen. Noch vor Weihnachten erkannte sie, dass sie das Geld nie würde zurückzahlen können, da es ja kaum für das Essen reichte. Und so blieb es bei unserer Vorfreude: Die Spielzeuge wurden zurückgebracht.

Unsere Kleider stammten in der Regel nicht aus dem Laden, sondern aus einem Rotkreuzsack. Shirts, Hosen, Pullover – alles war aus zweiter Hand und abgetragen. Nicht dass uns das gestört hätte, wir waren so aufgewachsen und kannten es nicht anders. Das Plumpsklo, kaltes, statt warmes Wasser, die bescheidene Wohnung, die gebrauchten Kleider und das karge Essen: Für uns war das normal.

Andere Kinder aber wussten von einem anderen Leben. Und wie Kinder so sind, rieben sie uns das schonungslos unter die Nase. Unsere Kleider boten da eine erstklassige Angriffsfläche, was ich nicht selten mit einem Faustgefecht konterte. Mich schmerzte, dass wir immer wieder verbal angegriffen wurden. So schlecht waren wir und unsere Kleider und unsere Leben doch gar nicht! Was sollte das? Alle anderen schienen irgendwie besser zu sein. Wir gehörten nicht dazu, weil wir weniger besaßen als die meisten in unserer Umgebung. Auch in der Schule fanden wir kaum Anschluss, die anderen Kinder mochten sich nicht mit uns abgeben.

Auf Hilfe in der Form von Standpauken und Zurechtweisungen der Eltern oder Großeltern der anderen Kinder hofften wir vergebens. Im Gegenteil: »Schleicht's euch, Schutti-Buam!«, hörten mein Bruder Peter und ich häufiger von ihnen. Der Rest der Gesellschaft wollte nichts mit uns zu tun haben. Wir hatten nichts und deshalb gehörten wir nicht dazu. Allerdings ließen wir uns diese Beschimpfungen der Erwachsenen nicht einfach so gefallen. Wir keiften zurück, bis sie uns mit Stöcken nachrannten, um uns zu vertreiben.

Dorfjunge dribbelt Fußballkaiser aus

Zerstreuen konnte ich meine Gedanken beim Fußballspielen, wenn auch allein. Mein Lieblingssport war gleichzeitig meine Flucht. Vor und nach der Schule hämmerte ich konstant einen billigen Plastikball an unsere Hausmauer, bis sich mir ein Geschenk des Himmels eröffnete, das mit einem Hundebiss begann.

Ich war gerade auf dem Weg zu einem Freund, als mich das Getier des Schornsteinfegers biss. Um das wiedergutzumachen, schenkte er mir einen Ball aus echtem Leder. Ein herrlicheres Geschenk hätte ich mir nicht ausmalen können. Nie hätte ich geträumt, dass ich einmal einen richtigen Fußball besitzen würde. Einen aus Leder. Einen Fußball, der ein Fußball war – unbeschreiblich. Ich und ein Lederball, ich, der Außenseiter in den abgetragenen Kleidern. Kein billiger Plastikfußball mehr, sondern ein richtiger.

Ab diesem Augenblick gab es nur noch diesen Ball und mich. Es war die Zeit, in der die Fußballeuropameisterschaft stattfand. Die Endrunde wurde damals mit nur vier Teams ausgetragen, inzwischen sind es 24 Nationen. Gespielt wurde in Jugoslawien und der Titelträger wurde innerhalb von vier Spielen ermittelt: zwei Halbfinale, ein Spiel um Platz drei und das Finale, welches die Tschechoslowakei gegen Deutschland im Elfmeterschießen gewann. Der beste Torschütze war der Deutsche Dieter Müller mit vier Treffern.

Dieses Ereignis verschmolz mit meinen kindlichen Träumen. Mit meinem Lederball rannte und dribbelte ich gegen imaginäre Gegner. In meiner Gedankenwelt spielte ich in der EM mit. Zuerst hatte ich Österreich in die Qualifikation geschossen und nun stand ich als Leistungsträger mit meiner Mannschaft im Finale gegen

Deutschland. Zugegeben, Dieter Müller leistete mir lange Paroli, doch immer wieder in den entscheidenden Momenten knöpfte ich ihm den Ball ab und unter dem nicht enden wollenden Jubel, der durch das ausverkaufte Stadion brandete, setzte ich mich gegen Uli Hoeneß durch, vorbei ging es an Franz Beckenbauer – aus heutiger Sicht wäre es das Duell des Discokönigs gegen den Fußballkaiser – und dann hatte auch Torwart-Legende Sepp Maier das Nachsehen, als ich Österreich zum EM-Titel schoss. Alle bejubelten den Sieg und die Kinder, die mich ausgrenzten, gehörten zum Publikum, das meinen Toren huldigte.

Mindestens einmal pro Nachmittag holte ich mit meinem Team den EM-Titel. Später holte Österreich in meiner Fantasie den WM-Titel in Argentinien, wo die Endrunde 1978 ausgetragen wurde. Zwar gewann Österreich in der Realität und ohne meine Beihilfe auf dem Feld in der Gruppenphase mit 3:2 gegen Deutschland, aber WM-Sieger wurde Argentinien.

Mein Training zahlte sich aus. In der Nachwuchsabteilung des SV Grün-Weiß Micheldorf gehörte ich zu den besten Knaben meines Alters. Während die anderen Kinder mit einer breiten Lobby von Eltern und Geschwistern zu den Spielen erschienen, war ich jedoch der einzige Vertreter unserer Familie. Dies hatte zur Folge, dass ich den Anpfiff meist von der Bank aus sah. Für mich war es unerträglich, dass die Jungs, die ich im Training schlicht stehen ließ, am Spieltag randurften, weil sich ihre Väter oder Mütter beim Coach für sie einsetzten. Beim Trainer erkannte ich ein inneres Ringen, wenn er mich mal wieder zu Beginn auf die Bank beorderte und erst in den letzten zehn Minuten einsetzte. Aber damals waren die Mechanismen so, er konnte nicht viel daran ändern und gab dem Druck der Eltern nach.

Gleichzeitig trieb mich das an. Wenn es in diesem Verein nicht möglich sein sollte, dann wollte ich mich halt an einem anderen

Ort durchsetzen. Und so organisierte ich selbst einen Wechsel zu einem anderen Verein – bei anderen Kindern hätten das die Eltern gemacht. Beim ASKÖ Kirchdorf bestimmten die Trainer, wer spielte, und bald gehörte ich zu den Schlüsselspielern meines Jahrgangs und nahm die Position des Libero ein.

Da wir so wenig Geld hatten, entwickelte ich im Alter von acht Jahren meine erste Geschäftsidee. Im katholischen Oberösterreich schmückten damals viele Menschen zu Ostern ihre Gärten und Felder mit Palmbuschen. Dieses Brauchtum sollte unsere finanzielle Lage verbessern. Unermüdlich fuhr ich von Haus zu Haus, um Vorbestellungen für solche Gestecke entgegenzunehmen. Mit überraschendem Erfolg: Zuletzt hatte ich nicht weniger als 200 solcher Bestellungen entgegengenommen. Mein erstes Geschäft florierte bestens. Mein Stiefopa zeigte mir, wie ich die Buschen zusammenbinden musste, und ich konnte ein paar Nachbarsjungen dazu bewegen, mir zu helfen. So stellten wir rund 400 Stück her. Die Hälfte lieferten wir aus und die andere Hälfte verkaufte ich am Palmsonntag vor der Kirche. Den Gewinn von 5 000 Schilling teilte ich unter uns Jungen auf. Zu Nikolaus und Weihnachten sowie weiteren Gelegenheiten entschied ich mich erneut für dieses Geschäftsmodell. Da es so gut lief, setzte ich es in den nächsten Jahren fort. Dies sowie der Erfolg im Fußball brachten mir einen gewissen Respekt bei den anderen Kindern ein.

Damit ich auch zwischendrin etwas verdiente, begann ich mit der Hasenzucht. Innerhalb kürzester Zeit zählte ich mehr als hundert dieser wuseligen Gesellen. Nun bot ich – erneut von Haus zu Haus – lebende Hasen wie auch Hasenfleisch an. Letzteres bereitete ein Schlachter für mich vor, den ich dafür bezahlte. Den Gewinn überreichte ich meiner Mutter als Beitrag zu unserem Haushaltsbudget.

Einbrüche mit zehn

Neben diesen ehrenwerten Tätigkeiten erstreckten sich meine Aktivitäten im Alter von zehn Jahren jedoch noch auf andere Gebiete: Ich unternahm Einbrüche in Wochenendhäuser und Ladendiebstähle. Damals konnten Überwachungskameras und stille Alarme Dieben noch nicht so einfach das Handwerk legen.

Warum ich plötzlich auf die schiefe Bahn abbog, kann ich mir im Nachhinein nicht erklären. Der traurige Tiefpunkt war, dass ich mich bei meinem Nachbarn und Zwischenzeit-Ersatzvater Pepi vergriff. Dabei hatte in unserer Freundschaft doch alles gepasst! Dieser tüchtige Schaffer führte inzwischen eine Tankstelle. Als sein jahrelanger Mitarbeiter – die ersten Motorenteile säuberte ich bereits im Vorschulalter mit dem Pinselreiniger – half ich zwischendurch an der Kasse aus – bis seine Mutter mich dabei erwischte, wie ich einige 500-Schilling-Noten aus der Kassenschublade entwendete.

Ich hatte in die Kasse gegriffen, um damit Zigaretten zu kaufen und mich mit den Glimmstängeln bei den älteren Jungs einzuschleimen. Gerade hatte ich das Geld in der Kasse drin zusammengelegt – es hätte aussehen können, als wäre es noch da, um gezählt zu werden, auch wenn das vom Ablauf her keinen Sinn ergab. Pepis Mutter entdeckte es, weil sie selbst etwas kassiert hatte. Sie steckte die Scheine wieder in die richtigen Fächer und ging weiter, ohne etwas zu sagen. Ich dachte, dass sie gar nicht gerafft hätte, dass ich mir etwas aneignen wollte, und falls doch, dass sie es wieder vergessen würde.

An einem anderen Tag war statt Pepi seine Frau in der Tankstelle, die mich richtig zusammenstauchte. Seine Mutter hatte es also doch bemerkt und die Verwandtschaft informiert. Ich fuhr zu seiner Werkstatt und stieß auf einen äußerst wortkargen Pepi. Der Bruch, den ich mit meinem Diebstahl angerichtet hatte, war deutlich zu spüren. Innerlich war etwas in ihm abgestorben. Hätte er mich geschlagen, wäre mir das lieber gewesen. Ich wusste, dass ich das nicht mehr einfach so gutmachen konnte. Weil ich meinen Freund derart hintergangen hatte, wagte ich mich danach einige Zeit nicht mehr zu ihm, zu groß war meine Scham.

Die ganze Tragweite konnte ich in meinem noch jungen Alter nicht verstehen. Manche Menschen können nicht über ihre Gefühle sprechen, sie ziehen sich eher zurück. So war auch Pepi. Und ich selbst war nicht anders, auch ich konnte nicht mit ihm darüber reden, ich hatte es nie gelernt. Der Vorfall liegt mehr als drei Jahrzehnte zurück, aber ich könnte heute noch weinen.

In der kindlichen Hoffnung, dass er mein Vergehen mittlerweile vergessen hatte, traute ich mich schließlich wieder zu ihm. Durch mein Wiedererscheinen war zumindest etwas Kleines wiederhergestellt. Es wirkte, als wäre alles beim Alten. Als ich jedoch das nächste Mal dort war, kreuzte plötzlich sein Vater auf. In seinem Zorn warf er eine schwere Rohrzange nach mir, die mich zum Glück verfehlte, und verjagte mich unter den traurigen Augen von Pepi vom Grundstück. Pepi sagte zwar zu seinem Vater: »Ach lass ihn doch!«, aber er verteidigte mich nicht, weil er ja selbst von mir enttäuscht war.

Ziellos radelte ich durch den Wald, bis ich irgendwo anhielt und mich ungehemmt unter einem Baum ausweinte. Warum hatte ich das nur getan? Es waren keine Geldsorgen gewesen, die mich dazu getrieben hatten. Ich fand keine Erklärung, zumal ich Pepi über alles liebte. Es sollte nicht das letzte Mal gewesen sein, dass ich jemanden, den ich eigentlich aus tiefstem Herzen liebte, abgrundtief verletzte.

Dass Pepi mich nicht verteidigt hatte, verletzte mich tief. Etwas in mir starb in diesem Moment. Ich wurde härter und stumpfte ab. Keine Frage, ich war schuld an diesem Zerwürfnis, doch leider gab es keine Versöhnung mit Pepi. Es war eines meiner schlimmsten Kindheitserlebnisse. Ich hatte etwas Wertvolles zerstört… und später sollte ich dies wieder und wieder tun.

Für den blauen Dunst

Bald nach meinem Diebstahl bei Pepi war ich mit meinem Bruder Peter im Wald unterwegs. Da sahen wir von einer Anhöhe aus den Parkplatz des Wirtshauses, wo ich einen Wagen mit deutschem Kennzeichen erblickte. Aus der Ferne war das zwar nicht genau zu erkennen, aber falls es stimmte, dann musste es unser Vater sein, denn Autos aus dem Nachbarland verirrten sich sonst nie in unsere Gegend.

Doch sollte er tatsächlich hergekommen sein, ohne sich bei uns anzukündigen? Eine nähere Beziehung hatten wir ja eigentlich nicht zu ihm. Etwa einmal pro Jahr besuchte er uns in dieser Zeit (später ein wenig häufiger) und wir wussten, dass er mit seiner neuen Frau inzwischen zwei Töchter gezeugt hatte.

Wir mussten unbedingt wissen, ob er es war. Mit bangem Herzen gingen mein Bruder und ich zum Wirtshaus und schließlich trauten wir beiden Knirpse uns hinein.

Tatsächlich: Unser Vater stand am Tresen und machte überlaut Stimmung mit seinen Kumpels… bis er uns bemerkte. Mit weit aufgerissenen Augen schaute er uns an, gerade so als wäre ihm nie in den Sinn gekommen, dass er uns in unserem kleinen Kaff über den Weg laufen könnte. Etwas verdattert fragte er uns, ob wir etwas trinken wollten. Wir wussten nicht, was wir dazu sagen sollten, und er verschwand er auf die Toilette, wahrscheinlich um zu warten, bis wir uns verzogen hätten. Das taten wir, aber nicht ohne vorher einige Zigaretten aus seiner Packung zu nehmen, die er in der Eile hatte liegen lassen und die er vermutlich in seinem stillen Kämmerlein schmerzlich vermisste.

Die Zigaretten galten sowohl dem Eigenbedarf als auch dem »Kauf« von Anerkennung. Seit ich sieben war, rauchte ich, um bei den älteren Jungs, den »coolen«, gut dazustehen. Besonders gefiel ihnen, dass ich ihnen auch regelmäßig einige Kippen zusteckte. Das Geld dazu erwirtschaftete ich durch meine Geschäfte selbst oder ich stahl die Kohle, um diese mittels Zigarettenrauch in Asche zu legen – da und dort entwendete ich direkt auch ein paar Packungen.

Ein neuer Vater

Im Laufe der Jahre wurde der neue Mann an der Seite meiner Mutter zu einer Art Vaterfigur für mich. Verzweifelt hatte ich ja, seit ich denken konnte, nach einem Vater gesucht. Mein Stiefvater mochte diese Zuneigung, da er selbst aus schwierigen Verhältnissen kam. In seiner Jugendzeit hatte er von seinen Eltern weniger Liebe und Nestwärme als vielmehr Unterdrückung und Kontrolle erfahren. Er hätte ebenfalls in dieses Muster fallen können, schien aber einen anderen Weg einzuschlagen. Meine Halbschwester Martina kam zur Welt, als ich sieben Jahre alt war.

Doch schließlich holte ihn seine schwierige Kindheit ein. War er zunächst für mich und meine Geschwister der Beweis gewesen, dass doch noch alles gut und heil werden konnte, wurde er nun immer jähzorniger. Zunächst rutschte ihm eher versehentlich die

Hand aus, dann begann er, uns härter zu schlagen, bis er mit der Zeit dazu überging, uns ganz bewusst seine Macht zu zeigen, eben das, was er in seiner eigenen Kindheit gelernt hatte.

War ich früher noch der geliebte Junge gewesen, der ihm gern half, setzte es nun aus dem Nichts heraus drakonische Strafen. Für nichts und wieder nichts musste ich ihm zum Beispiel stundenlang zusehen, wie er die Gefieder seiner Tauben reinigte, denn er war Taubenzüchter. Die Freiheit, den ganzen Nachmittag mit dem Rad die Gegend zu erkunden oder beim Fußball in Gedanken Franz Beckenbauer stehen zu lassen, war vorbei. Er bemerkte, wie ich ungeduldig wurde, aber aus Angst vor ihm sitzen blieb. An seinem Gesichtsausdruck konnte ich erkennen, wie er es sichtlich genoss, mich auf diese Weise zu kontrollieren und zu dominieren. Es dauerte immer scheinbar unendlich lange, bis das erlösende »Du kannst jetzt gehen« seine Lippen verließ.

Weitere Strafen waren, dass wir mehr als eine Stunde auf Holzscheiten knien mussten. Diese Position auf dem gespaltenen Brennholz, auf den spitzen Seiten, schmerzte an unseren Beinen und dem Gesäß – und ganz tief in unseren Seelen.

Chauffeur für Besoffene

Einmal erwischte ich in meiner Nachbarschaft zwei ziemlich betrunkene Personen beim Sex in einem Schuppen. Beinahe wurden die beiden auch vom Ehepartner der einen Person erwischt. Ich war enttäuscht, weil ich wusste, dass diese Person daheim ein liebendes Gegenüber hatte. Ich konnte zwar noch nicht einordnen, was hier wirklich geschehen war, aber ich fühlte, dass es nicht richtig war. Später war ich selbst jedoch noch viel schlimmer.

Um dem unmenschlichen Druck und den Erniedrigungen meines Stiefvaters zu entgehen, stahl ich mich davon, so oft es irgendwie ging, oder übernachtete bei Verwandten. Ich war viel mit älteren Jungs zusammen und trieb mich auch spät am Abend in Wirtshäusern herum. Dabei hörte ich jede Menge sexistische und anzügliche Witze, Prahlerei und wurde Zeuge jeder Menge Alkoholexzesse, Untreue und Gewalt: das Rüstzeug, um auf die schiefe Bahn zu geraten. Da ich noch im Kindesalter war, schaute ich zu diesen Menschen auf. Seitensprünge – selbst mit den Frauen der besten Freunde – wurden für mich als erstrebenswert dargestellt, da nicht selten heldenhaft damit angegeben wurde, außer natürlich vor den Ehemännern.

Es war für mich als Zehnjähriger nicht außergewöhnlich, dass ich vollkommen betrunkene Verwandte und Bekannte nach ihren Zechtouren mit deren Autos diskret über holprige Nebenwege nach Hause kutschierte. Ich sah gerade einigermaßen aus der Windschutzscheibe und musste selbst bei vorgeschobenem Fahrersitz auf der Kante sitzen, um die Gangschaltung richtig bedienen zu können. Aber dies war immer noch besser, als wenn die Besoffenen selbst hinter dem Lenkrad gesessen hätten. Die konnten nicht mal mehr richtig stehen, geschweige denn einen Wagen lenken. Für mich war es eine Gaudi, manchmal Dutzende Kilometer durch die Landschaft zu rumpeln.

Vieles drehte sich in meinem Umfeld letztlich schlicht und ergreifend um Sex, Sex und noch einmal Sex. Die ersten harten Pornohefte und Filme – damals noch auf Videokassetten – schaute ich mir bei einem Nachbarsjungen an, als ich kaum zehn Jahre alt war. Ich war fasziniert und ich konnte mich nicht daran sattsehen.

Gleichzeitig versuchte ich, mit Diebstählen weiterhin Geld zu erbeuten, für Zigaretten, Pornohefte und was ich sonst so glaubte, in meinem Alter konsumieren zu müssen. Außerdem half ich damit meiner Mutter, die Haushaltskasse zu füllen. Fast 4000 Schilling erbeutete ich mit einem Trick auf dem Rasen des Freibades. Ich tat so, als würde ich über ein verlassenes Badetuch stolpern. Dieses zupfte ich dann wieder zurecht, griff dabei in die Strandtasche und versuchte, Geld aus der Börse zu zupfen. Im Laufe der Zeit fiel dem Bademeister auf, dass ich den Kampf mit der Erdanziehungskraft doch recht oft verlor, und schließlich erwischte er mich. Zwar türmte ich mit meinem Rad, doch die herbeigerufene Polizei brauchte nicht lange, bis sie mich eingeholt und auf den Posten verfrachtet hatte. Vergeblich stritt ich alles ab und irgendwann gab ich es zu.

Als die Beamten mich nach Hause brachten, war meine Mutter außer sich. Was hatte sie nicht alles schon erleiden müssen. Ihr erster Mann hatte sich stets anderen Frauen an den Hals geworfen. Ihr zweiter war jähzornig. Und ich, der sie immer so geliebt hatte, lag nun bereits im Kindesalter mit den Behörden im Konflikt. Ich hatte ihr weisgemacht, dass ich das Geld, das ich heimbrachte, mit einem kleinen Handlangerjob auf der Baustelle redlich verdiente. Nun verschwand sie im Schlafzimmer und brachte das Geld den Beamten, die zunächst überzeugt gewesen waren, dass meine Mutter mich zu den Diebstählen angestiftet hatte. Zumindest dieser Verdacht konnte ausgeräumt werden. Ein Klägerpaar hatte die Polizei begleitet. Als die beiden jedoch sahen, wie ärmlich wir leben, verzichteten sie auf eine Anzeige.

Wäre ich nun in ein Heim für Schwererziehbare gebracht worden, wäre dies verheerend für die Familie gewesen. Wir fünf Geschwister hingen sehr aneinander, da wir außer uns selbst keine echten Freunde hatten. Wir waren einzig knapp geduldete Außenseiter, daran änderte auch meine Karriere als Libero im Fußballklub nichts. Es schmerzte uns, wenn wir längere Zeit getrennt waren.

Christine wurde für einige Zeit auf einer Klosterschule unterrichtet. Dies hatte der Dorfpfarrer wohlmeinend arrangiert, nachdem meine Mutter ihm offen von ihrer Überforderung erzählt hatte. Ein anderes Mal wurde Peter beim Bruder meiner Mama platziert. Doch der war eine Mischung aus Vater und Stiefvater: alkoholsüchtig, gewalttätig und jähzornig. Als er eines Nachts sturzhagelvoll heimkam, stellte er Peter einfach vor die Tür. Mitten in der Nacht fuhr mein damals zwölfjähriger Bruder mit dem Rad nach Hause. Wir Geschwister waren froh, wieder vereint zu sein.

In der Schule eckte ich an, nicht nur bei den anderen Kindern, sondern auch bei den Lehrkräften. Ihnen gegenüber zeigte ich mich oft respektlos und ich konnte sie bis aufs Blut reizen. Schläge durften während meiner Schulzeit bereits nicht mehr ausgeteilt werden, doch manchmal gelang es mir, die Pauker dermaßen zum Kochen zu bringen, dass sie die Beherrschung verloren und richtig austeilten. Eine Mathematiklehrerin machte ich so lange vor den anderen lächerlich, bis sie ausflippte und mich vor das Klassenzimmer zitierte. Dort angelangt schlug sie auf mich ein und zerrte mich an den Haaren. Ich lachte sie aus und fragte sie, ob sie nun glücklich sei. Sie gab auf und schickte mich zum Direktor. Dieser zeigte sich aber eher besänftigend, weil er wusste, dass die Schläge, die ich eingesteckt hatte, verboten waren. Dennoch eröffnete er mir, dass ich es schlicht zu weit getrieben hätte und er nun im Heim für Schwererziehbare anrufen müsse.

Weinend brach ich vor dem Direktor und der Lehrerin zusammen. Plötzlich war ich nicht mehr der große Macker, der seine Provokationsheldentaten von der Klasse feiern ließ, sondern das ausgestoßene Häufchen Elend. Ich wusste, was mich im Heim erwarten würde, denn einmal war ich während der Sommerferien für drei Wochen in einem Ferienlager gewesen, das man als Heimvorstufe betrachten konnte. Das war definitiv keine Option für mich. Ich beteuerte, dass ich mich nun ein für alle Mal bessern wollte. Zwar lernte ich fortan keineswegs besser oder mehr, was aber den Anstand anbelangte, legte ich mich tatsächlich ins Zeug statt auf die faule Haut. Ich riss mich zusammen, denn ich stand nur noch wenige Millimeter vor einem Abgrund, der mir gar nicht gefiel.

Die Sexsucht beginnt

Mit etwa 13 begannen zwei Dinge mich zu prägen, die den Weg für meine künftige Laufbahn in voller Breite ebneten. Das eine war positiv. Während der Schulferien stand ich oft meiner Mutter bei, wenn sie ihrem Gelegenheitsjob auf der Ahornalm am Kasberg nachging. Als Sennerin arbeitete sie in der Kirchdorfer Hütte in den österreichischen Voralpen. Bei erfrischender Höhenluft auf 1 338 Metern blieben viele Sorgen auf sicherer Distanz. Täglich wanderte ich nach oben zum Gipfelkreuz und ließ die Erhebungen der Berge um mich herum auf mich wirken. Weil ich schnell war, erlaubten sich die Holzknechte (heute sagt man Holzfäller), mich ins Dorf zu dirigieren, wenn ihnen die Zigaretten ausgegangen waren. Ein normaler Wanderer brauchte für den Aufstieg zu unserer Stätte mindestens zwei Stunden, ich schaffte es runter und wieder hoch in weniger als einer Stunde. Für sie war es ein Jux, mich immer mal wieder runterzuschicken, und mir machte es nichts aus, ich konnte so Anerkennung für meine Ausdauer gewinnen und dann die eine oder andere Zigarette schnorren. Zu den Aufgaben, die mir und meinen Geschwistern übertragen waren, gehörte das Bedienen der Wanderer. Es breitete mir große Freude, als Gastgeber aufzutreten, dafür zu sorgen, dass sich die Menschen bei uns wohlfühlten und sie zu bewirten – da klang etwas bei mir an.

Das Zweite waren die Nächte. Oft schlief ich in den Ferien gemeinsam mit anderen in selbst gebauten Waldhütten. Jungs in diesem Alter lesen keine Micky-Maus-Hefte mehr. Seit ich erstmals Pornobilder gesehen hatte, hatte ich diese fein säuberlich in meinem Kopf abgespeichert. Ich konnte mich gar nicht oft genug selbst befriedigen und ganz offensichtlich war ich da nicht der Einzige.

Was mich besonders anmachte, war der schillernde Gedanke, mit Frauen Sex zu haben. Wenn ich meine zwölf Jahre ältere Tante im Bikini sah, glaubte ich, im Paradies angekommen zu sein. Sie war eine Augenweide. In meiner Vorstellung entledigte sie sich des wenigen Stoffes, den sie spazierentrug, beugte sich über mich und fiel über mich her. Für mich war klar, dass sie etwas mit mir haben wollte. Ich erachtete mich als derart anziehend, dass ich jeden Moment damit rechnete, dass dies geschehen würde, wenn wir gemeinsam baden gingen. Zu meiner völligen Verblüffung ergriff sie jedoch nicht die Initiative, selbst den ersten Schritt zu tun wagte ich natürlich nicht – man stelle sich vor, wie die Verwandten auf mich herabgesehen hätten: »Der Andi wollte seiner Tante an die Wäsche, komm, wir schicken ihm ihren Bikini zu Weihnachten!« So oder ähnlich hätte es geklungen.

Mein erster Sex mit 13 erfolgte denn auch nicht in einer endlosen Kamasutra-Vereinigung mit einem ausgereiften Poster-Girl, sondern mit einem etwas jüngeren Mädel aus Steyrling. Vermutlich hatte sie für ihr erstes Mal von einem starken Kerl geträumt (der gleichzeitig natürlich ganz sanft sein musste, was in der Fantasie ja kein Problem ist), wie Arnold Schwarzenegger, der gerade mit dem »Phantom-Kommando« in den Kinos war, oder Sylvester Stallone, der mit *Rambo 2 – Der Auftrag* und mit *Rocky IV – Der*

Kampf des Jahrhunderts im gleichen Jahr gleich doppelt auf- und abräumte. Oder hatte sie von Tom Cruise geträumt? Wohl nicht, dieser startete erst ein Jahr später mit *Top Gun* richtig durch.

Ein anderes Mädchen wurde später meine Freundin. Ich radelte gern die eine Stunde am malerischen Fluss Steyr entlang und am Schloss Klaus vorbei zu ihr. Der Ort wurde zu meiner Sexhochburg. Dort konnte ich mit etwas älteren Jungs und Mädels zelten und wir lebten uns so richtig aus. Manchmal blieb ich in den Ferien gleich mehrere Wochen da. Meine Mutter wusste nur, dass ich mit Freunden im Grünen war, ohne Telefonanschluss. Zu meinen Freunden zählte bald der Sohn des Wirts des Gasthofs *Steyrlingerhof*, der gleich um die Ecke lag. Dort half ich immer mal wieder aus, was mir im Gegenzug regelmäßig einen Gaumenschmaus einbrachte. Die Köche gaben etwas mehr in die Töpfe und wenn sich die Duftschwaden frischer Gerichte ausbreiteten, wusste ich bereits, was die anderen Angestellten und mich erwarten würde, sobald die Gaststätte schloss.

Ausschweifender Sex und einladende Gastronomie – meine Laufbahn war skizziert.

3

Europa ist nicht genug

Feinde ja, Konkurrenten nein: Längst hatte ich den Markt in Österreich fest im Griff. Wenn mir jemand das Wasser reichen wollte, musste er Kellner werden. Phänomenal war meine Karriere verlaufen. Ich war keine dreißig Jahre alt, als die siebte *NACHTSCHICHT* ihre Pforten öffnete, und ich wusste mittlerweile nicht mehr, ob ich dem Geld und den Frauen hinterherrannte oder umgekehrt. Frei nach einer Zeile aus dem Song *Geld oder Leben* von der *Ersten Allgemeinen Verunsicherung*: »Die Vermehrung uns'rer Währung ist der wahre Lebensgrund …« Fünffach-Platin bekam die Band für die gleichnamige Platte und wir konnten sie von Zeit zu Zeit in unseren Lokalen begrüßen.

»Hat der Svensson keine Öre, eilt von dannen seine Göre!«, heißt es in diesem Lied weiter. Auch mich trieb etwas im Inneren an, das noch mehr wollte. Etwas tief in mir war trotz allem nicht zufrieden. Irgendwie musste da irgendwo irgendwann noch mehr kommen, sowohl im Leben als auch in meiner Karriere. Mit den Lokalen und den CDs stieß ich innerhalb unserer Nation langsam an die Grenzen des Machbaren, in sechs der größten Städte hatten wir bereits einen Standort. Eine bevölkerungsreichere Stadt als Wien ließ sich auch bei einem langen Blick auf den Globus in Österreich nicht finden – und in Wien führten wir bereits zwei *NACHT-*

SCHICHT-Betriebe, die zum Bersten voll waren. Regelmäßig enterten wir die Charts im Sturmlauf und ab und an schossen wir einen talentierten DJ hinter seinem Pult als Star in den Nachthimmel. Bei Lichte besehen hatten wir in unserer Nation den Zenit erreicht. Mehr ging nicht.

Aber von nun an Jahrzehnte zu verwalten, nur um mit der Zeit zu rasten, dann zu rosten und zuletzt von der Crew sorgsam auf einer Sänfte des Wohlwollens aus dem Amt getragen zu werden, das wollte ich nicht. Ich wollte expandieren.

Meine erste Auslandsdestination sollte aber kein Nachbarland sein. Die *NACHTSCHICHT* sollte nicht eine Welle sein, die einfach ins nächstgelegene Ausland schwappt. Nein, ich wollte einen richtig großen Effekt – und von dort aus dann an geeigneten Stationen weltweit durchstarten. Auserkoren war als erstes Land das, das von Österreich aus gesehen am weitesten südlich liegt: Südafrika. Mein Partner Roland fädelte diesen Deal ein. Er hatte früher für eine bekannte Hotelkette in dieser Nation gearbeitet, die rund dreieinhalbmal so groß wie Deutschland ist. Als er einmal seine damaligen deutschen Kollegen in eine unserer *NACHTSCHICHT*-Diskotheken einlud, waren diese von dem Konzept derart begeistert, dass sie anregten, ein solches Lokal in der Regenbogennation zu eröffnen.

Bald hatten sie ein passendes Gelände neben einem anderen Eventcenter in der Nähe von Johannesburg in Sandton gefunden und ich als Unternehmerkrieger stürzte mich voller Tatendrang in den Aufbau. Das Land war unglaublich schön. In Südafrika eröffnet sich einem eine atemberaubende Natur und mancherorts eine absolute Stille und Ruhe. Gigantische, endlose Weiten, da und dort Hügel in der Ferne, kraftvolle Diesselloks, die endlos lange Züge über die Gleise ziehen. Breite Straßen, übrigens mit Linksverkehr, an den man sich zuerst gewöhnen muss, wenn man aus dem deutschen Sprachraum stammt.

In den Townships hatte ich keine Sekunde Angst. Diese sind stark bevölkert, sie verfügen über gut sortierte Einkaufszentren, Tankstellen, sie sind teilweise sauber und – als Fußballfreund entging mir das nicht – das größte Fußballstadion des Kontinents, das FNB-Stadion, liegt gleich angrenzend an Soweto (South Western Townships). Dieser Stadtteil beherbergt die Kaizer Chiefs, die Moroka Swallows sowie die Orlando Pirates, die alle in der höchsten Spielklasse der Nation mittun. Zudem wurde im erwähnten Stadion unter anderem das Endspiel der Fußball-WM 2010 ausgetragen, dort spielen die Chiefs, während die Pirates und die Swallows direkt im Township antreten.

In der Nacht aber, so wurde ich angewiesen, sollte ich bei keiner Ampel anhalten. Dann liegt manchmal Gewalt in der Luft. Mit dieser hat der durchschnittliche Südafrikaner zwar nichts zu tun, was einem jedoch wenig hilft, wenn man von einer Gruppe Krimineller oder einem einzelnen Räuber angegriffen wird. Im Dunkeln allein auf der Straße zu sein, ist in Südafrika extrem gefährlich. Das galt selbst für unseren Standort, der 35 Minuten von der Innenstadt von Johannesburg entfernt lag. Das Land selbst und die Menschen gefielen mir. Ich mag Südafrikaner. Sie lassen sich nicht derart vom Stress treiben, wie wir das tun. Wir Österreicher scheinen aufzuwachsen, um unablässig zu rennen. Sie sind anders groß geworden und ich glaube, dass sie glücklicher sind als wir. Im Herzen finde ich dies gut, auch wenn ich selbst aufgrund meiner Kultur nicht so leben kann.

In der Unterhaltungswelt gibt es auch Deutsche, Österreicher, Schweizer, Liechtensteiner, Luxemburger und Südtiroler (um mal den ganzen deutschen Sprachraum aufzuzählen), welche ab und an in den Tag hineinleben und denken, dass sich die Arbeit von selbst erledigt, wenn man nur lange genug Luftschlösser baut. Die Hauptarbeit blieb daher wie gewohnt an mir hängen. Wir beschlossen, dass das Handwerk von Südafrikanern erledigt werden sollte, während der Architekt ebenso aus Österreich kommen würde wie das Equipment, also Lichtanlage, Ton und Zapfanlagen.

Bald merkte ich, dass die Uhren am Südende unseres Nachbarkontinents anders ticken, auch mal stehen bleiben und sogar rückwärtszulaufen scheinen. Doch irgendwann war unsere achte *NACHTSCHICHT*, die natürlich *NIGHTSHIFT* hieß, startklar.

Ein Flieger voller russischer Killer

Eine besondere Herausforderung stellte das Rekrutieren des Sicherheitsdienstes dar. Der vorgesehene Türsteher-Boss namens Warren erschien mit nichts weniger als einem Revolver im Hosenbund. Ich musste schlucken, weil ich merkte, dass wir es hier mit einer anderen Liga als den Ausländerbanden vor unseren Lokalen in der Heimat zu tun haben würden. Morde gehören in Südafrika zum Alltag. Mir wurde klar, dass ich etwas bieten musste, damit mich meine Angestellten ernst nehmen und auf mich hören.

Deshalb lud ich unseren Security-Chef zu uns nach Österreich ein. Ich sparte an nichts. Ich buchte für ihn eine Suite in einem Fünfsternehotel in Wien. Mit einem 500er-Mercedes tingelte ich mit ihm von einer *NACHTSCHICHT* zur nächsten, bis wir alle durchhatten und er sich der Schwere unseres Imperiums bewusst war. Um an den Türen Eindruck zu schinden, sorgte ich vor unserer Ankunft telefonisch dafür, dass bei den Haupteingängen am jeweiligen Abend die richtig großen »Schränke« die Zutrittskontrollen durchführten. Mein Gast aus Südafrika sollte wissen, dass ich nicht irgendein Hampelmann von ein paar Holzmicheln war. Daher zeigte ich mich so smart wie möglich, umgeben von jeder Menge tougher Typen, die ohne Zögern in der Lage waren, jedes Problem auf südafrikanische Weise zu lösen.

Tatsächlich gelang es mir, meinen Sicherheitschef zu beeindrucken. Zusätzlich erzählte ich ihm – natürlich ganz beiläufig –, dass hinter uns ein unglaublich mächtiges und von außen völlig undurchsichtiges Reich der Russenmafia stecken würde. Sollte es in Südafrika ein Problem geben, würde innerhalb von Stundenfrist ein Flugzeug voller Killer von einem privaten Flugfeld abheben. Nonstop würde dieses Johannesburg erreichen und dann vor Ort keinen Stein auf dem anderen lassen, bis lückenlos aufgeräumt wäre. Ich versicherte ihm, dass ich das nur zu seiner Sicherheit sagen würde, und sprach ihm mein Vertrauen aus mit einem Gehalt, das Warren weit offene Ohren für die Anweisungen aus Österreich verschaffen sollte. Warren hatte gute Drähte, viel Einfluss und in der Hierarchie stand er weit oben. Auch bei Kriminellen genoss er hohes Ansehen, weil er ein durchsetzungsfähiger Hüne war.

Die Eröffnung am 11. Januar 2002, mitten im südafrikanischen Hochsommer, war ein voller Erfolg. Ähnlich wie in Österreich luden wir in der *NIGHTSHIFT* in drei Lokale ein. Wir hatten eine typische Disco, eine *Soulbar* für Hip-Hop und R&B sowie eine *Mouse-Trap*-Disco mit klassischem Rock. Dreitausend Menschen feierten in unseren *NACHTSCHICHT*-Lokalen im Süden des Kontinents. Ich legte beim Start selbst auf und es gelang, eine tolle Atmosphäre zu kreieren, keine aufgekratzte Stimmung, sondern ganz »chillig«.

»Sorry, bin zu spät, musste noch jemanden erschießen«

Doch nach einigen Wochen zogen finstere Gewitterwolken auf, die sich immer wieder über unserem ersten Auslandsunternehmen entluden. Massive Drogenprobleme stellten uns vor ebenso große Herausforderungen wie offen ausgetragene Rassenkonflikte. Tief an und in mir nagte lange Zeit eine Schießerei, die sich vor unserer Tür ereignete.

Dort wo wir in Österreich eine Garderobe eingerichtet hatten, war in Johannesburg ein Waffenschrank zu finden, denn in der Gegend, in der unser Lokal stand, war es ganz normal, dass die Menschen mit Waffen unterwegs waren. Da wir keinen Krieg in unserer Diskothek wollten, herrschte bei uns die strikte Regel, dass sämtliche Waffen am Eingang abzugeben waren. Bei einem Besucher steckte aber noch eine Patrone im Lauf, als er seine vermeintlich entladene Pistole abdrückte. Ein peitschender Knall hallte von den Wänden wider. Die Patrone durchschlug den Körper von zwei Personen, die in der Schlange auf Einlass warteten, und drang einer dritten ins Knie, wo sie endlich stecken blieb. Entsetzt eilte ich nach draußen, wo die Angeschossenen blutend und schreiend am Boden lagen. Ich wusste, dass dies nicht meine Schuld war. Aber diese Menschen waren gekommen, um sich in meinem Megabau zu amüsieren. Nun mussten sie verletzt ins Krankenhaus gebracht werden. Mein unerbittlicher Drang nach Ruhm und Erfolg hatte zum ersten Mal Blut fließen lassen. In den nächsten Stunden durchfuhr mich immer wieder der Gedanke: »Wo bin ich hier gelandet?«

Es sollte nicht der letzte Tribut sein. Von einem Tag auf den anderen hörten wir nichts mehr von einem unserer Geschirrspüler. Das war sonderbar, da er sonst stets zuverlässig zu seinem Dienst erschien und diesen gewissenhaft ausführte. Vergeblich versuchten wir, ihn zu kontaktieren. Nach ein paar Wochen war er plötzlich wieder da. Er hinkte und ein Auge fehlte. An dem Tag, an dem er seinen Lohn erhalten hatte, war er brutal und hinterrücks überfallen worden. Wenig hatte gefehlt und er wäre ums Leben gekommen. Erneut war ich zutiefst schockiert.

Ein anderes Mal entschuldigte sich ein Türsteher für seine Verspätung: »Sorry, ich bin in einen Bandenkrieg mit Russen verwickelt worden und musste noch jemanden erschießen.« Sein blutverschmiertes Jackett bekräftigte seine Worte. Er sagte das so beiläufig, als hätte er verkündet: »Ich habe gerade noch schnell einen Hamburger gegessen und bin deshalb ein paar Minuten zu spät.« Bei solchen Ereignissen drehte sich mir der Magen um. Das Sommer-Sonne-Jubel-Trubel-*NACHTSCHICHT*-Märchen nahm in dem Land, in dem die Sonne eigentlich 365 Tage lacht, eine ganz üble Wende.

Regelmäßig flog ich DJs aus Österreich ein, die ich vor Ort als europäische Überflieger und Megastars anpries. Das füllte unseren Schuppen konstant. Zudem standen die DJ-Talente bei uns in Österreich Schlange, weil jeder davon träumte, eines Tages nach Südafrika fliegen zu dürfen, um dort aufzulegen. Außerdem stieg mein Renommee in der Heimat, weil uns der Sprung auf einen anderen Kontinent scheinbar gelungen war. Doch in mir drin sah es aufgrund der erwähnten Vorfälle und der latenten Gefahr ganz anders aus. Ich war aus meiner Egoeroberung der Welt erwacht und fand mich in einem Albtraum wieder. Eigentlich wollte ich nur noch nach Hause, aber ich war vertraglich an den Ort gebunden. Was hatte ich mir da nur eingebrockt…

Gewaltsame Übernahme

Die Schattenseiten des Erfolgs manifestierten sich ungleich stärker als bei uns in Linz oder St. Pölten. In der südlichen Metropole wurden wir zum unwiderstehlichen Drogenmagneten. Ein Teil unserer Türsteher begannen, mit den Drogendealern gemeinsame Sache zu machen und den Handel mit ihnen zu orchestrieren. Die indischstämmigen Südafrikaner waren die schlimmsten. Sie kontrollierten dieses Geschäft und galten als äußerst brutal, mit ihnen wollte keiner etwas zu tun haben, selbst die Polizei war bei der geballten Macht, die sich da aufgebaut hatte, nicht zum Eingreifen bereit.

Sogar der tapfere Warren musste sich geschlagen geben. »Da kann ich nichts mehr machen«, gestand er ein. Uns riet er, von diesen Dingen schlicht die Hände zu lassen. Diese Leute kennen keinerlei Skrupel. Die Killer aus Russland würden bereits beim Landeanflug in der Luft zerpflückt. Wir selbst würden umgelegt, ohne dass jemand mit der Wimper zucken würde. Uns blieb nichts anderes übrig, als zuzusehen, wie die dunklen Gestalten ihr Reich in dem unseren ausbreiteten. Von da an wusste ich: Dieses Schiff geht unter wie ein Paddelboot nach einem Torpedoeinschlag. Gegenzusteuern würde unser Leben auf wenige Minuten verkürzen.

Die Rassenkonflikte in der *NACHTSCHICHT* weiteten sich ebenfalls aus, nicht zuletzt aufgrund der indischstämmigen Südafrikaner, den »Coloureds«, die bereits den Drogenhandel kontrollierten. Andere Gäste blieben deshalb zusehends aus. Mehr und mehr fragte ich mich, was ich hier tat. Gleichzeitig waren meine Partner keine große Hilfe. Roland brüstete sich zwar gern mit der Disco in Südafrika, der Aufbau lag aber hauptsächlich bei mir, während er sich schon zu frühen Tageszeiten dem Alkohol widmete.

Ich stand auf verlorenem Posten. Der Lenkmechanismus des Schiffs – um beim Bild zu bleiben – schien von Steuerungseingaben längst abgekoppelt. Eine finstere Schattenregierung hatte das Kommando übernommen und ich war irgendwie nur noch die Verzierung.

Kurt war innerlich bereits ausgelaugt, da er die ganze Zeit über vor Ort geblieben war, während ich insgesamt rund zwanzigmal zwischen Österreich und Südafrika hin und her geflogen war, stets mit Nachtflügen, in denen ich schlief, um keine Zeit zu verlieren. Vollkommen fertig setzten wir uns mit den einheimischen Partnern an den Tisch, um eine Lösung, sprich einen halbwegs geordneten Rückzug, zu planen. Nach einiger Zeit fanden wir einen Käufer. Roland und ich hatten 200 000 Euro in den Sand beziehungsweise die Savanne gesetzt, unsere deutschen Partner noch mehr. Doch immerhin hatten wir alle überlebt, was in diesem Land in dieser Branche nicht ganz selbstverständlich war.

Hätte ich das alles vorab gewusst, hätte ich da nie und nimmer mitgemacht. Ich wurde überredet, wobei meine Gegenwehr nicht gerade heftig war, der Größenwahn war der beste Proanwalt in meiner inneren Debatte. Die Erfahrung möchte ich nicht missen, aber das Leid, das dort geschah, würde ich gern ungeschehen machen.

Während all der Reisen nach Südafrika war ich leider nie auf einer großen Safari. Aber ich möchte nicht mehr in den Regenbogenstaat. Kapstadt ist beispielsweise unglaublich schön, besonders am Strand. Aber überall finden sich Warnschilder, dass man darauf achten soll, dass einem niemand in eine Gasse oder sonst wohin folgt. Natürlich kann man auch in Wien in einer falschen Straße landen – aber in Südafrika gibt es deutlich mehr davon. Zumindest damals war die Nation völlig zerrissen. So wie ich innerlich auch. Doch während das im Falle dieses südlichen Staates jedes Kind wusste, war es in meinem Fall noch nicht mal bis zu mir selbst vorgedrungen.

Sehnsucht nach der Heimat

Trotz der Pleite in Afrika drängte ich weiter ins Ausland. Kleine Brötchen waren nicht mehr mein Ding. Gleich fünf *NACHTSCHICHT*-Lokale standen bei mir auf dem Reißbrett. Mit einem Immobilienfreund suchte ich in Deutschland nach einem Standort, mit jemandem aus der Johannesburg-Mannschaft streckte ich meine Fühler ins britische Manchester aus und ein Freund von Roland sah sich in Tampa im US-Sonnenstaat Florida um. Anschließend sollten Madrid und Marbella in Spanien folgen. Eigentlich waren Afrika, England und die USA Rolands Ideen, doch er wusste genau, wie er mich dafür pushen musste. Ich war jeweils das Rennpferd, das bis zum Umfallen lief.

Während wir auf dem heimischen Boden einen Erdrutschsieg nach dem anderen landeten, wollte das Gleiche außerhalb der Landesgrenzen nicht vorankommen. Insbesondere der Einstieg in den US-Markt scheiterte, nicht wegen des Standorts, sondern weil die richtigen Leute fehlten. Unter jenen vor Ort tummelten sich zu viele zwielichtige Gestalten und der einzige Partner aus der Heimat, ein Freund von Roland, war nur am Morgen ansprechbar. Wir planten die *NIGHTSHIFT*-Disco an einer Top-Lage in einem gigantischen Event-Center, an der absoluten Ausgeh-Meile von Tampa. Nicht weniger als 100 000 Leute wären an unserer Eingangspforte vorbeigekommen. Der Erfolg schien garantiert.

Doch zu meinem Ärger sumpfte mein Gefährte gemeinsam mit unserem Tross ab der Mittagszeit ab. Wir steuerten mit einem Motorboot eines der Restaurants an und ab diesem Moment folgte Dolce Vita: Spätestens mittags ab zwölf Uhr wurde gezecht und getafelt. Um fünf waren manche so dicht, dass sie nicht mehr reden konnten. Im Grunde wäre ich schon nach kurzer Zeit am liebsten heimgeflogen. Den ganzen Nachmittag über hatten meine Kameraden nichts anderes zu tun, als sich volllaufen zu lassen. Da ich Alkohol nicht mochte – er schmeckt mir einfach nicht –, war ich bis auf die Morgenstunden isoliert. Ab dem Mittag war ich meist der Einzige, der an unserem Großprojekt arbeitete, während die anderen ein Luxusleben führten.

Manchmal flog ich meine Familie für ein paar Tage ein und während der übrigen Zeit wäre ich viel lieber daheim bei meinen Lieben gewesen. Es war eigenartig: Kaum war ich in der Fremde, vermisste ich meine Lebensgefährtin aus ganzem Herzen. Es war, als würde ein Teil von mir fehlen. Ich konnte nicht ohne sie leben. Scheinbar war ich ihr näher, wenn ich weit fort war. In der Ferne vermisste ich sie, doch kaum war ich zu Hause, betrog ich sie.

Verschiedentlich sah ich den anderen zu, wie sie sich am Strand verhielten. Alles war so hohl. So leer. So oberflächlich. Es ekelte mich an. Sie besoffen sich laufend und bezirzten irgendwelche Schlampen. Dennoch war ich ein Teil dieser Crew. Als ich später das Gleichnis vom verlorenen Sohn las, erkannte ich, dass es meine Situation trefflich beschrieb, genau so fühlte ich mich damals in den USA.

Wenn meine Familie nicht bei mir war, genoss ich auch mal ein Schäferstündchen mit einem Mädel aus Florida, doch normalerweise war ich fernab von daheim nicht empfänglich für solche

Abenteuer. Da ich jedoch ständig von Leuten umgeben war, die sich volllaufen ließen und Sex suchten, rutschte ich ebenfalls manchmal in solche Situationen. Einmal landete ich beispielsweise bei Rolf. Er war ein Partner und Saufkumpan von Roland und er hatte das Grundstück für uns gefunden. Da lachte ich mir Kerry an, die hübsche Assistentin eines Anwalts. Sie stammte aus schwierigen Verhältnissen und jagte einem sorglosen Leben hinterher. Mit Alkohol verbesserte ich mein schlechtes Englisch und als es dämmerte, zogen wir uns auf das Boot zurück, das direkt am Haus von Rolf angelegt hatte.

Aufgrund der Entfernung von meiner Familie war in den USA meine Stimmung stets gedrückt. In diesem Moment war ich daher auf Romantik gedrillt und wollte einfach nur den Sternenhimmel beobachten. Ich kann mich nicht genau an diesen Abend erinnern, aber vermutlich haben wir nicht zusammen geschlafen, sondern höchstens etwas rumgemacht. Das war untypisch für mich, eine Art Möchtegernromantik.

Da ich oft an Heimweh litt, fand ich es umso sinnloser, die Zeit mit Saufen zu vertrödeln. Aber gegenüber Roland traute ich mich damals nicht, etwas zu sagen, ich machte sogar ein wenig mit, damit ich es mir nicht mit ihm verdarb. Ich konnte nie Nein sagen.

Manchmal artete es aus. Wenn wir in Florida unterwegs waren, wurde in teuren Hotels gefeiert. Zuerst wurde Alkohol beschafft und dann Nutten bestellt. Auch in mein Zimmer wurden welche geschickt. Die waren so richtig amerikanisch, hübsch und ganz auf ihr Business gedrillt. Mich widerte das an. Überall war alles auf Geld ausgerichtet. Alles schien so oberflächlich. Aber meine Gefährten waren in solchen Fällen im Element. Der eine der beiden fragte ab einem bestimmten Alkoholpegel fast jede Frau auf der

Straße, ob sie mit ihm ins Bett gehen wollte, ganz gleich, ob er sich damit eine Ohrfeige einhandelte.

Irgendwann dachte ich, dass ich nie so notgeil enden wollte, ohne irgendeine sinnvolle Aufgabe. In Florida stellte ich vieles infrage, obwohl ich in meiner gewohnten Umgebung nicht viel besser lebte. Wenn ich woanders war, hatte ich wesentlich weniger Selbstvertrauen. Da ging es mir vielleicht wie dem König David, der auch in seinem eigenen Palast Ehebruch beging und nicht in der Fremde.

Um die *NACHTSCHICHT* richtig voranzukriegen, hätte ich wohl für mehr als ein halbes Jahr nach Übersee ziehen müssen. Bei meinen oft einsamen Abendspaziergängen auf dem Boulevard sinnierte ich viel darüber nach. Zwei Dinge kristallisierten sich dabei heraus: Mit dem Haufen, der mich umgab, würde die *NIGHTSHIFT* in keine gute Richtung gehen. Und das Klima tat mir nicht gut, oft konnte ich mich nur in einen zermürbenden Halbschlaf winden. Deshalb beschloss ich, das Vorhaben abzubrechen.

Auch die anderen Versuche kamen nicht über die Spesenphase hinaus: Deutschland scheiterte mangels geeigneter Lokalität und Manchester war zu riskant: Die Polizei konnte Sperrstunden nach eigenem Ermessen verordnen, was uns aus dem Rennen hätte nehmen können. Überall hatten wir zuletzt nur Geld hinausgeworfen.

Die feurige Spanierin

Die Monate verstrichen und die *NACHTSCHICHT*-Lokale in Österreich florierten und waren weiterhin eine sprudelnde Geldquelle. Während das irgendwie normal geworden war, wuchs meine innere Leere. Intensiv suchte ich nach dem nächsten Kick, nach etwas, das mich zufriedenstellen würde – die Suche nach immer noch mehr und letztlich auch nach Sinn wollte nicht aufhören. Die Palmen von Florida hatten es nicht richten können, deshalb sollten es nun jene in Marbella tun. Diese Stadt liegt in der Provinz Málaga an der Costa del Sol, der »Sonnenküste«.

Einen möglichen Standort hatte mein Immobilienfreund entdeckt. Der bereits fünfte Anlauf im Ausland kam rasch in Schwung. Nach den misslungenen Versuchen in Südafrika, Deutschland, England und den USA sollte es nun – unter Einbezug sämtlicher Lehren – an der spanischen Südküste und in der Hauptstadt gelingen. Der Grundstückbesitzer in Marbella begann voller Elan in der Nachbarschaft ein Hotel und ich stürzte mich wieder einmal ungebremst in die Arbeit.

Hier schien alles zu stimmen. Damit es mir an nichts fehlte, mietete ich im angesagten Ausgeh-Viertel Puerto Banus eine schmucke Strandwohnung. Als Anwohner erhielt ich eine Fahrgenehmigung für diese weitgehend autofreie Zone. Weniger aus Rücksicht auf die vielen Fußgänger, sondern vielmehr damit mich diese gebührend bewundern konnten, kutschierte ich mit meinem Mercedes 500 SL Cabrio gemächlich durch die von Palmen gesäumte Straße, vorbei an den übermotorisierten Hochglanzjachten und den eleganten Boutiquen und Restaurants.

Wenn ich in der angenehmen Abendatmosphäre durch die lichtvollen Straßen schlenderte, die noch die gespeicherte Hitze des Tages als sanfte Wärme abgaben, träumte ich von einer solchen Jacht. Meine Augen glänzten wie früher, als ich mir im Skilager ein Schnitzel, eine für mich seltene Delikatesse, bestellt hatte. Diesmal jedoch nicht wegen eines panierten Stücks Fleisch, sondern wegen dieser schwimmenden Milliarden, die kaum merklich in den leichten Wellen schaukelten.

Auf meinen Abendrundgängen wurde mir außerdem klar, dass wir auch einen Learjet brauchen würden. In dem Umfeld, in dem ich mich mittlerweile bewegte, interessierten sich manche mehr für Jachten, andere mehr für Flugzeuge – ich wollte beides. Schon sah ich mich den Vogel mit Journalisten aus Österreich vollpferchen, die ich dann zu einer noch nie da gewesenen Eröffnung in Spanien bringen würde. In der alpenländischen Presse würden die beiden spanischen *NACHTSCHICHT*-Diskotheken als Senkrechtstarter gelten, was gleichzeitig einen weiteren Hype um unsere heimischen Lokale entfachen würde. Einmal mehr würde ich so richtig durchstarten. Ich wusste, wie die Fäden zu ziehen sind, und sah mich bereits auf den Titelblättern in den heimischen Gazetten. Vor meinem inneren Auge sah ich, wie mich alle feierten und ich alles im Griff hatte.

Mein Ego war gerade daran, in den Größenwahn überzugehen. Im Hinterkopf dachte ich bereits an weitere Standorte. Sobald in Marbella und Madrid die *NACHTSCHICHT* Nummer acht und neun laufen würden, sollten Barcelona, Berlin und Zürich folgen. Das hörte sich richtig cool an.

Die Tätigkeiten meines Immobilienfreundes erstreckten sich auf mannigfaltige Ebenen und eines Tages stellte er mir die zuckersüße Chefin eines lokalen Escortservice vor. Eine Frau in dieser Position gilt eigentlich als unantastbar, was mich besonders reizte, denn mir ging es oft nicht nur um Sex, sondern auch um das Herumkriegen und das Erobern. Ich wollte mich beweisen *und* meine Sexsucht ausleben.

Diese italienisch-spanische Dame war eine Wucht. Sie hieß Monica und sprach neben ihren Muttersprachen Französisch und Deutsch. Sie war eine typische Checkerin. Als ich sie kennenlernte, war sie gerade im Begriff, sich von ihrem kriminellen Freund zu trennen, der im Gefängnis saß. Aber sie kam nicht ganz aus dieser Beziehung raus, weil sie selbst von Zeit zu Zeit Drogen nahm. Das war in ihrer Umgebung damals normal.

Monica hatte einen Schmollmund, einen Latino-Einschlag und eine sehr gute Figur. Sie war ein lautes, temperamentvolles Südländer-Mädchen und extrem eifersüchtig. Rasch waren wir beide uns sympathisch und ich flanierte gern mit ihr durch die Straßen. Sie kannte namentlich die High Society und die Unterwelt, die sich nicht selten da und dort geheimnisvoll die Hand reichen. Alle zwei Meter blieb sie stehen, um jemanden zu begrüßen.

Bald merkte ich jedoch, dass sie innerlich total kaputt war. Immer mehr sah ich in ihren Abgrund hinein, der wohl genauso tief war wie meiner, wenn auch wegen anderer Ereignisse.

Monica gewährte mir einen erschreckenden Einblick in die Unterwelt dieser idyllischen Küstenstadt. Wieder sollte das Blut in meinen Adern gefrieren, ähnlich wie in Südafrika. Sie erzählte, wie ein Coiffeur wegen einer Drogengeschichte einfach so in seinem Lokal erschossen worden war. Durch Monica erschloss sich mir, wie unerbittlich die Drogenkämpfe waren. Die marokkanische Mafia kontrollierte lückenlos und engmaschig, was in »ihrer« Stadt geschah. Ganz gleich, ob Drogenhandel oder Diskotheken: Im Hintergrund zogen die Marokkaner die Fäden. Monica ließ auch durchschimmern, wie es wohl bei mir laufen würde, nämlich nicht anders als bei den anderen: Die Marokkaner würden zusehen, wie ich den Laden hochzog und zum Laufen brachte und mich dann rausdrängen. »Da wirst du so lange bedroht, bis du übergibst, nötigenfalls im Sterben liegend. Dann übernehmen sie.«

Doch ich hatte bereits viel Geld investiert und kam mir durch die vielen Businessflüge, das Jetset-Leben und meinen generellen

Luxus vor wie der »Bill Gates der Discobranche«. Als solcher fühlte ich mich unverletzlich. Auch zählte ich darauf, dass sich eine Regierung in einem EU-Staat letztlich doch durchsetzen kann. Also atmete ich, gestählt durch die Erfahrungen in Südafrika, durch und schritt weiter voran.

Die Pläne wurden immer wilder. Zusätzlich zur Disco planten wir TV-Shows. Die ganz großen Bierfirmen waren mit an Bord. Ein noch nie da gewesener Eventkomplex sollte entstehen. Nicht zuletzt durch diese achte *NACHTSCHICHT* malte ich mir aus, mit meinem ganzen Imperium an die Börse zu gehen. Davon waren meine Partner zwar nicht überzeugt, weil die Kontrollen strenger sein würden als jene durch das Finanzamt, aber mir war klar: Sobald das Ding in Spanien lief, wollte ich da mitmischen.

Insgesamt flog ich rund fünfzigmal nach Spanien, oft über das Wochenende und häufig mit einem eng getakteten Terminplan. Wenn Astrid dabei war, war ich der Liebe meines Lebens näher als in der heimischen Umgebung, wo ich alles kannte.

Letztlich stellte sich heraus, dass mein Vertrauen in die europäische Regierung tatsächlich nicht vergeblich war. Sie schaute tatsächlich genauer hin, wenn sie kriminelle Machenschaften witterte. Erste Untersuchungen wegen Korruption begannen in Marbella zu laufen. Diese weiteten sich aus, bis es zum großen Knall kam: Mehrere Politiker, Geschäftsleute und sogar Richter mussten hinter Gitter. Auf einen Schlag kam die Baubranche zum Stillstand und neue Genehmigungen wurden nicht mehr erteilt.

Ich war froh, dass ich mit keinem der Unternehmer so verbandelt war, dass ich in irgendeiner Form in die Korruptionsfälle verstrickt gewesen wäre. Doch die Disco in Marbella konnte ich mangels Baugenehmigung vergessen und auch die Planung für Madrid stellte ich ein.

Sexuell war zwischen mir und der feurigen Escortleiterin einiges passiert, was für mich aber nicht vordergründig war. Sie wusste von Anfang an, dass ich daheim Frau und Kinder hatte, und so beendete ich diese Affäre, als die Pläne in Marbella zum Erliegen kamen. Ich sagte ihr, dass ich nicht aus der Distanz mit ihr spielen wolle, und riet ihr, dem düsteren Strudel in Marbella zu entkommen. Ein Jahr später hörte ich noch einmal von ihr. Sie dankte mir, dass ich ihr die Augen geöffnet hatte. Sie hatte sämtliche Brücken nach Marbella abgebrochen und war aus der Gegend weggezogen.

Mit Marbella und Madrid waren nun auch der fünfte und der sechste Versuch im Ausland gescheitert. Einmal mehr war viel Geld flöten gegangen. Fürs Erste beendete ich daher die Auslandsbestrebungen.

Umso stärker registrierte ich nun etwas Unbekanntes. Tief in mir drin, irgendwo in einem Winkel, war eine Leere. Wenn ich ehrlich reflektierte, war diese sogar in dem Moment da gewesen, als ich von einem Flugzeug voller Journalisten träumte, die einen medialen Schutti-Lobgesang anstimmten. Da war mir beispielsweise durch den Kopf geschossen, dass ich mich auch mit dem Learjet nicht besser fühlen würde. Mir wurde bewusst, dass ich mich nur kurz in meinem Ego suhlen würde, und dann wäre die Freude wieder weg, so wie bei allem anderen. Ein neues Auto, die nächste Frau, der nächste Kick: Stets konnte ich mich nur kurz daran ergötzen, dann verging der Spaß daran wie Schaum.

In den Alkohol flüchten konnte ich kaum, da ich diesen nicht mochte. Von Zeit zu Zeit nutzte ich ihn zwar, um meine Probleme und Hemmungen wegzugießen, aber er schmeckte mir nicht, er war Mittel zum Zweck. Ich wollte wegrennen, aber ich wusste nicht, wohin und was ich an einem neuen Ort tun würde. Ich konnte diese Gefühle gar nicht richtig benennen, ich wusste einfach nur, dass ich nicht glücklich war.

Doch solche Erkenntnisse stellten sich nur kurz ein, wie Sternschnuppen. Für einen Moment wurde mir die Wahrheit gezeigt.

4

Heiße Nächte, kalte Herzen

Nach den ergebnislosen Engagements im Ausland stürzte ich mich an der heimischen Front wieder ganz ins Geschehen. Den Stress und den Druck – immerhin galt es, immer wieder neue Stimulatoren zu finden, um das Publikum in sieben Großdiskotheken zu unterhalten – musste ich irgendwie abbauen. Dazu hatte ich mein ganz eigenes Ventil: Die schier unerträgliche Belastung glich ich mit sexuellem Vergnügen und immer neuen Eroberungen aus.

Doch die vielen Frauengeschichten befriedigten mich nur kurz und machten bald darauf wieder dieser inneren Unruhe und Leere Platz.

Mitten in dieser unsteten Zeit wurde Astrid schwanger. Bei uns beiden war die Vorfreude riesig, doch gleichzeitig rannte ich von einem Verhältnis ins andere. Eine dieser Bekanntschaften war eine hübsche lokale TV-Moderatorin. Mich stachelte diese Affäre an. Mir war egal, dass sowohl sie als auch ich liiert waren. Ich sah sie auf dem Bildschirm und wusste, dass ich mich ein paar Stunden später mit ihr vergnügen würde. Mein Ego war dadurch mal wieder in allen Schattierungen gebauchpinselt. Eine Zeit lang redete ich mir sogar ein, dass sie – weil sie in der Provinz prominent war – eigentlich der bessere Fang für mich wäre, obwohl unter dem Herzen meiner Lebensgefährtin gerade das Herz unseres zweiten gemeinsamen Kindes schlug.

Meine Erkenntnis von damals, als ich mit den gebrochenen Rippen im Bett gelegen und Astrid sich rührend um mich gekümmert hatte, war längst pulverisiert.

Es ist im Nachhinein kaum erklärbar, welches Leid ich meiner geliebten Frau damals zufügte. Weinend saß sie schwanger daheim mit Vivienne und manchmal auch mit Kevin, während ich mit der lokalen Fernsehgröße durch die Welt düste. Dabei warf ich mit Geld um mich, um die TV-Moderatorin zu beeindrucken. Bald gab sie ihrem Freund den Laufpass, um mit mir den »Austrian Way of Life« zu genießen, immerhin setzte das *NACHTSCHICHT*-Imperium nicht weniger als 50 Millionen Euro pro Jahr um.

Allerdings wusste sie nicht, dass ich auf Zeit spielte, denn die Familie verlassen wollte ich nicht. Doch die Affäre wollte ich auch nicht aufgeben, denn der Sex mit ihr war pikant und aufregend. Die Wochen und Monate zogen ins Land und irgendwann wollte sie wissen, woran sie ist. Entsetzt stellte sie fest, dass ich mein Leben nicht an ihrer Seite plante. Als Trostpflästerchen überließ ich ihr für einige Zeit ein Auto, ein erster Anflug von Mitleid?

Plötzlich bewegten mich auch die Tränen meiner Lebensgefährtin, eine Regung, die ich früher nicht gekannt hatte und womöglich einer der Gründe, warum ich sie nicht verließ. Dennoch veränderte ich meine Lebensweise nur geringfügig: Ich betrog Astrid nicht mehr mit prickelnden Langzeitaffären, sondern mit aufregender »Laufkundschaft«.

Gefangen zwischen den Welten

Es war, als würde ich auf zwei Planeten leben. Auf dem einen ging das Nachtleben über die Bühne, verrucht und versaut. Ich war zu diesem Zeitpunkt 34 Jahre alt und wurde von jungen Hühnern zwischen 18 und 25 Jahren umgarnt und umschmeichelt.

Als Discokönig und somit »König der Nacht« schwirrten zudem jede Menge Parasiten um mich herum. Sie alle suhlten sich in meinem Erfolg und wollten etwas davon abbekommen. Diesen falschen Freunden lag nichts daran, dass ich ein geordnetes Familienleben führte, weil dann weniger für sie abgefallen wäre. Zudem rechtfertigten manche ihre eigenen Ausschweifungen mit den meinen.

Ist man wirtschaftlich im Überflug, stellen sich viele Schulterklopfer-Freunde ein, die neben einem im Rampenlicht stehen und sich auch im Erfolg sonnen wollen. Fernsehen und Prominente umgaben mich, davon wollten viele andere auch ein Teil sein oder sie wollten Geschäfte mit mir machen. Mit allen möglichen Ideen machten sie sich an mich heran. Unter dem Strich gibt es in diesem Milieu vor allem zwei Triebfedern: Frauen und Geld. Eigentlich ist es ein großes Kaspertheater, das sich zum Beispiel so anhört, wenn man eine neue Person trifft: »Wir sollten uns unbedingt kennenlernen, es gibt nicht viele von uns in der Stadt …« – Bekundungen leichtfertiger Anbiederei. Interessant waren für andere auch die VIP-Karten, die ich nachgeworfen bekam: zu Formel-1-Rennen, großen Beachvolleyball-Turnieren und vielen anderen Veranstaltungen.

So sah die eine Welt aus. Jene in der Nacht. Ehrliche Freunde waren in diesem Umfeld kaum dabei. Alle redeten mir nach dem Mund und wollten von mir profitieren.

Am Tag versuchte ich, der liebevolle Familienvater zu sein, der für seine Frau und die Kinder da ist und ihnen Nestwärme gibt. Doch mein Herz war nicht dabei. Wenn die Gärtner mir beispielsweise zeigen wollten, welche neuen Blumen sie rund um die Villa angelegt hatten, heuchelte ich zwar ein gewisses Interesse, aber in Wirklichkeit dachte ich: »Diese dämlichen Blumen sind mir so was von egal!«

Ich Sex, Astrid Wehen

Am 6. November 2002 setzten bei Astrid die Wehen ein. Ihr Telefonanruf erreichte mich im Intercontinental Hotel in Wien, wo ich mich gerade mit einer anderen Frau vergnügte. Ich eilte aus dem Bett und brauste nach Linz, um bei der Geburt dabei zu sein. Hätte mich jemand gefragt, hätte ich in diesem Moment keinerlei Gewissensbisse gehabt.

Dennoch empfand ich die Geburt unseres Kleinen als ein übernatürliches Geschenk. Dieses kleine, unbedarfte, unschuldige Leben berührte mich tief.

Warum ich plötzlich ungebremst weinte, war mir schleierhaft. Doch auf einmal fühlte ich mich wie der letzte Dreck. Im Angesicht meines kleinen Sohnes und der wunderbaren Mutter war mein »sauberes« Gewissen plötzlich in seine Einzelteile zerlegt. Ich klagte mich an, weshalb ich nicht da gewesen war, um mich zusammen mit ihr auf die Geburt vorzubereiten, sie zu ermutigen und ganz einfach für sie da zu sein, statt in einer völlig anderen Stadt mit einer anderen im Bett zu liegen.

Ich konnte die ersten Stunden mit unserem neugeborenen Sam nicht genießen, denn ich blickte auf eine harte Arbeitsnacht zurück und den Seitensprung, von dem ich aufgescheucht worden war. Zudem sah Sams Kopf zusammengedrückt aus und er war ganz rot, sodass ich mir Sorgen machte. Als mir jedoch umgehend vom medizinischen Personal versichert wurde, dass alles gut sei, beruhigte ich mich. Die Geburt war schwer gewesen. Der nächste Tag war ungleich besser.

Gemeinsam mit Sam war offenbar auch mein Herz zur Welt gekommen. In den folgenden Monaten lebten Astrid, Vivienne, Sam, Kevin und ich wie eine richtige Familie zusammen. Ich war treu und fürsorglich.

Der alte Andi ist wieder da

Inzwischen hatte Astrid wieder eine neue beste Freundin. Sie lebte in einer Beziehung und wir beiden Paare verstanden uns hervorragend. Sie gingen bei uns aus und ein und wir reisten sogar zusammen in den Urlaub. Anja[2] ließ meinen Puls höherschlagen, genauso wie der Gedanke, wie Astrid vor meinen Augen mit einem anderen Mann Sex haben würde. Vergeblich versuchte ich, sie dazu zu überreden, gemeinsam mit anderen Pärchen einen Vierer zu haben. Gelegentlich ließ ich immer mal wieder einen Spruch in diese Richtung vom Stapel, wenn Anja und Oliver[2] bei uns zu Besuch waren, und die beiden schienen das witzig zu finden.

Eher unterschwellig begann ich, mit Anja zu flirten, was sich mit der Zeit hochschaukelte. Bis sie eines Abends ohne Oliver in der *NACHTSCHICHT* auftauchte. Astrid war daheim bei der Familie.

---

2 Namen geändert.

Nüchtern wären wir wohl nie so weit gegangen. Doch wir tranken einiges zu viel und landeten zusammen in einem Nachtklub im Sexkino. Das geschah an einem Samstag.

Jahrelang trafen wir uns mit den beiden immer sonntags zum Essen, so nun auch am folgenden Tag. Die Stimmung war ausgesprochen eigenartig und ich wusste, dass dieser Seitensprung völlig sinnlos und destruktiv gewesen war. Tief in mir drin spürte ich, dass nun etwas so richtig gestorben war. Auch Anja war klar, dass wir etwas kaputt gemacht hatten – wir konnten uns nicht einmal mehr in die Augen sehen.

Mir wurde bewusst, dass ich immer mehr ruinierte und dass dies ein absoluter Tiefpunkt war. Zum zweiten Mal hatte ich damit eine Freundschaft von Astrid vernichtet. Auch wenn sie und Oliver erst Jahre später von unserem Seitensprung erfuhren, war es nicht mehr so wie früher zwischen uns vieren. Von nun an versuchte ich, den beiden aus dem Weg zu gehen. Ich behauptete stets, dass ich gerade sehr viel Arbeit habe und deshalb nicht könne. Darunter litt Oliver, weil wir inzwischen gute Freunde geworden waren. Mein Ego, meine Ich-AG und meine Sexsucht hatten weitere Opfer gefordert.

Nach diesem jüngsten Fehltritt ekelte ich mich vor mir selbst. Bislang hatte ich in meinem oberflächlichen Leben keine wirkliche Verfehlung darin erkannt, untreu zu sein, doch plötzlich schien mir vieles von dem, was ich tat, sinnlos zu sein.

Nacktduschen und Gratissaufen

In den Diskotheken brauchte das Publikum immer wieder eine neue Stimulation, einen neuen Reiz, eine Steigerung. Sonst wäre es ausgeblieben und woanders hingegangen. Ich hatte stets ein feines Gespür dafür, wann eine Idee dabei war, sich abzunutzen, und etwas Neues kommen musste. Manchmal war der Knackpunkt bereits dann erreicht, wenn der Hype am größten schien. Oft erkannte ich das viel früher als andere, was dazu führte, dass unser Geschäft stets rundlief. Außerdem hatte ich ein goldenes Händchen dafür, neue Knaller zu entwickeln.

Natürlich ist der Kampf um Gäste auch ein Verdrängungskampf: Das bessere Lokal, das bessere Konzept überlebt. Ich dachte damals noch nicht darüber nach, dass der andere kaputtgeht, wenn ich Erfolg habe, sondern vermutete, dass wir uns gegenseitig befruchten würden. Aber logischerweise kommen zwar etwas mehr Leute, wenn mehr Angebote da sind, aber längst nicht doppelt so viele. Heute macht es mich traurig, wenn ein anderer zusperren muss, doch damals lachte ich darüber.

Von einer Mischung aus Existenzängsten und Innovationsgeist getrieben entwickelte ich laufend neue Konzepte, zum Beispiel für den Sommer »La Noche del Baile«. Auf Deutsch klingt das weit weniger malerisch: »Die Tanznacht«. Der Gedanke dazu kam mir aufgrund meiner Spanienerfahrung, wo ich Monica gefragt hatte, was »Tanz« eigentlich auf Spanisch heißt.

Bald folgte der Gedanke, eine ganze Sommer-Themen-Reihe damit zu gestalten. Alles wurde spanisch inszeniert. Den Besuchern sollten fetzige Latino-Nummern um die Ohren sausen und ich lief im Latin-Lover-Shirt herum. Mein Ego strotzte einmal mehr, als ich sah, wie alle mitmachten. Die Frauen in sexy südländischem Outfit, die Männer in eleganter Latino-Aufmachung. Viele Prominente kamen und das Ganze wurde während mehrerer Jahre zum Sommerhit.

Bei der Vermeidung echter Inhalte war ich mittlerweile bei Formaten wie »Nacktduschen« angelangt. Damit füllten wir unser

Lokal am Mittwoch, einem Abend, wo sonst eigentlich in der Ausgeh-Szene wenig läuft. Eine gläserne Dusche auf der Bühne verschaffte dem Abhilfe. Menschen werden freizügiger, wenn viel getrunken wird. Für einen Strip boten wir rund hundert Euro, da fanden sich immer welche, die bereit waren, die letzten Hüllen fallen zu lassen und sich so, wie Gott sie geschaffen hatte und der Andi das wollte, auf der Bühne zu duschen. Das war für einige Zeit der absolute Hit. Ich schreckte vor nichts mehr zurück. Auf unseren Flyern waren nackte Leute, sie sahen aus wie Lesezeichen für ein Pornoheft. Manche Firmen, die auf ihr Image achteten, wollten deswegen nicht auf unsere Verteilzettel, aber ich dachte bloß: »Was haben die denn?«

Es gab Abende, da standen die Leute in Dreierreihen hundert Meter an, um reinzukommen, gerade auch weil gewöhnliche Leute aus dem Publikum nackt auf der Bühne standen. Das schüchterne Mauerblümchen von nebenan, das unter dem Einfluss von Alkohol in der gläsernen Dusche das Wasser auf sich rieseln lässt und dabei vor der johlenden Masse einen eher unbeholfenen Eindruck macht, wurde abgelöst von der Großstadttussi, die das Ganze lasziv meisterte.

Eingeleitet wurden diese Nacktdusch-Abende durch einen weiteren »Meilenstein« von mir. An Abenden unter der Woche, an denen sonst wenig Besucher zu erwarten waren, lud ich zu einer Stunde Gratisalkohol ein. Ja, richtig. Gratis. Ohne Haken. Der Eintritt war zwar etwas höher, aber alle Getränke, die offenen Spirituosen entstammten, waren kostenlos. Man konnte also eine Stunde lang hemmungslos kostenlos saufen. Rentiert hat es sich trotzdem: Denn wer einmal mit Bechern begonnen hat, wird in den nächsten drei bis sechs Stunden nicht plötzlich abstinent. Zudem schnellte die Stimmung im Lokal durch den hohen Alkoholpegel schon viel früher nach oben, was dem Konsum ebenfalls zuträglich war. An anderen Abenden, wenn die Stimmung mal nicht so toll war, erfolgte ein salopper MC- oder DJ-Spruch: »Ab an die Bar mit euch.« So konnte künstlich Stimmung erzeugt werden.

Bei den »50-Cent-Partys« kamen die Bestellungen oft schon via SMS rein, bevor die Leute eintrafen. Zum Beispiel »100 Bacardi-Cola in Kübeln«. Ein Longdrink kostete an diesen Tagen nur 50 Cent, der hohe Gewinn entstand aufgrund der Menge: Es wurde buchstäblich eimerweise getrunken. Das ist der Ausgleich, den die Welt sucht, und wir boten die Plattform.

Jugendliche Alkoholleichen

Erstmals begann ich in den frühen 2000er-Jahren, mich zu hinterfragen. Auslöser war ein *NACHTSCHICHT*-Besuch in Linz. Astrid und ich hatten gerade die Nacktdusch-Party observiert und waren eigentlich mit dem Abend zufrieden. Doch auf dem Weg zu unserem Wagen sahen wir die Frucht der Gratissauf-Aktion. Obwohl der Asphalt des Parkplatzes nicht sonderlich gut gepolstert war, war er übersät von Jugendlichen, die herumlagen, weil sie völlig besoffen den Kampf gegen die Erdanziehungskraft verloren hatten. Andere wankten umher und lallten, manche waren am Kotzen.

Früher hatte ich entweder weggesehen oder gleich den Wagen woanders geparkt und für die letzten Meter einen anderen Gehweg gewählt. Aber heute erkannte ich, was hier eigentlich geschah. Der Anblick war entsetzlich. Diese jungen Menschen drückten mir einen Teil ihres Geldes ab und die Ernte war ein sinnloser und eigentlich völlig leerer Abend mit einem üblen Kater am nächsten Morgen.

Auch früher waren mir Alkoholleichen nicht fremd gewesen. Manche gehörten namentlich beim Projekt in den USA zum engsten Team. Doch nun brannte sich zum ersten Mal in aller Deutlichkeit in meinen Kopf ein, was ich da eigentlich Abend für Abend erschuf. Ich hörte mich Astrid fragen: »Was mache ich da eigentlich? Das passt doch gar nicht!« Ich wollte Freude schaffen und züchtete Zombies.

Deshalb beendete ich dieses Format kurz darauf. Ökonomisch gesehen war dies ein Fehler. Wir nahmen unter dem Strich mehr Geld ein, wenn wir durch die Gratisaktion zuerst die Massen ins Lokal holten. Aber dennoch war diese Entscheidung richtig. Hätte es ein Gemälde von der Szene auf dem Parkplatz gegeben und es hätte einen musischen Titel getragen, wäre es wohl überschrieben gewesen mit »Stimmungsimpressionismus von Andreas Schutti«.

Beflügelnd wirkte dieser Schritt nicht. Stattdessen wurde ich lustlos und stellte den Erfolg selbst, das Streben danach und auch unsere Beziehung infrage. Wir wollten die Erde erobern und hinterließen Alkoholleichen. Unter uns Partnern zogen immer wieder Neid und Streit herauf. Auch merkte ich, wie viele der vorhin beschriebenen Parasiten ich durchfütterte. Da war sie wieder, diese innere Unruhe und Unzufriedenheit. Früher einfach verdrängt oder nicht wahrgenommen, wurde mir meine Leere stetig bewusster. Am liebsten hätte ich mich von sämtlichen Geschäftspartnern getrennt und mich allein auf den Weg gemacht. Doch das hätte meinen Lebensstandard schlagartig deutlich nach unten korrigiert. Und da schon im Frühjahr 2003 ersichtlich war, dass gerade das kommerziell erfolgreichste *NACHTSCHICHT*-Jahr am Laufen war, war ich für einen solchen Abstieg nicht bereit. Die Früchte, für die ich so lange Tag und Nacht geschuftet hatte, wollte ich mir keinesfalls entgehen lassen.

Wie viele Menschen, die etwas verändern wollen, begann ich damit, mein Umfeld umzukrempeln statt mich selbst. Und da mir Astrid am nächsten stand, kam mir plötzlich der kranke Gedanke, dass sie nicht mehr gut genug für mich sei. Ausgerechnet sie, die trotz meiner miserablen Behandlung bei mir geblieben war! Obwohl wir nach so vielen gemeinsamen Jahren endlich einen Hochzeitstermin vereinbart hatten, konnte sie nicht – wie andere Paare – in dieser Zeit erwartungsvoll das Fest planen. Stattdessen quälte ich sie mit meiner Sinnkrise und verschob den Termin wegen zu viel Stress bei der Arbeit. Astrid war von mir bereits gewohnt, dass ich teure Ferien buchte und diese plötzlich einfach so platzen ließ. Doch mit der Hochzeit war eine neue Dimension erreicht.

Auf der einen Seite sagte mir mein Herz, das gleichzeitig mit Sam in meinem Leben angekommen zu sein schien, mit feiner Stimme, dass Astrid genau die Richtige für mich war. Doch eine lautere Stimme flüsterte mir aus unerklärlichen Gründen stetig ein, dass sie die Falsche sei – so was sollte man sich ja eigentlich überlegen, bevor man gemeinsamen Kindern das Leben schenkt.

Auch in diesem Sommer plante ich den Sommerhit »La Noche del Baile«. Erneut wurden wir zur Eröffnung dieser Veranstaltungsreihe überrannt. TV-Teams, Presse, Prominente – alle waren da. Aufgrund der Arbeitsbelastung waren Astrid und ich schon völlig ausgelaugt, als der Event gerade erst begann. Um Mitternacht war ich derart durch den Wind, dass ich mich in mein Büro zurückzog. Der Tanz der Eitelkeiten konnte ganz gut auch ohne mich fortgesetzt werden. Immer wieder versuchte Roland, mich aus dem Büro zu holen. Sogar die Miss Austria sei da, versuchte er mich zu locken. Wir hatten schon früher Miss-Austria-Titelträgerinnen und ehemalige Amtsinhaberinnen im Lokal gehabt, deshalb war das für mich kein Grund, alles stehen und liegen zu lassen, damit sie und ich uns gegenseitig im Gespräch das Gefühl gegeben konnten, wichtig zu sein.

Zwei Stunden lang redete Roland auf mich ein, bis ich mich zurück ins Getümmel begab.

Die Schöne und ich, das Biest

Entgegen meiner Erwartung unterhielt ich mich mit dieser Miss Austria sehr gut. Und die Stimme in meinem Hinterkopf flüsterte mir ein, dass sie die Antwort auf meine Fragen sei. Auch Astrid vernahm die Worte, die eigentlich nur in meinem Kopf kreisten. Später offenbarte sie mir, dass sie umgehend erkannt hatte, dass Mia[3] meine nächste Geliebte werden würde. Aus den Augenwinkeln sah ich, wie sie sich hinter eine der römischen Säulen zurückzog und mich von dort aus beobachtete.

Dies ärgerte mich. Meine Lebensgefährtin stellte mir nach. Keine Sekunde lang dachte ich daran, was in ihr vorgehen musste. Erst vor sechs Monaten hatte sie Sam zur Welt gebracht und ich hatte mich für einige Zeit in puncto Treue gebessert. Und nun musste sie mit ansehen, wie die amtierende Schönheitskönigin zu ihrer neuen Konkurrentin wurde – direkt unter ihren Augen. Nach Hause fuhr ich mit Astrid. Ohne Mias Nummer in der Tasche.

Tags darauf hielt ich jedoch die Augen offen und es dauerte nicht lange, bis ich in der Presse ein paar kecke Bikinifotos von ihr sah. Mia sah zum Anbeißen aus. Diese Hochglanzbilder zusammen mit der netten Unterhaltung bei der Eröffnungszeremonie zu unserem Latino-Sommer lösten einen unbremsbaren Drang nach ihr

---

3 Name geändert.

aus. Mein Marketingchef organisierte mir nicht nur umgehend ihre Nummer, sondern erklärte ihr auch, dass ich sie gern näher kennenlernen würde, und fragte, ob ich sie kontaktieren dürfe.

Wie ein kleiner Scheich kam ich mir vor, weil das Date für mich eingefädelt wurde. Immerhin führte ich inzwischen tatsächlich einen kleinen Hofstaat inklusive eines Fahrers und weiteren Bediensteten, die gutes Geld verdienten und außerdem meine Autos und manchmal meine Villa mit Pool, Sauna und Fitnessstudio nutzen durften. Dafür musste der Fahrer halt auch mal nach Belgien brausen, um CDs aus dem Presswerk zu holen. Und so war es für meinen Marketingchef nichts Besonderes, mir Telefonnummern bestimmter Frauen zu besorgen.

Bei einer Miss Austria Eindruck zu schinden, erachtete ich als besondere Herausforderung. Am Sonntag, den 18. Mai, drei Tage nach »La Noche«, stand das Formel-1-Rennen in Spielberg auf dem Programm. Zu blöd, dass ich fast alle meine VIP-Karten schon verschenkt hatte. Nur eine war noch übrig. Dank ein paar guten Beziehungen konnte ich dennoch eine weitere für meine Begleitung sichern, diese kostete allerdings 5 000 Euro.

Astrid erzählte ich, dass ich in der *NACHTSCHICHT* in Wien gebraucht würde, doch ich war mir sicher, dass sie bekümmert daheim saß und genau wusste, was lief.

Mit meinem Mercedes 500 SL Cabrio fuhr ich am Samstag bei Mia vor, wo ich auch ihrer Mutter begegnete. Deren Blick sagte mir, dass sie mir nicht über den Weg traute. Sie stufte mich wohl als Gigolo ein, der vor allem aus einem Grund mit ihrer 21-jährigen Tochter zusammen sein wollte.

Unterwegs nach Kärnten behauptete ich, dass meine Beziehung im Eimer sei und ich gerade daran sei, mich zu trennen. Gleichzeitig zog mich die Schönheitskönigin dermaßen in ihren Bann, dass ich mir selbst zu glauben begann. Mia konnte nicht ahnen, dass meine zukünftige Frau wegen meiner ausufernden Liebeleien, Affären und Romanzen oft vor Traurigkeit fast verging, während sie mit den mittlerweile drei Kindern wie ausgemustert daheim saß. Ich erzählte Mia, dass in dieser Beziehung ich der arme Kerl wäre, der am Leiden ist. Das musste ich mir auch einreden, da mein Herz ja inzwischen zum Leben erwacht war und nicht mehr alles schluckte, was der äußere Andi so anstellte.

Ich war völlig in die adrette Miss Austria verknallt und sonnte mich in ihrem Glanz und in ihrer liebreizenden Ausstrahlung. In der Eile hatte ich jedoch vergessen, in Velden am Wörthersee ein Zimmer zu mieten. Mit einer Nacht an diesem märchenhaften Ort wollte ich Mia beeindrucken. Entschlossen stolzierte ich ins *Schlosshotel Seefels* und fragte nach einer Suite. Doch wegen mehrerer größerer Veranstaltungen war keine der Herrschaftssuiten in der Region mehr frei, so erfuhr ich am Empfang – auch wenn der Discokönig mit der offiziell schönsten Frau des Landes antanzte.

Da kam mir einer meiner Immobilienmakler-Freunde in den Sinn. Wenn einer mir hier ein Zimmer organisieren konnte, dann er. Kurz schilderte ich ihm die Lage und zu meiner Verblüffung hatte er sich eine luxuriöse Suite in diesem Hotel reserviert. Diese überließ er mir, ohne zu zögern. »Ich finde immer ein Bett«, beantwortete er meine Frage, wo er denn übernachten würde. Mia hatte von meiner Blitzaktion nichts mitbekommen.

Kaum hatten wir das Zimmer bezogen, erkundeten wir den Ort. Es schien tatsächlich viel los zu sein. Zunächst machten wir halt beim angesagtesten Lokal … und wem traten wir gleich im Handumdrehen auf die Füße? Einer meiner Halbschwestern, die mit meinem richtigen Vater und ihrer Mutter mittlerweile in Kärnten wohnte. Zwar hatten wir uns mehr oder weniger aus den Augen verloren, doch sie kannte Astrid und wusste, dass ich liiert bin und mit ihr Kinder habe. In ihren Augen konnte ich lesen, dass sie mein Handeln überhaupt nicht guthieß. Ob sie mich verraten würde?

Nur wenige Schritte später stieß ich auf einen weiteren alten Bekannten: DJ Ötzi. Mit ihm und seinen Begleitern zog ich ins Innere dieses Klubs und bestellte – für mich sonst eher unüblich – ein paar hochprozentige Shots, um das brodelnde Gewissen zu betäuben. Anschließend zog ich mit meiner Traumbegleitung ins nächste Exklusivlokal.

Operettenhaft inszeniert hatte sich dort der hochkarätige Geldadel Wiens dort niedergelassen. Als wir reinkamen, hörte ich, wie überall und nicht nur hinter vorgehaltener Hand geflüstert wurde: »Der Schutti und die Miss!« Uneingeschränkt sog ich die anerkennenden Blicke auf. Mein Ego wurde mal wieder auf einer Welle des Wohlwollens, aber auch des anerkennenden Neids getragen. Um mein Gewissen ganz in die Schranken zu weisen, kippte ich noch ein paar Drinks nach.

Ob mir dies als Nichttänzer zu einer besseren oder schlechteren Performance auf der Tanzfläche verhalf, lässt sich kaum beantworten. Bald knutschten wir mehr, als dass wir auf den Rhythmus achteten. Weil ich den Alkohol aber nicht in dieser Menge gewohnt war, musste ich plötzlich aus wichtigen Gründen ins Freie flüchten. Ich musste den Ausgang mit aller Konzentration anvisieren, um den Weg zwischen den Türpfosten zu erwischen und nicht den links oder rechts daneben – das hätte wohl weniger elegant ausgesehen …

Selbstverständlich konnte ich Mia nicht eröffnen, dass mir speiübel war. Deshalb lud ich sie einfach zum nächsten Abenteuer ein: eine Cabriofahrt rund um den Wörthersee. Völlig beduselt, aber vom frischen Fahrtwind getragen war mir, als hätte ich soeben die Weltherrschaft an mich gerissen und George W. Bush, Wladimir Putin und Hu Jintao wären meine persönlichen Assistenten geworden.

Nach einer etwa einstündigen Runde um den See, in welchem sich die Lichter des ins Nachtleben übergehenden Abends spiegelten, war die ärgste Übelkeit verraucht – es konnte also verrucht werden. Nach einer Dusche folgte berauschender, scharfer Sex.

Mias Mutter hatte recht gehabt. Ihre Tochter war die Schöne und ich das Biest.

Tosender Applaus in den Augen

Im Film »Titanic« aus dem Jahr 1997 spielt Leonardo DiCaprio bekanntlich Jack Dawson, einen armen Jungen, der es auf wundersame Art und Weise an Bord des Prestigeschiffes geschafft hat. In einer Szene steigt er eine mit edlem Teppich gepolsterte Wendeltreppe hinauf, die von applaudierenden, edel angezogenen Adeligen gesäumt ist.

Genau so kann man sich meinen Auftritt am nächsten Morgen vorstellen. Nach einer kurzen Nacht, aber bereits wieder föhnfrisiert, holte ich mir den Applaus aus den Augen ab, als ich allein die Treppe hinunterstieg, um auf der Seeterrasse ins Frühstücksgeschehen einzugreifen. Nicht wenige Männer aus meiner Stadt saßen da. Die Anerkennung und der Neid – beides atmete ich tief ein. Jeder wusste, mit wem ich die Nacht verbracht hatte. Und jeder malte sich in seiner Fantasie aus, was da abgegangen war. Keiner fragte, was denn eigentlich mit meiner Familie sei. Stattdessen wollten sie mehr über die Ereignisse der soeben verflossenen Stunden wissen und stellten lüsterne Fragen. Doch sie erhielten keine Antworten, da nun Mia erschien.

Jemand anderes hätte ebenfalls gern mehr erfahren: Astrid. Es war Muttertag und ich war noch immer nicht daheim. Normalerweise gingen wir an diesem Tag zusammen mit den Kindern essen und ich verwöhnte sie. Doch ich hatte nicht einmal eine Ausrede bereit. Nichts. Bereits unzählige Male hatte sie mich zu erreichen versucht. Gerade spürte ich wieder mein Mobiltelefon vibrieren, das ich auf stumm geschaltet hatte. Was hätte ich auch sagen sollen? Meine Familie, meine Lieben, jene, die zu mir hielten, warteten daheim auf mich und machten sich womöglich Sorgen, es hätte ja ein Unfall passiert sein können – und ich weidete mich an den Blicken der anderen.

Eigentlich spürte ich, dass ich das Falsche tat. Aber ich machte ungebremst weiter. Schließlich fuhren wir nach Spielberg, wo am Nachmittag das Formel-1-Rennen beginnen sollte. Das Handy in der Tasche surrte immer wieder, doch ich versuchte, dies zu verdrängen.

In Spielberg angekommen entschieden Mia und ich uns dazu, den VIP-Bereich nicht gemeinsam zu betreten. Bisher hatten uns noch kaum Paparazzi ertappt und das sollte auch so bleiben. Aufgrund der hohen Anzahl Pressevertreter zog ich es vor, mich gar nicht zu Mia zu gesellen.

Diskret zog ich mich auf die Toilette zurück, um mit Astrid zu telefonieren, geradeso als wäre sie die heimliche Geliebte. Ich behauptete, ich hätte die ganze Nacht über gearbeitet und dann im Hotel genächtigt, was manchmal tatsächlich vorkam. Ich versicherte ihr, dass ich mich bald auf den Weg machen würde und wir einen wunderbaren Muttertag-Abend zusammen verbringen würden.

Der Appetit auf den Formel-1-Zirkus war mir gründlich vergangen. Als Michael Schumacher nach 298,494 Rennkilometern als Erster die karierte Zielflagge zu sehen bekam (Kimi Räikkönen und Rubens Barrichello konnten 3,3 respektive 3,9 Sekunden länger auf der Rennstrecke bewundert werden), waren wir schon lange auf dem Heimweg. Allerdings machte ich mehrere heiße Zwischenstopps und es dauerte, bis ich Mia wieder in Wien abgesetzt hatte. Dann folgte der Sprint nach Hause.

Wegen des riesigen Umwegs kam ich erst abends daheim an. Ich fühlte mich miserabel. Doch als ich unsere Villa betrat, stürmten die Kinder jubelnd auf mich zu und ich erkannte, dass ich hier geborgen war. Ganz anders als in diesem künstlich aufgeblasenen Getue.

Gleichzeitig hatte mich Mia in ihren Bann gezogen. Von Astrid hatte ich mich innerlich so weit entfernt, dass ich ihren Schmerz an mir abprallen ließ – ausgerechnet jetzt, wo ich mir vorgenommen hatte mich zu bessern. Gleichzeitig wollte ich Mia nur als Geliebte, obwohl sie so ein tolles Mädchen war, denn ich wollte meine Familie behalten.

Heute tut es mir sehr leid, dass ich damals uns alle so verletzt habe.

RÜCKBLENDE
Schrei nach Liebe

Der Grundstein für diese Geschehnisse später in meinem Leben wurde schon in meiner Teenagerzeit gelegt. Die Schule interessierte mich nicht, entsprechend waren die Noten in meinem Abschlusszeugnis. »Der Schutti tut nichts, kann nichts, will nichts«, stand darin schwarz auf weiß geschrieben, wenn auch etwas eleganter ausgedrückt, nämlich in Zahlen: Saubere sieben Fünfer prangten auf dem Papier.

Als wäre es gestern geschehen, erinnere ich mich, wie ich nach der Verteilung der Zeugnisse gegen elf Uhr durch Kirchdorf schlenderte, ohne schauderhafte Momente der Ratlosigkeit, die wohl andere mit einem solchen Schulabschluss geplagt hätten. Da begegnete ich dem bereits erwähnten Besitzer des *Steyrlingerhofs*. »Andi, wie schaut denn dein Zeugnis aus?«, fragte er mich. Mein »Nicht so gut« war eigentlich noch fast hochgestapelt. Ermutigend lachte er: »Spielt keine Rolle, komm doch nächste Woche vorbei!«

Weil ich zuvor zweimal eine Klasse hatte wiederholen müssen, stieg ich direkt und ohne eigentlichen Schulabschluss ins Berufsleben ein. Wir vereinbarten, dass ich bei ihm eine Lehre als Koch und Kellner durchlaufen sollte. Ein Traumberuf für jemanden wie mich, der gern Menschen bewirtete.

In der Küche erzählte ich immer wieder anzügliche Witze und griff der 25-jährigen Küchenchefin an den Busen oder auch mal zwischen die Beine. Einen Faustschlag von ihr bekam ich dafür nicht. Sie kicherte stattdessen und sagte: »Wenn ich Pause habe, gehe ich auf meinen Balkon und lege mich nackt in die Sonne.« Natürlich ohne mich, aber das befeuerte meine Gedankenwelt und ich zog mich öfter zurück, um mich selbst zu befriedigen.

Meine älteren Kollegen, die meine Vorbilder waren, bezeichneten sich als »Stecher der Nation«. Nach erledigter Arbeit ging es bei ihnen ausschließlich um Sex und Alkohol. Zwar mochte ich den Alkohol nicht, aber ich trank ihn trotzdem, und in puncto Sex versuchte ich, ihnen in nichts nachzustehen. Während sie schon echte Männer waren, blieben mir als Teenager, wenn ich mit ihnen unterwegs war, lediglich die Mädels, an denen sie nicht interessiert waren. Letztlich aber war keiner von uns wirklich wählerisch. Schlank oder dick, schön oder weniger schön – völlig egal. Hauptsache, es waren Frauen, die das Gleiche wollten wie wir: In die Kiste springen und rummachen. Auch das Alter war nebensächlich.

Ein Bekannter vergnügte sich beispielsweise mit einer süßen jungen Belgierin. Als diese sich schlafen legte, bediente er ihre Mutter, die alles andere als attraktiv war. Meist war den Mädels bewusst, dass keiner von uns mehr wollte. Manchmal aber war dennoch Eifersucht im Spiel und da wurde ich gewissermaßen ausgenutzt: Die Girls schmusten mit mir rum, um den Kerl eifersüchtig zu machen, auf den sie es eigentlich abgesehen hatten. Denen war das aber grundsätzlich egal.

So sprang ich unersättlich von Bett zu Bett, von Blume zu Blume. Gefühle bei diesen Kurzgeschichten spürte ich keine. Bis sich plötzlich eine für mich bis zu diesem Zeitpunkt unerreichbare

Tirolerin in meine Arme warf. Ihr Freund hatte sie sitzen lassen und ich war der Trostpreis. In diese unwiderstehliche Schönheit verknallte ich mich bis weit über beide Ohren. Wir hielten Händchen, küssten uns und sie wollte Sex. Unglaublich: Ein Mädchen, das scheinbar aus einem Modeprospekt gesprungen war, war willig, mit mir ins Bett zu gehen. Plötzlich war ich blockiert, denn sie war ungemein hübsch und ich hatte Gefühle für sie.

Nur wenige Abende später stolzierte ich in die Dorfdisco, um sie zu treffen. Föhnfrisiert und üppig parfümiert war ich bereit für sie. Aber sie nicht mehr für mich. Sie hatte ihren Freund wieder rumgekriegt, ich hatte meinen Zweck erfüllt und wurde liquidiert. Das Schlimmste war, dass er mein Zimmerkollege und Freund auf der Arbeit war. Wenn er mit ihr Sex hatte, machten sie es direkt neben mir, da wir uns die ausziehbare Couch teilten.

Mein Herz zersprang. Erstmals war ich richtig verliebt gewesen und hatte mein Herz verschenkt – doch es war in tausend Trümmerteile zerborsten.

Nach diesem für mich traumatischen Drama wollte ich von der Liebe nichts mehr wissen. Das Zwischenmenschliche schien bloß der Lustbefriedigung zu dienen. So hatte ich es im Elternhaus erlebt und so bekam ich dies nun in der Teenagerzeit mit.

Also stand für mich die mittlerweile gewöhnliche Lustbefriedigung auf dem Programm. Unser Gasthof führte gleichzeitig auch eine Skihütte im Wintersportgebiet Hinterstoder Höss. Regelmäßig wurden wir dort zum Dienst eingeteilt. Damit es nach der erledigten Arbeit nicht zu langweilig wurde, hatten wir einen Rotlichtraum eingerichtet. Dazu schraubten wir eine rote Glühbirne in die Lampenfassung und richteten ein paar halbwegs kuschelige Ecken ein, um für die Unterhaltung unserer weiblichen Gäste zu sorgen.

Der Dorfdiscokönig

Kellner und Gastgeber zu sein, gefiel mir über alle Maßen. Mein Arbeitgeber lobte mich und bereits vor dem Ende meiner Lehrzeit durfte ich den Schlussdienst übernehmen. Mit dem Trinkgeld haute ich öfters Mal in der Dorfdisco auf den Putz, um im Mittelpunkt zu stehen. Dabei kam es vor, dass mir das Geld ausging und ich in die Tageskasse griff, so wie früher, um mich wichtig zu machen und mein aufgeblähtes Ego schillern zu lassen. Anders als damals bei Pepi bemerkte dies jedoch niemand. Zwischendurch zahlte ich das Geld immer mal wieder zurück, aber mein Gewissen stumpfte mit der Zeit ab.

Im tiefsten Inneren pfiff ich auf trendige Mode und prestigeträchtige Marken. Aber ich stellte fest, dass diese Äußerlichkeiten der Schlüssel dazu waren, »in« zu sein. Das wiederum half beim Jagen und Verführen des weiblichen Geschlechts. Deshalb rüstete ich mich bald schon suchtartig mit dem aus, was als der letzte Schrei angepriesen wurde.

Daheim war ich nicht mehr so oft, denn die Verhältnisse dort hatten sich noch einmal verschlechtert. Meine Schwester Manuela wurde von unserem Stiefvater immer wieder geschlagen. Einmal kam ich dazu, als er sie gerade verprügeln wollte, weil sie sich aus seiner Sicht zu stark aufdonnerte. Sie hatte gerade das Make-up entdeckt. In letzter Sekunde konnte ich verhindern, dass er noch Schlimmeres anrichtete.

Alle meine Geschwister wollten so schnell wie möglich weg, auch seine eigene Tochter Martina, also meine Halbschwester.

Christine zog bereits früh zu ihrem Geliebten auf einen Bauernbetrieb in den Bergen, was letztlich nicht gut für sie war. Bereits im Alter von 14 Jahren suchte Manuela das Weite, als sie zu ihrem ersten Freund zog. Die Beziehung zwischen meiner Mutter und meinem Stiefvater war gerade am Zerbrechen – Halt konnte ich daheim also nicht finden.

Der einzige Grund, warum ich immer mal wieder nach Hause fuhr, war nicht, um Nestwärme zu tanken (die bekam ich da sowieso nicht), sondern um meine Mutter und meine Schwestern aufzubauen. Mein Bruder Peter war längst zu unserem Vater nach Deutschland geschickt worden, weil er sich zusehends mit unserem Stiefvater überworfen hatte.

Verschossen

Liebe suchte ich deshalb bei Mädchen – und diese sollte ich in meiner Sommerliebe finden. In diesem Sommer verbrachte Monique aus den Niederlanden wie im Vorjahr ihren Urlaub in der Gegend. Wie bereits bei der hübschen Tirolerin wurde ich schüchtern, als echte Gefühle ins Spiel kamen. Deshalb hatten wir im Vorjahr zwar Händchen gehalten und uns geküsst, weitergegangen waren wir aber nicht. Doch wir hatten bereits damals dem nächsten Sommer entgegengefiebert und der war nun gekommen – und mit ihm die adrette Monique.

Im kompletten Gegensatz zu mir war sie noch Jungfrau. Das fühlte sich für mich außergewöhnlich an. Kostbar und in einer gewissen Weise heilig, auch wenn ich gar nicht wusste, was dieses Wort eigentlich bedeutet. Es war so ganz anders als mit den erfahrenen Betthasen, bei denen ich sonst randurfte. Irgendwie wusste ich hinterher gar nicht, ob ich das hatte tun dürfen, da so etwas Edles doch eigentlich – aufgrund meines sonstigen Horizontallebens – gar nicht für mich bestimmt sein dürfte.

Die Wochen kamen und gingen und mit ihnen die süßen Bettstunden mit Monique. Als sie die Heimreise antreten musste, wurde mir richtig schwer ums Herz. Uns beiden fiel der Abschied nicht leicht. Tatsächlich blieb ich ihr zwei Monate lang treu. Doch mit dem Herbst verflogen die sommerlichen Gefühle und ich gab mich wieder den lokalen Sexgöttinnen hin. Sex hatte eigentlich für uns alle keine tiefere Bedeutung, er war einzig dazu da, den Trieb abzureagieren, die Trophäe zu erobern und dadurch dem Ego zu dienen.

Tief im Inneren sehnte ich mich aber nach den Gefühlen, die mein Herz sanft und schön erschauern ließen, Momente scheinbarer Glückseligkeit, wie ich sie mit der kessen Tirolerin und Monique hatte erleben dürfen, die neben dem Körperlichen auch das Innere ansprachen.

Tatsächlich fand mein innerer sehnsüchtiger Schrei nach Liebe und Romantik bald ein Gegenüber. Jutta[4] war ein Jahr älter als ich, also knapp zwanzig, und sie gefiel mir extrem gut. Ein paar Monate lang hatte sie sich mit einem meiner Onkel vergnügt. Auch er führte in der Gegend einen Gastrobetrieb. Allerdings hatte er mir früher nie eine Chance gegeben, selbst wenn er dringendst eine Lücke in seinen Aushilfsreihen hatte schließen müssen. Irgendwie war kein vertrautes Verhältnis zwischen uns. Er getraute sich vermutlich nicht zu fragen und ich wagte es nicht, etwas zu sagen.

Juttas Mutter war ebenfalls in diesem Beruf tätig, in der erwähnten Skihütte war sie meine Chefin gewesen. Ihre hübsche Tochter half manchmal bei uns aus. Ich war so richtig heiß auf sie und verknallt.

---

4 Name geändert.

Der richtige Moment kam: Eines schönen Abends, als wir beide zur Arbeit in der Hütte eingeteilt waren, hatte es dort zu wenig Platz und da musste sich das Personal etwas einschränken, das heißt zusammenrücken. Ich sollte mit Jutta das Zimmer teilen, dummerweise jedoch auch mit ihrer Mutter.

Als diese einschlief, legte ich mich ganz sanft auf meine Königin der Nacht und bemerkte zu meiner freudigen Überraschung, dass sie sich heimlich bereits ausgezogen hatte. Sachte drang ich in sie ein und wir liebten uns voller klirrender Erregung und dennoch leise, damit ihre Mutter nicht plötzlich erwachte …

So malte ich mir diese Nacht aus. Doch die Wirklichkeit sah anders aus. Ich checkte ab, ob Jutta mich zurückstoßen würde, indem ich beim Umdrehen meine Hand auf sie legte. Aber sie tat so, als würde sie bereits schlafen. Immerhin konnte ich ihr so nahe kommen wie noch nie. Doch am nächsten Tag bekräftigte sie überdeutlich, dass sie tief geschlafen habe.

Eigentlich hätte ich merken müssen, dass Jutta nichts von mir wollte. Weil ich jedoch völlig in sie verschossen war, prallte ihre offensichtliche Ablehnung an mir ab. Ich redete mir ein, dass sie mich ebenfalls haben wollte. Entsprechend hart war der Rückschlag, als sie mit Tilly anbandelte. Er war einer meiner besten Freunde und der Sohn des Wirts. Ich war derart niedergeschlagen, dass ich ihm aus dem Weg ging und mehrere Monate lang nicht mit ihm sprach.

Durch den »Wegfall« von Tilly blieb mir aus meinem engsten Kreis noch Max, ein weiterer Sohn der Wirtsfamilie. Leider lebte dieser gerade in Filzmoos in Salzburg, also rund 120 Kilometer entfernt, wo er ebenfalls in einem Hotel arbeitete. Es kam, wie es kommen musste. Im gleichen Unternehmen fand sich eine niedliche Kellnerin, die mir sofort gefiel.

Kurz zuvor war sie noch die Dorfqueen gewesen, denn ihr vorheriger Macker betrieb die örtliche Disco, er war der Sonnyboy des Orts, der sich gern mit seinem getunten Golf GTI zeigte. Er entsprach ganz dem Bild, das man von »Manta – der Film« oder »Manta, Manta« im Kopf hat. Manta oder GTI, das war damals ein Glaubensbekenntnis und ihr Ex, ein richtiger Checker, passte perfekt in dieses Bild. Ich hatte es also – in amerikanischen Teeniefilm-Verhältnissen gesprochen – mit der Highschool-Königin zu tun, sie sich kurz zuvor vom blendend aussehenden Quarterback getrennt hatte.

Da die beiden allerdings nicht mehr ein Paar waren, zog ich von mir selbst tief überzeugt in den Eroberungsfeldzug. Einige Zeit turtelten wir vergnügt und ich dachte, dass ich nun am Ziel angekommen sei. Doch einmal mehr wurde mein junges Herz, das weder im Elternhaus noch von den Mädchen echte Liebe erhielt, gebrochen. Als ich eines Abends bei ihr ankam, voller Vorfreude auf einen romantischen Abend unbeschwerter Zweisamkeit, traf mich die Wahrheit mit voller Wucht. Zuerst wollte sie mit der Sprache nicht so recht rausrücken, doch ich merkte, dass irgendetwas nicht stimmte. Und dann gestand sie: »Ich bin wieder mit ihm zusammen.«

Zwei lebensgefährliche Unfälle

Derart abserviert besoff ich mich hemmungslos. Der Freund, mit dem ich angereist war, soff mitfühlend mit. Schließlich beschlossen wir, dass ich uns in seinem Opel Ascona (also kein Manta ...) nach Hause fahren würde.

Schon nach wenigen Kilometern krachten wir auf einer kurvenreichen Strecke in einen Baum. Wir waren nicht angeschnallt und knallten gegen die Frontscheibe. Dass wir beide fast unverletzt waren, grenzt an ein Wunder. Wir zogen nicht einmal die Polizei hinzu, was auch besser war, da wir ja beide alles andere als nüchtern waren. Meinen Führerschein hätte ich allerdings dennoch nicht verlieren können – ich hatte noch keinen.

Das Auto aber war hin, es hatte einen Totalschaden und ich musste es von meinem Lehrlingslohn abstottern – darauf bestand die Mutter meines Freundes.

Mein erstes eigenes Auto wäre ebenfalls fast zu meiner Todesfalle geworden. Es war eine billige Rostlaube, die ich während des Winters selbst hergerichtet hatte. Jedes einzelne Rostloch reparierte ich mit Polyester und zuletzt ließ ich den Wagen lackieren. Doch bereits auf meiner ersten Fahrt geschah ein übler Unfall. In einer unübersichtlichen Kurve kam mir ein Lkw entgegen, der gerade am Überholen war. Meine einzige Chance war, auf die Böschung auszuweichen. Dabei überschlug sich mein Wagen mehrfach. Wie durch ein Wunder kam ich mit starken Prellungen davon. Der Unfall hätte ohne Weiteres tödlich verlaufen können und an jeder anderen Stelle auf dieser Strecke wäre ich gegen Felsen gekracht.

Der Truck fuhr einfach weiter. Es war ein zweites Wunder, dass er in eine Verkehrskontrolle kam und dann von sich aus sagte, dass noch genug Platz gewesen sei, um an ihm vorbeizukommen. Damit hatte er eine Aussage gemacht, an der man ihn festnageln konnte. Ich erhielt Geld für mein Auto sowie Schmerzensgeld. Davon konnte ich mir anschließend einen richtigen Wagen kaufen.

Echte Liebe und anderthalb Jahre Treue

Während ich im Betrieb für meinen Fleiß und mein Talent gelobt wurde, erachtete ich die Zeit auf der Berufsschule als reine Zeitverschwendung und gab mir überhaupt keine Mühe. Weil ich wusste, dass ich bei der Abschlussprüfung schlicht durchrasseln würde, wendete ich einen genialen Trick an: Am Tag der Prüfung stellte ich den Wecker ab und ging einfach nicht hin.

Schließlich erlebte ich doch noch eine echte Liebe. Bei Gerti drang ich bis zum Herz durch und sie bei mir. Sie war keine aufgedonnerte Mieze, die drei Jahre älter war und mich eigentlich nur brauchte, um einen anderen eifersüchtig zu machen. Sie war kein Phantom, dem ich vergeblich hinterherjagte, nur um anschließend noch niedergeschlagener zu sein.

Gerti war ein nettes, sanftmütiges Mädel, so wie ich ein netter Junge sein konnte oder sogar wollte. Sie war ein Jahr jünger als ich und machte gerade eine Ausbildung zur Einzelhandelskauffrau. Beide hatten wir Schmetterlinge im Bauch. Sie war zuvorkommend, ein wunderbares Mädchen vom Land. Blond, schlank und keine mit Schminke gepanzerte Wuchtbrumme.

Wir quälten uns durch die endlos langen Minuten, in denen wir uns nicht sehen konnten und von denen jede nicht gemeinsam verbrachte Sekunde eine verlorene war. »Ich liebe dich«, schrieb ich auf eine komplette Klopapierrolle. Danach rollte ich die rund 28 Meter wieder auf.

Gerne gingen wir draußen in der Natur spazieren und wir wurden zu einer richtigen Einheit. Wir liebten uns, vertrauten einander, ich himmelte sie an. Und ich blieb ihr treu. Selbst Monique, die ein Jahr später wieder in der Gegend war, konnte mich nicht rumkriegen, obwohl sie es versuchte. Ich erklärte ihr, dass ich eine feste Freundin hatte und dass ich es mit ihr ernst meinte.

Nach eineinhalb Jahren drückte aber der alte Andi durch. Zunächst durch sexuelle Fantasien, in welchen ich es wieder mit anderen Frauen trieb. Dann wurden diese Realität, als ich mit einer unserer Köchinnen im Bett landete. Anschließend war ich entsetzt über mich selbst, denn ich wollte Gerti treu bleiben. Eigentlich war das Schäferstündchen nicht einmal sonderlich schön oder erfüllend gewesen, sondern es war nur darum gegangen, den Trieb zu befriedigen.

Ich nahm mir fest vor, dass es das erste und letzte Mal gewesen sein sollte, dass ich meine liebreizende Freundin hintergangen hatte. Doch es dauerte nicht lange, bis ich sie am laufenden Band betrog. Hinterher verdrängte ich dies stets. Ich tat vor ihr so, als wäre nichts gewesen, und mir selbst spielte ich das ebenfalls vor.

Immer wieder übermannte mich das Verlangen und ich konnte mich nicht dagegen wehren, besonders da es in dem Umfeld, in dem ich lebte, an der Tagesordnung war. Gleichzeitig liebte ich Gerti.

Die Monate verstrichen und sie musste auf die Berufsschule. Als ich sie nach dem ersten Wochenende am Bahnhof abholte, fielen wir uns innig in die Arme. Endlich war sie wieder da. Ich konnte sie riechen und ich versuchte fast, sie einzuatmen. Wir küssten uns, drückten uns und genossen es, einander wiederzuhaben.

Nun wurden die Phasen, in denen wir räumlich getrennt waren, länger. Wir machten jeweils ab, wann wir telefonieren würden. Wenn einer von uns auf eine Telefonzelle angewiesen war und diese besetzt war, war dies für uns besonders hart. Heute würde man sich einfach ein SMS schreiben: »Ich rufe später an, die Telefonzelle ist gerade besetzt.« (Kleiner Scherz.)

Zwar verfügte ich über keinen Berufsabschluss, aber über einen Leistungsnachweis. Diesen wollte ich nutzen, um gemeinsam mit Gerti nach Tirol zu ziehen und dort genügend Geld zu verdienen, um anschließend in Steyrling ein Haus zu bauen und mit meiner Liebe Kinder zu haben. Weil aber ihre Oma sehr alt war, wollte meine Freundin in der Gegend bleiben, um ihr beizustehen. Die Umstände konnte ich bestens verstehen, gleichzeitig spürte ich tief im Innern die altbekannte Zurückweisung.

Wie ich dem Offizier einfach davonlief

Auch wenn Österreich nach dem Fall des Eisernen Vorhangs die letzten, ohnehin nur theoretischen Feinde fehlten, hatte ich das Vergnügen, Wehrdienst für mein Vaterland zu leisten.

Die meisten Vorgesetzten versuchte ich, so oft wie möglich zu veräppeln. Insbesondere auf einen Typen hatte ich es abgesehen. Wir waren zusammen aufgewachsen, er war nur wenige Jahre älter als ich und wir hatten uns in der Jugendzeit gut verstanden. Sicherlich waren wir nicht die engsten Freunde gewesen, aber sehr gute Bekannte. Sein Bruder war sogar einer meiner besten Freunde gewesen, wir hatten gemeinsam Fußball gespielt, Zigaretten geraucht und den ersten Alkohol getrunken.

Und nun war er mein Vorgesetzter und redete mit mir, als wäre ich ein völlig Fremder. Selbst als wir einmal fast eine ganze Nacht nur zu zweit in einem Raum verbrachten, gebärdete er sich so, als wären wir uns nie zuvor begegnet.

Mein Ärger war entsprechend riesig. Deshalb ließ ich ihn einmal vor versammelter Mannschaft komplett ins Leere laufen. Er erörterte gerade ein Kriegsszenario, gerade so als wäre er ein großer Feldherr, gegen den Napoleon bloß eine Pappfigur wäre. Doch ich erkannte zwei, drei im ersten Moment nicht offensichtliche Lücken in seinem schwungvollen Lagevortrag. Genüsslich zerlegte ich seine gebieterischen Anordnungen und erklärte, weshalb unsere Truppe mit wehenden Fahnen untergehen würde und wir letztlich keine Chance hätten. Zielgenau trieb ich meine verbalen Eroberungskeile in seinen Luftschlossplan. Bei jedem meiner »Treffer« stieg die Erheiterung im Theoriesaal.

Anschließend wurde ich ins Büro des Kompaniefeldwebels zitiert. In einem eher einseitig geführten Gespräch stellte er mir seine Sicht der Dinge dar. Er gestaltete seinen Sachlagebericht in zuvorkommender Art und Weise in einer gut vernehmbaren Lautstärke, sodass ich meine Kameraden später nicht über den Verlauf dieses Gipfeltreffens zwischen dem Truppenchef und meiner soldatischen Wenigkeit orientieren musste.

Den gleichen Weg musste ich übrigens nicht nur einmal antreten. Beim Formationsmarschieren fiel ich immer wieder aus dem Takt. Deshalb musste dann als Kollektivstrafe die ganze Streitkraft um die Kaserne rennen. Weniger dieses Malheur führte dazu, dass ich das Truppenbüro mal wieder von innen sah, sondern vielmehr wusste mein Lösungsansatz nicht zu gefallen: Als es mir zu bunt wurde, tanzte ich einfach aus der Formation und ging auf das Zimmer, um mich hinzulegen.

Gern spielte ich den Kompaniekasper. Bei einem Morgenlauf nahm ich einen Kameraden aus Scherz kurzerhand auf meine Schultern, lief neben den Gruppenführer, der selbst keine besondere Last trug und dennoch etwas außer Atem war, und fragte ihn, ob wir nicht ein wenig schneller gehen könnten.

Einen aber verulkte ich nie: Oberleutnant Karl Gigler. Dank ihm war das Bundesheer für mich gar keine so üble Sache. Unser aufmüpfiger Nichtsnutz-Haufen respektierte ihn nicht nur wegen seiner beeindruckenden körperlichen Leistung, sondern auch wegen seiner außergewöhnlichen Ausstrahlung.

Der Stellvertreter des Kompaniekommandanten war ruhig, ausgeglichen und besonnen. So etwas hatte ich noch nie erlebt. Oft erzählte er von Jesus und erwähnte die Bibel, an welcher er sich orientierte, beim Militär wohl eher eine Seltenheit. Im Grunde genommen hörte ich durch ihn zum ersten Mal von Gott. Einordnen konnte ich das Thema damals noch nicht. Doch ich erkannte, dass mehr dahintersteckte, denn Gigler lebte tatsächlich das, was er glaubte. Rund zwei Jahrzehnte später sollte ich mich in einer wegweisenden Situation an ihn erinnern.

Schlüsselerlebnis mit dem Sturmgewehr

Eine unserer Aufgaben als Soldaten war es, das automatische Gewehr nach dem Einsatz zu zerlegen und zu reinigen. Das war eine mühselige Prozedur. Nicht selten wurde uns ein unerbittliches Zeitlimit auferlegt, in welchem wir das Schießeisen im Kampf gegen die Sekunden auseinandernehmen, säubern und wieder zusammenbauen mussten – anschließend folgte eine unbestechliche Inspektion.

Doch ich wäre nicht Andi gewesen, wenn ich da nicht Abhilfe gewusst hätte: Heimlich schmuggelte ich das Sturmgewehr während eines Urlaubs mit nach Hause, natürlich zerlegt, sonst wäre das Gerät ja für jeden sichtbar gewesen.

Ich war der Meinung, dass ich die Waffe mal mit einem Dampfstrahler einer richtigen Grundreinigung unterziehen könnte und dass ich es damit in den nächsten Tagen dann deutlich leichter haben würde. Die Idee entpuppte sich jedoch nicht gerade als der Weisheit letzter Schluss: Von nun an setzte das Gewehr für einige Zeit stets Flugrost an, was für mich die zehnfache Arbeit bedeutete. Das dauerte so lange, bis die Konservierungsmaßnahme wieder griff: Ein ganz dünner Film Maschinenöl bremste den rötlichen Metallfeind.

Niemand hatte meine Ausleihe bemerkt, aber mich plagte das schlechte Gewissen. Immerhin hatte ich eine erhebliche Straftat begangen. Schließlich beichtete ich alles meinem Oberleutnant. Eigentlich hätte er mein Vergehen umgehend melden müssen, da er anderenfalls wegen Mitwisserschaft ebenfalls hätte angegangen werden können.

Gigler hörte jedoch einfach zu. Dann stellte er mir nach einer kurzen quälenden Pause dar, warum ich das nicht hätte tun dürfen. Von einer direkten Strafe sah er ab. Seine Worte waren für mich viel prägender, als ein scharfer Arrest hätte sein können. Am nächsten Tag kam er zu mir, legte mir die Hand auf die Schulter und sagte: »Vergessen wir das Geschehene. Aber tu so etwas nie wieder!«

Bis zu diesem Zeitpunkt hatte ich in meinem Leben endlos viele Strafmaßnahmen über mich ergehen lassen müssen. Darunter waren unberechtigte wie die von meinem Stiefvater ebenso wie mehr als nur berechtigte in der Schule, wenn ich vorlaut die Lehrer bis aufs Blut reizte.

Dieser Oberleutnant hätte mich nun ohne Weiteres hinter Gitter wandern lassen können. Doch er riskierte eine eigene Bestrafung, indem er dies nicht tat. Er vergab mir. So etwas hatte ich noch nie erlebt. Es war eine innere Erlösung, die ich tief in mir spürte. Das fühlte sich gut an und es führte dazu, dass ich bei ihm nie wieder Unsinn anstellte.

Wenn Gigler ein Fehler unterlief, vertuschte er diesen nicht, sondern er stand dazu und bat um Verzeihung. Bei ihm verhielt sich unser wilder Trupp handzahm, denn er war ein echtes Vorbild und genoss deshalb unseren tiefsten Respekt.

Plötzlich befördert

Gleich nach dem obligatorischen Militärdienst fand ich meine nächste Kellnerstelle im Restaurant *Pernsteiner Hof*, einem beachtlichen Gutshaus. Das Anwesen wurde von einem richtigen »Macher« geführt. Dieser imponierte mir und so hatte ich wieder ein Vorbild gefunden, dem ich nacheifern konnte. Doch anders als beim Oberleutnant in der Armee lernte ich von ihm nicht nur Gutes.

Neben dem Hof schmiss der Betreiber eine Autowerkstatt und ein Pub. Gleichzeitig suchte er aufgrund des Drucks und der vielen Arbeit im Alkohol einen Ausgleich.

Ich legte mich ordentlich ins Zeug, mein Boss schätzte mich als tüchtigen Arbeiter und daher dauerte es nicht lange, bis ich zum Restaurantleiter befördert wurde und mit kaum zwanzig Jahren bereits eine beachtliche Verantwortung genoss.

Das tat gut. Stets hatte die Gesellschaft mir unterschwellig zu verstehen gegeben, dass ich zu nichts nütze sei. Die Bewohner unseres Dorfs hatten mich und meinen Bruder von ihren Grundstücken fortgejagt. Doch nun hatte ich etwas erreicht.

Etwas aber zog mich in eine ungute Richtung. Die Bindung zu Gerti franste langsam aus und ich fand zusehends Gefallen an anderen schönen Frauen. Gleichzeitig verglich ich mich mit den Kerlen, von denen sie umgeben waren: hohe Konten, tiefe Sportwagen, ferne Reisen. Ich wollte es ihnen gleichtun.

Ein Vorzeigeexemplar dieser Gattung war Gino, der täglich im *Pernsteiner Hof* dinierte. Er zog im Pub meines Chefs die Fäden und kniete sich rein, als wäre es sein eigenes Lokal, was verständlich war, schließlich war er am Gewinn beteiligt.

Im *Eldorado*

Wie so oft in der Gastronomiebranche entbrannte ein Zwist in der Führungsetage. In diesem Fall gerieten sich der Besitzer und der Geschäftsführer, der gleichzeitig der Koch war, in die Haare. Dem Betreiber, der sich daneben auch noch der Garage und dem Pub widmete, wurde dies zu viel. Ich war kaum ein Jahr da, als er das Restaurant schloss.

Mich zog es deshalb ins *Eldorado*. So hieß ein Tanzcafé in Schlierbach, das dem Namen gerecht wurde. Anders als das nie gefundene sagenumwobene »Goldland« warf dieses *Eldorado* satte Gewinne ab, da sich Besucher aus weiten Teilen Oberösterreichs bei uns blicken ließen.

Aus mir war inzwischen eine echte Stimmungskanone geworden. Da ich nun in der Nacht arbeitete, erhielt ich mehr Geld und zwischendurch konnte ich am Tag in anderen Restaurants aushelfen und zusätzlich Kohle scheffeln.

Ich tat alles für das Geschäft und um die Leute zu unterhalten. Beispielsweise hatte ich bereits im »Monkey Dancing« ein Affenkostüm angezogen und dazu Karaoke gesungen. Vor rund zwei Dutzend Jahren waren solche Dinge noch eine Gaudi und wir zogen damit mehr Gäste ins Haus. Manche lachten mich aus, andere fanden meine Einlagen witzig.

Steigender Selbstwert

Zu den spaßigeren Einfällen gehörte zum Beispiel – ebenfalls noch im eigenen Lokal – die Animation: »Die fünfzig Leute, die zuerst auf der Bar stehen, erhalten gratis eine Flasche Sekt.« Als dann alle auf dem Tresen standen, vollendete ich die Ansage mit: »Eine leere!«

Oft war die Stimmung feuchtfröhlich, auch wenn ich selbst mit Alkohol nicht viel anfangen konnte, im Gegensatz zu den Gästen. Kontinuierlich entwickelte ich mich zum Frauenschwarm, was mein Ego beflügelte. Zu den Besucherinnen im *Eldorado*, wo ich als Kellner arbeitete, gehörte eine anmutige Blondine, die mich täglich umgarnte. Eines Nachts hatten wir Sex im Auto, doch irgendwie »funktionierte« es bei mir eher schlecht als recht.

Zu diesem Zeitpunkt war ich noch mit Gerti zusammen und mein Gewissen bremste mein Fremdgehen aus. Es war ja nicht meine erste Untreue ihr gegenüber, aber nun merkte ich, dass ich zu weit gegangen war und ich mich von Gerti trennen musste.

Diese kostbare, einzigartige Beziehung hatte ich mit meinem Drang nach anderen Frauen vernichtet. Herzzerreißend und fürchterlich war es, als ich meiner ersten großen Liebe alles gestand. Ich hatte nicht einmal eine Erklärung für mein Handeln. Die Zeit in den fremden Betten war weder berauschend noch befriedigend gewesen. Gerti wollte mir sogar vergeben – doch das konnte ich nicht annehmen. Sie war charakterlich top und zu lieb für mich. Wenn ich ehrlich bin, habe ich ihr lange nicht vergeben, dass sie bei ihrer Oma bleiben wollte, statt mit mir in die Welt hinauszuziehen. Heute kann ich meine Enttäuschung nicht mehr nachvollziehen. Damals aber fiel ich immer wieder in das Gelernte zurück. Ein paar Jahre später hörte ich, dass sie meinetwegen wirklich tief verletzt gewesen war. Sie stolperte anschließend von einer Beziehung in die andere und begann das Rauchen. Ich wünschte, es wäre anders gelaufen.

Nach dem Militär hatte ich zunächst bei Gerti gewohnt, nun zog ich in ein Zimmer über dem *Eldorado*. Aber ich fuhr noch mehrfach zu ihr, um mit ihr zu sprechen und zu erforschen, warum es so weit hatte kommen können. Irgendwie wollte ich sie wohl vor mir selbst schützen und gleichzeitig konnte ich meine Selbstsucht nicht lassen, auch wenn dies wie ein Widerspruch klingt.

Die süße Maus in meiner Fangemeinde

Ich hatte einen guten Draht zu den Gästen und aufgrund meiner uneingeschränkte Aufmerksamkeit stand das Lieblingsgetränk regelmäßiger Besucher bereits an ihren Stammplätzen, noch ehe sie selbst dort eingetroffen waren. Das imponierte und die Kasse klingelte.

Gegenüber dem weiblichen Geschlecht blieb ich aufgeschlossen. Meine »Fangemeinde« wuchs. Zu dieser gehörte eine richtig süße Maus. Sie hatte es auf mich abgesehen und ich wollte sie unbedingt vernaschen. Unsere erste Nacht kam, doch sie verflog mit einer Enttäuschung: Die Kleine hatte sich ein paar heiße Stunden mit einem wilden Macho ausgemalt – denn einen solchen spielte ich ja. Ich aber hatte immer noch eine gewisse Romantik im Hinterkopf. Ich war ein Softie und auf der Suche nach einem Gerti-Ersatz. Als ich die unterschiedlichen Herangehensweisen an unseren ersten Sex erkannte, klappte »es« zunächst nicht. Ich war für sie bestimmt ein absoluter Flop im Bett.

Als ich eines Abends vor ihrer Wohnungstür stand, wollte sich diese nicht mehr für mich öffnen. Ein Stammgast war etwas schneller als ich da gewesen ... Wehgetan hatte es etwas, denn immerhin hatte ich mir eingeredet, dass es trotzdem würde funktionieren können. Mein innerer Wunsch war nach wie vor eine richtige Beziehung mit der Frau meines Lebens.

5

Was nützt es, die ganze Welt zu gewinnen?

Der Regenbogenpresse blieb mein Turteln mit der amtierenden Miss Austria nicht verborgen. Auch wenn wir uns bei zwei, drei weiteren Begegnungen demonstrativ unschuldig gaben, berichtete das Celebrity-Magazin »News«, dass »die aktuelle Schönheitskönigin gerüchteweise« mir »zugemurmelt« werde.

»Aktuelles Miss-Verhältnis« lautete die Schlagzeile, bilderreich umsäumt mit der Frage: »Seit der ›Nachtschicht‹-›La Noche‹ am 15. Mai tauchen Mia und Andi Schutti immer wieder im Doppelpack auf. Nur ein schöner Zufall oder doch ein bisserl mehr dahinter?« Seither erspähe man die »Königin der Schönheit« und den »König der Nacht« immer wieder zusammen.

Als ich meine Frau nun mit der offiziell schönsten Österreicherin betrog, war dies nicht mehr eine Hinterhof-Affäre fernab der öffentlichen Wahrnehmung. Mein ausschweifendes Privatleben hatte die Hochglanzmagazine erreicht. Meine Frau, meine Kinder und Astrids Eltern wurden durch die Boulevardpresse lückenlos informiert. Plötzlich konkurrierte Astrid mit der nationalen Schönheitsbranchen-Leaderin.

Ich fand mich in einem tiefen Zwiespalt wieder. Den Neid und die Anerkennung der anderen fand ich unglaublich cool. Gleichzeitig spürte ich, dass da etwas ganz und gar nicht passte. Doch ich hatte mich bereits am Montag nach unserem Formel-1-Besuch wieder mit Mia verabredet und merkte, dass ich ihr komplett verfallen war.

Bei ihr würde ich Erfüllung finden, so redete ich mir ein. Astrid und die drei Kinder verdrängte ich in den hintersten Winkel meiner Gedankenwelt. Wenig später wurde nicht mehr nur gemunkelt, sondern die österreichischen Zeitungsaushänge berichteten offen über meine Liebelei mit Mia. Lange hatten wir unser Verhältnis also nicht verbergen können.

Das Ego und der Zug zu ihr waren stärker als der Gedanke oder gar das Wissen, dass das nicht gut war. Meine Selbstsucht überstrahlte oder überschattete wieder einmal alles. Die Zerrissenheit wuchs ebenfalls: Innerlich plagten mich noch immer abgrundtiefe Versagensängste und Minderwertigkeitskomplexe, auch wenn es wirtschaftlich nach wie vor steil bergauf ging. Abstreifen konnte ich diese Gedanken nicht, aber übertünchen: mit Luxus, Geld und Frauen.

Mit der schönsten Frau des Landes an meiner Seite war nun ein Höhenflug angesagt. Inzwischen war ich mehrfacher Euromillionär geworden und gehörte ich zur obersten Schicht der Nation, die ich aber als besonders oberflächlich wahrnahm, ganz gleich, wie edel die maßgeschneiderten Anzüge und wie dick die Konten waren. Ob sich auf der Bank nun eine Million oder mehrere Hundert davon stapeln: Nur wenige Leute sind auf geradem Wege zu diesem Vermögen gekommen. Manche versuchen, sich als gute Menschen zu inszenieren, so wie auch ich, als ich eine

Million Schilling (rund 73 000 Euro) für das österreichische Hilfswerk Licht ins Dunkel spendete.

Der Song *Money, Money, Money* der schwedischen Kultgruppe *ABBA* fegte nicht nur von Zeit zu Zeit in meinen Lokalen aus den Boxen, er war auch mein Leitsatz:

> »Kohle, Kohle, Kohle, Mensch, muss das toll sein in der Welt der Reichen. Wenn man Kohle hat, scheint immer die Sonne. Was könnte ich alles tun, wenn ich ein bisschen Geld hätte.«

So wie es in diesem Hit heißt, setzte ich alles daran, meinen Reichtum zu vergrößern, auch wenn ich oft großzügig war und gute Löhne zahlte.

Herzensdame gegen Miss Austria

Astrid stellte mich schließlich wegen meiner Beziehung zu Mia zur Rede. Ich entgegnete, dass wir uns auseinandergelebt hätten und ich mich von ihr trennen würde. Aber Astrid gab nicht klein bei. Täglich rackerte sie sich im Fitnessraum ab und sie ließ sich ihren Busen vergrößern. Mit einer amtierenden Miss Austria hatte sie zumindest auf dem Papier die größtmögliche Konkurrentin erwischt, trotzdem ließ sie nichts unversucht, um mich zurückzugewinnen. Doch ich wies sie konsequent zurück. »Verzieh dich, ich finde dich abstoßend«, solche grausamen Sätze ließ ich ihr um die Ohren fliegen und sie schleuderte als Antwort meine edlen Zwirne aus dem Fenster unserer Prestigevilla.

Um mein Problem zu lösen – also eigentlich aus Selbstsucht –, riet ich ihr, sich einen Lover zu suchen. Damit würde sie neues Liebesglück finden und ich wäre fein raus.

Ich war mir sicher, dass unsere Kinder nicht ahnten, dass der Zoff unser steter Begleiter war. Doch später sollten wir erkennen, dass alle traumatisiert waren, selbst Sam, der noch ein Baby war. Vivienne bekam als Siebenjährige natürlich einiges vom Kampf ihrer Eltern mit. Und Kevin? Der war bereits 13 Jahre alt und somit beschloss ich, dass er die neue Frau in meinem Leben kennenlernen sollte, schließlich war Astrid nicht seine Mutter.

Meine Lebensgefährtin reagierte auf meinen Liebesentzug und die unmoralische Anregung, sich einen Liebhaber zuzulegen, anders, als ich erwartet hatte: mit Konsum. Beachtenswerte Kleider, jede Menge schmucker Handtaschen (darunter nicht weniger als 150 Louis-Vuitton-Taschen) und ein neuer schicker Wagen fanden den Weg zu uns. Selbstverständlich verweigerte ich ihr das nicht, sondern erkaufte mir meine Untreue damit. Nicht selten blätterte sie in den auserlesenen Boutiquen bis zu 20 000 Euro pro Woche hin. Im Kaufrausch ertränkte sie ihre Sorgen und erhielt die Anerkennung, die ich ihr verweigerte.

Exodus

Zwei Monate war ich mittlerweile mit Mia zusammen. Ich wohnte noch immer in Linz, wenn wir zusammen waren, trafen wir uns immer in Hotels, doch nun legte ich mir für uns beide eine kleine Wohnung in Wien zu.

Über das Wochenende nahm ich die Kinder mit zu uns in die

Stadt an der Donau, denn meine Sehnsucht nach der Familie war und blieb stets riesig und ich wollte die Beziehung zum Nachwuchs unbedingt aufrechterhalten. Außerdem hatte Astrid begonnen, am Wochenende auszugehen, was ich als ihr gutes Recht ansah. Es war jedoch merkwürdig, die Kleinen in unserem Liebesnest zu haben, es fühlte sich nicht richtig an.

Da saß ich nun mit der schönsten Frau der Nation, deren süße Liebe ich genoss. Die Millionen flossen auf mein Konto und ich erfreute mich an der wachsenden Achtung, die meinem Ego schmeichelte. Ich wollte nicht nur immer mehr – ich erhielt immer mehr!

Doch plötzlich ertappte ich mich dabei, dass ich mich nach Linz sehnte, wenn ich in Wien nächtigte. Ich vermisste Astrid.

Deshalb erzählte ich beiden Frauen, ich müsse in der jeweils anderen *NACHTSCHICHT* nach dem Rechten sehen (was auch stimmte) und raste die Strecke zwischen Wien und Linz ungezählte Male hin und her. Jeder einzelne Kilometer stand symbolisch für meine Zerrissenheit, die ich mittlerweile ständig spürte.

Meist fuhr ich täglich ein- bis zweimal zwischen Linz und Wien hin und her. Es kam sogar vor, dass ich innerhalb von 24 Stunden dreimal den Hin- und Rückweg unter die Räder nahm. Eine Wegstrecke misst rund 200 Kilometer, an einem solchen Tag legte ich also auf der Autobahn satte 1 200 Kilometer zurück. Kaum war ich in Wien angekommen, zog es mich zurück zu meiner Familie. Aber sobald ich in meiner Luxusvilla angelangt war, kam in mir eine überwältigende Sehnsucht nach Mia auf, und ich raste bald zurück in die Hauptstadt. In meinem Wiener Liebesnest angekommen vermisste ich bereits wieder die Kinder. Und Astrid.

Verhältnis mit meiner Lebensgefährtin

Mir entging nicht, dass Astrid nicht nur um mich kämpfte, sondern dass sie ihre nach der Geburt wieder wachsende Attraktivität auch gern vor mir zur Schau stellte. So gingen meine Besuche in Oberösterreich bald schon über das Spielen mit den Kindern hinaus. Plötzlich hatte ich ein »Verhältnis« mit Astrid.

Nach all den Jahren wusste sie genau, wie sie mich rumkriegen konnte. So erschien sie manchmal, wenn ich gerade in Linz angekommen war, splitterfasernackt und wohlriechend aus der Dusche. Meine Antwort auf ihre Bitte, ihr beim Trocknen des Rückens zu helfen, ging dann schnell über den gewünschten Service hinaus.

Ein schlechtes Gewissen gegenüber Mia hatte ich nicht, da sie im Grunde genommen ja – ohne es zu wissen – die Nebenbuhlerin war. Ihr spielte ich weiterhin vor, dass ich in meiner Beziehung zu Astrid der arme Kerl sei.

Weil ich aus Eifersucht und Selbstsucht die Miss Austria immer bei mir haben wollte, hatte ich ihr den Terminplan um die Hälfte gekürzt, doch ich besorgte ihr besser bezahlte Aufträge. Dafür hatte ich mit ihrem Chef gesprochen und inszenierte ein paar Aufträge, die wesentlich lukrativer waren als die anderen Miss-Termine. So manipulierte ich das Ganze in meinem Sinn.

Unter anderem war sie unschlüssig, ob sie am 6. Dezember 2003 an der »Miss World«-Wahl in der 680 000-Einwohner-Stadt Sanya auf der südchinesischen Hainan-Insel teilnehmen sollte. Ihre Mutter war stolz auf ihre Tochter und wollte dies, ich jedoch zettelte einen Krieg mit ihrer Mutter an und redete alles schlecht, bis Mia mir glaubte und zuletzt nicht mehr hinfliegen wollte. Die westeuropäischen Nationen waren alle vertreten, bis auf Österreich. Die Teilnahme fiel meiner Eifersucht zur Opfer.

Natürlich durfte ich Mia als König der Nachtlokale nicht reinen Wein einschenken und konnte ihr nicht sagen, warum ich nicht wollte, dass sie daran teilnahm. Ich war innerlich bereits tief krank und ich manipulierte extrem. Vielleicht ist sie wegen mir nicht Miss World geworden.

In meiner schwersten Nacht damals waren sowohl Astrid und Mia unterwegs. Ich war gerade in Linz, die Kinder schliefen bereits. Mich trieb es ins Auto und ich fuhr getrieben von Eifersucht durch den Wald. Von Mia wollte ich am Telefon jeden Schritt wissen, den sie ging. Um mich für sie interessant zu machen, spielte ich ihr vor, dass ich ebenfalls gerade businessmäßig unterwegs sei. Doch eigentlich geschah das alles nur aus einem wahnsinnigen Minderwertigkeitskomplex heraus. Ich fühlte mich »alleingelassen« von zwei Frauen und litt darunter.

Die Monate zogen vorbei und mit der Zeit konnte ich das Zusammensein mit Mia immer weniger auskosten, obwohl ich mich auch durch sie als Superhengst und Discokönig fühlte. Es zog mich wieder zurück zur Familie … und gleichzeitig wollte ich Mia nicht loslassen.

Flankiert von den Söhnen Mannheims: Aufbruch zum Durchbruch

Zwei Lieder wurden in dieser Zeit ausgesprochen wichtig für mich. In Endlosschleifen hörte ich mir diese immer wieder an, »Ich kenne nichts« von Xavier Naidoo sowie »Vielleicht« von den Söhnen Mannheims. Dort singt Naidoo: »Vielleicht hören sie nicht hin, vielleicht sehen sie nicht gut. Vielleicht fehlt ihnen der Sinn oder es fehlt ihnen Mut.«

Das hörte ich mir – ohne zu übertreiben – Hunderte Male an. Das war enorm stark, wie mir im Nachhinein bewusst geworden ist. Gott hört ja das Schreien. Er sieht, dass man verzweifelt ist und gar nicht weiß, wo man die Wahrheit suchen muss, das, was richtig und was falsch ist. Dieses Lied bewirkte in mir sehr viel. Es hatte für mich eine enorm starke Aussage und es löste mein Schreien aus. Damit begann, äußerlich noch unsichtbar, meine Veränderung.

Der erste Nummer-1-Hit von Xavier Naidoo beinhaltet die Aussage: »Ich kenne nichts, das so schön ist wie du.« Das war für mich noch eine Steigerungsstufe. In meinem Herzschmerz meinte ich, damit eine Frau anzusingen, wechselweise Astrid und Mia. Aber in Wirklichkeit dreht sich dieses Lied um Gott und deshalb glaube ich, dass im Geistlichen damals wirklich etwas passiert ist. Dass ich das so oft sang, blieb nicht ohne Wirkung.

Meine Leere, mein Hungern, das, was ich suchte, drückte ich durch mein Rausschreien aus. In der Bibel steht, dass Worte Kraft haben. Diese Worte hörte Gott. Auch wenn ich nicht wusste, wonach ich mich ausstreckte, so sprach ich Worte aus, die richtig waren. Mir war bewusst, dass da etwas ist.

Das hatte eine totale Kraft. Ich glaube, dass das ein Aufbruch zum Durchbruch war. Weiter heißt es im Lied »Vielleicht«: »Zweitausend Jahre nach dir liegt hier alles in Scherben … und es wäre mein Ende, wenn ich diese Verbindung verlier.« Dieser Text ist unglaublich.

Zweimal Zuhause in Linz

Schließlich kam mir eine glorreiche Idee: Ich wollte mit Mia nach Linz ziehen, dadurch wäre ich näher bei meinen Lieben. Dass der größere Teil ihrer Termine in Wien stattfand und sie von dort stammte, musste hinter meinem Wunsch anstehen.

Für mich wäre damit das Glück perfekt gewesen, wir wären alle irgendwie zusammen gewesen. Logischerweise war Astrid von dieser Idee bestenfalls entsetzt, als hätte ich ihr Appetit auf einen Teller Kies mit Schlammsoße machen wollen.

Im Geheimen mietete ich dennoch eine Wohnung in Linz. In dieser stand zunächst nichts, wirklich nichts, außer einem Bett. Keine Bilder, keine Möbel, rein gar nichts. Dort wartete Mia dann oft stundenlang auf mich, was ihr natürlich auch nicht passte, da sie in Wien wesentlich Besseres zu tun gehabt hätte.

Es kam, wie es kommen musste: Astrid entdeckte, dass ich mit meiner Geliebten in »ihre«, in »unsere« Stadt gezogen war. Sie beschattete mich und fand heraus, wo die Wohnung war.

Als sie erkannte, dass das Gerücht stimmte, schlug sie auf mich ein. Die Eifersucht zerfraß sie und die Tatsache, dass ich nun auch noch mein Liebesnest in ihre Nähe gebracht hatte, gab ihr den Rest. Das wiederum ärgerte mich und ich schlug zurück, was ihr ein blaues Auge einbrachte. Heute könnte ich mich dafür ohrfeigen.

Etwa vier Wochen lebten wir nun in der gleichen Stadt. Mit Mia wohnte ich in der 200-Quadratmeter-Wohnung mit nichts als einem Bett darin. Dort verbrachte ich die Nächte und diese leere Bleibe spiegelte meinen seelischen Zustand wider.

Um sechs Uhr in der Früh verließ ich Mia, um meine Kinder aus dem Bett zu holen und mit ihnen zu frühstücken. Sie glaubten, dass ich in der Villa geschlafen hätte. Anschließend brachte ich sie zur Schule.

Gleichzeitig hielt ich Mia hin. Sie sprach manchmal von Kindern, doch ich sagte, dass ich mir nicht vorstellen könne, eine weitere Familie zu gründen.

Irgendwann nahm ich mir mit ihr ein Haus in Laxenburg, unweit von Wien, da unser Heim in Linz für sie schlicht keinen Sinn ergab.

Astrid trifft Mia

Inzwischen hatten wir in Innsbruck – wo eines der ersten *NACHTSCHICHT*-Lokale entstanden war – ein eigenes Gebäude errichtet. Das Grundstück war gemietet, das Bauwerk gehörte uns. Es war das erste *NACHTSCHICHT*-Lokal im eigenen Schuppen, alle anderen waren gemietet.

Die Eröffnung des neuen Lokals war wie bei den anderen Standorten in Österreich ein gigantischer Erfolg. Privat aber erreichte ich an diesem Abend einen neuen Tiefpunkt. Stolz marschierte ich mit Mia, die sich bei mir eingehakt hatte, durch mein Reich. Hoheitsvoll nickte ich einmal königlich nach links, dann rechts. Alles sog ich auf. Die wohlwollenden Blicke und auch die neidvollen.

Vor uns trat die Menschenmenge zur Seite. Und plötzlich stand ich Astrid gegenüber. Auch sie war mit Freunden von Linz nach Innsbruck gereist, immerhin hatten wir ja einen Teil des Imperiums gemeinsam aufgebaut. Doch nun sollte der Besuch vor Ort für sie zum Horrorfilm werden, in dem ich Regie spielte und gleichzeitig ein verlorener Spielball der Ereignisse war. Denn ich stand ja nicht allein vor ihr, sondern mit der Miss Austria. Weder sie noch ich hatten mit einer solchen Direktbegegnung gerechnet.

Sie streckte mir die Hand entgegen und wir begrüßten uns, als wären wir alte Bekannte. Mir stockte der Atem. Wo war der Weltuntergang, wenn man ihn endlich einmal brauchte? Als wir später darüber sprachen, sagte Astrid, dass dies einer der schlimmsten Momente in ihrem Leben gewesen sei. Ihre Hoffnungen schwanden und sie schrieb mich vorerst ab.

Nun hatte Astrid mich also losgelassen. Jedoch übte sie gerade dadurch eine unwiderstehliche Anziehungskraft auf mich aus. Mehr denn je war ich nun ab Freitag fest für die Kinder zuständig und die Wochenenden gehörten ihr.

Früher noch war ich jedes Wochenende von Lokal zu Lokal gefahren. Von Graz nach Linz, dann nach Wien. Alles überprüfte ich selbst. Nachher spielte ich mich meist frei, indem ich andere Leute einsetzte. Die Struktur baute ich so auf, dass ich nicht ständig an der Front sein musste, denn teilweise war mir auch die Lust auf das Diskotheken-Geschäft vergangen.

Längst bekam ich auch nicht mehr alle Schwierigkeiten mit Gästen mit. In der Phase, wo ich noch vorn an der Front gewesen war, hatte meine Person extrem im Mittelpunkt des Betriebs gestanden. Da war ich bei Problemen umgehend als Mediator zur Stelle. Nun konnten die Gäste nicht mehr einfach so bis zu mir vordringen. Ich selbst baute Mauern auf, ich gab das vollkommen weg, weil ich es einfach nicht mehr wollte.

Früher wurde ich zum Beispiel als Chef gerufen, wenn plötzlich einer sagte: »Ich will eine Lokalrunde machen, er soll mir einen guten Preis vorschlagen.« In meinem ersten Lokal konnten die Besucher dazu sogar noch Kredite aufnehmen.

Einmal wollte ein Bursche, den ich gut kannte, eine Lokalrunde schmeißen, obwohl 3 000 Leute drinnen waren. Ich warnte ihn: »Ich weiß nicht, ob du das morgen auch noch gutheißt!«, und redete es ihm schließlich aus. Sonst aber motivierte ich die Leute eher dazu. Ich nutzte jede Gelegenheit, um etwas zu pushen, und wenn einer freigiebig war, nutzte ich das auch aus.

Manchmal wollten sogenannte schwere Jungs zu mir vordringen, weil sie den Boss kennenlernen wollten. Sie wollten herausfinden, ob ich ihnen in ihr Geschäft pfuschen würde, weil die Stadt ihrer Meinung nach ihnen gehörte. Damals brachte ich schlanke 65 Kilogramm auf die Waage und ich wirkte nicht sehr beeindruckend.

Bei manchen dieser Männer waren die Unterarme umfangreicher als mein Bauch. Dennoch spielte ich mit ihnen, obwohl ich insgeheim die Hosen voll hatte. Das verunsicherte sie und keiner wagte es, mich anzugreifen.

Andere wollten Schutzgelder erpressen und fragten daher ebenfalls nach mir. Als ich mehr und mehr Leute auf der Lohnliste stehen hatte, ließ ich jedoch diese aufgezählte Klientel nicht mehr an mich heran. Prominente, die sich wichtig fühlten, fragten ebenso nach mir, doch auch da ließ ich nur noch wenige vor.

In meinen Lokalen gingen überall in Österreich allabendlich Tausende ein und aus. Unter ihnen waren viele Proleten, die sich damit schmücken wollten, den Besitzer zu kennen. Sie wollten mich und die anderen Besucher damit beeindrucken, dass sie den Champagner fließen ließen, nur um zu zeigen, wie viel Geld sie hatten. Tatsächlich versoffen und verjubelten solche Gäste eine ganze Menge Kohle.

Doch ich begann, diese Welt immer weniger zu mögen. Auch war ich mit meinen Partnern nicht mehr zufrieden und wollte nur noch mit wenigen von ihnen wirklich zusammenarbeiten. Nur ausgesuchte Personen hatten meine Nummer.

Dass ich nun an den Wochenenden auf die Kinder aufpassen sollte, kam mir gar nicht so ungelegen.

NACHTSCHICHT (ein wenig) ade

Die rauschende Zweisamkeit mit Mia war dafür an den Wochenenden passé. Da ich die Kleinen liebte und brauchte, störte mich dies aber kaum. Für mich hätte es sich nicht richtig angefühlt, mit dem Nachwuchs in Laxenburg zu nächtigen, deshalb blieb ich bei ihnen in Linz. Von Zeit zu Zeit schmuggelte ich Mia mit ein und quartierte sie im Gästezimmer ein.

Das Risiko war erheblich, denn Astrid hätte ja jederzeit heimkommen können. Das geschah zwar nicht, aber eine »Panne« ereignete sich dennoch. Übermüdet war ich eines Nachts bei Mia im Gästezimmer eingeschlafen, als Vivienne nach mir suchte. Schlaftrunken kuschelte sie sich zu mir ins Bett und erkannte, dass da noch jemand lag …

Nach allen Regeln der Kunst erklärte ich meiner kleinen Tochter, dass das unser Geheimnis bleiben müsse. Für mich war damit noch mal ein moralisches Tabu gebrochen: Ich stiftete mein Kind dazu an, seine eigene Mutter zu belügen.

Dass sich etwas ändern musste, war mir schon lange klar. Längst hatte ich meine beruflichen Partner und die Gastroszene satt. Ich wollte aussteigen oder mindestens drastisch reduzieren. Wie meine Partner zu mir standen, erkannte ich, als ich ihnen meinen Entschluss mitteilte: »Du kannst gehen, wenn du willst, aber bekommen wirst du nichts.« Ausgerechnet der sagte das zu mir, den ich zuletzt und auch nur aus Großzügigkeit ins Boot geholt hatte, zusammen mit seinem Schwager. Zudem hatte ich den beiden eine höhere Beteiligung gegeben, als sie eigentlich gefordert hatten. Aber Undank ist der Welt Lohn und ich war ja auf anderer Ebene auch nicht gerade ein unbeschriebenes Blatt.

Erzürnt entgegnete ich: »Dann zeige ich unsere sämtlichen schwarzen Geschäfte an. Es ist mir völlig egal, wenn ich nichts mehr habe, denn vorher hatte ich ebenfalls nichts. Dich aber wird es zerstören, weil bei dir das Geld an erster Stelle steht.« Damit landete ich einen Volltreffer. Und so trennten wir uns zuletzt mit einer gütlichen Einigung.

Diese sah so aus, dass ich vorerst die beiden Wiener Betriebe behalten würde. Linz gehörte uns noch gemeinsam und die übrigen Discos gingen an die anderen Partner, bis auf jene in Graz und St. Pölten, die wir bereits etwas früher abgestoßen hatten.

Innerlich war ich damit aber noch nicht zufrieden. Ich wollte weniger. Ich, der immer mehr gewollt hatte, wollte einfach raus, denn ich konnte mit dem ganzen Umfeld nichts mehr anfangen. Aber all die Schmarotzer, die von mir lebten, wollten nicht, dass ich die Leinen kappte.

Auch empfand ich ein großes Verantwortungsgefühl gegenüber meinen Angestellten. Es war ja nicht so, dass ich 365 Tage im Jahr der Vollarsch war. Manchmal half ich Menschen. Ich bin nicht als Bastard aufgestanden und ins Bett gegangen.

So wie ich zwischen meiner Familie und Mia hin und her gerissen war, war ich es nun in der Gastroszene. Sollte ich einfach alles ganz aufgeben oder doch irgendwie weitermachen? Allerdings wusste ich nicht, wie ich meinen Standard halten sollte, wenn ich aufhörte. Dieser Job war ja der, den ich gelernt hatte, und da fiel mir nicht über Nacht ein völlig anderer Beruf zu. Ich erkannte in dieser Tatsache einen Wink, dass ich wohl einfach dazu gemacht war, in der Branche zu arbeiten. Doch gleichzeitig schwirrte immer wieder der Wunsch durch meinen Kopf, endlich auszubrechen.

Endlich geWONnen, aber noch nicht angekommen

Auf dieses innere »Weder-noch« reagierte ich mit einem Äußeren »Sowohl-als-auch«. Den Ausschlag gab ein Immobilienfreund. In Graz wurde gerade ein Gebäude frei, in welchem bis kurz zuvor der Elektronik-Multi »Media Markt« gewesen war. Auf 7 000 Quadratmetern konnte dort ein Unterhaltungstempel errichtet werden. Darin sah ich meine Chance. Ich würde in der Szene bleiben, aber gleichzeitig wäre es mein eigenes Ding, ohne Partner, die mich nerven würden (und die ich mit meiner Kontrollsucht wohl auch nerven würde).

Rasch sprang ich auf. Einen Teil vermietete ich an einen alten Bekannten aus dem Rotlichtmilieu, da unter anderem eine Tabledance-Einrichtung und eine Go-go-Bar geplant waren. Dazu kamen eine Cocktailbar, ein Western Saloon, eine klassische Disco, ein Café, ein Restaurant, Bowlingbahnen, eine Karaoke-Bar und vieles mehr, also komplett mein Bereich, sowie ein Fitnessstudio (in welches ich rund hundert Discokugeln einbaute!) und ein Coiffeursalon. Somit hatte ich all das unter einem Dach, was nach meinem Empfinden der Mensch nach dem Feierabend brauchte, um glücklich zu sein.

Auch ohne die *NACHTSCHICHT* im Rücken hatte ich keine größeren Probleme, die Finanzierung zu sichern: Ohne Unterschrift sagte mir die Bank eine Million Euro zu. Einfach so am Telefon. Auch die Bierfirmen zierten sich nicht: Von ihnen erhielt ich Darlehen in Höhe von mehreren Millionen.

Warum auch nicht. Sie verhandelten mit dem Discokönig, da war für sie gewiss, dass die Millionen sich automatisch vermehren würden.

2004 eröffnete ich erstmals wieder – insgesamt zum vierten Mal – im Alleingang, und das einmal mehr mit Pauken und Trompeten. Im *WON – World of Nightlife* zog ich mehr denn je alle Register. Mia war noch immer an meiner Seite. Und gleichzeitig arbeitete die neue Miss Austria bei mir im Büro, wenn sie nicht gerade für einen Auftritt unterwegs war. Ihr Freund jobbte neben seinen Engagements bei mir im *WON* als Fitnesstrainer. Meist arbeiteten sie fast Vollzeit bei mir, da die repräsentativen Aufgaben sich auf die ersten Monate nach dem Titelgewinn beschränkten und diese außerdem gut um den Einsatz bei mir herum geplant werden konnten.

Red Bull finanzierte unsere Fotoshootings und der VW-Importeur stellte uns via Tochtergesellschaft Porsche Cabrios zur Verfügung, damit die beiden Misses Austria in diesem Zeitraum mit diesen Geschossen rumflitzen konnten, um für das neue Lokal zu werben. Zudem stellte uns das Unternehmen wie bereits in anderen Diskotheken einen Porsche Boxster zur Verfügung, den wir bei einer viel beachteten Verlosung an den Mann bringen durften. Selbstverständlich vergaß ich nicht, mit den Worten »Porsche fahre ich nicht, ich verlose sie!« großspurig anzugeben.

Im Nu stand *WON* der *NACHTSCHICHT* in nichts nach. Und mir gelang ein weiterer Griff tief unter die Gürtellinie, indem ich das, was sich im Darkroom (der nicht komplett abgedunkelt war) und im Whirlpool abspielte, auf einen Screen in der Diskothek übertragen ließ.

Dazu verlosten wir Blind Dates und stellten Getränke am Whirlpool zur Verfügung, damit sich die Gäste im Gegenzug zu sexuellen Handlungen hinreißen ließen. Auch wenn diese Übertragungen grenzwertig waren, so kamen sie doch bei der Masse gut an – und es fanden sich immer genug, die dabei mitmachten. »Sex sells« – das zelebrierte ich, weil es mir ja auch selbst gefiel.

Das *WON* wurde über Nacht zum absoluten In-Lokal und mehrere Monate genoss ich die Welle des Erfolgs, sodass mir meine innere Zerrissenheit weniger bewusst war.

Dann folgte ein jäher Absturz, erneut durch Neider hervorgerufen. Die Geschichte wurde genauso aufgezogen wie damals in der *NACHTSCHICHT*. Wieder war eine Spritze »aufgetaucht«. In Österreich war damals in den Medien die Rede von einem Verrückten, der in den Discos die Menschen mit einer Aids-infizierten Spritze stach. Das Opfer ging gleich ins Krankenhaus. Entweder der Gestochene oder der Täter waren gekauft. Es geschah zum vierten Mal und es war, als hätten sämtliche Medien diesen Tipp zugespielt bekommen. Wieder drehte sich das gesamte Medienkarussell darum. Wieder erfolgte ein Vernichtungsfeldzug. Und wieder war das ganze Drama frei erfunden.

Der letzte Kampf des Discokriegers

Tatsächlich fand ich sogar heraus, wer hinter dieser erneuten Inszenierung steckte. Ein Neider hatte seine rechte Hand auf mich angesetzt. Dieser war ein Kampfsportler, der dann die Tat delegierte. Der Auftraggeber hatte schon länger Sprüche vom Stapel gelassen wie: »Da unten ist ein Leichengeruch, weil ich den Andi fertigmache.« Der Typ war einst mit meiner Schwester zusammen gewesen. Er kam aus dem Rotlichtmilieu und hatte versucht, sie in der Schweiz auf den Strich zu schicken. Da war ich eingesprungen und es kam zwischen mir und ihm zum Bruch. Heute verstehe ich, dass er wohl nicht anders handeln konnte, er war selbst in diesem Umfeld aufgewachsen und kannte es nicht anders. Diesmal drehte es sich nicht nur um Eifersucht, sondern auch um Macht und Gier.

Innerhalb einer Woche sackte der Besucherzustrom von 6000 Leuten pro Wochenendabend auf 2000. Innerlich war ich auch hier zerrissen. Im einen Moment hätte ich die Wände hochgehen können wegen dieser Lügengeschichte und im nächsten war es mir fast egal, da ich innerlich eh völlig leer war.

Der Discokrieger in mir setzte sich jedoch gegen seinen größten Feind durch: gegen den gleichgültigen Andi in mir. Danach wurde der zweite »Herausforderer« angegriffen: die gesunkenen Besucherzahlen. Noch einmal zog ich alle Register und das Lokal füllte sich in den kommenden Wochen wieder ganz passabel.

Eigentlich hätte ich an die Glanzzeiten anknüpfen können. Dazu hätte ich aber erneut umziehen müssen und das war mir das Ganze nicht wert. Ich war ausgebrannt und gleichermaßen zerrissen.

Bodenhaftung, Moral oder sonstige Werte kannte ich schon länger nicht mehr und die Messlatte war inzwischen so tief, dass darunter kein Limbo-Tanz mehr möglich gewesen wäre. Dies zeigt auch mein folgender »Liebesbeweis« für Mia.

Um herauszufinden, ob ich sie wirklich noch liebte, betrog ich sie mit einer engen Bekannten von ihr. Man stelle sich das vor! Ein schlechtes Gewissen machte sich nicht bemerkbar, mein Test brachte ein ganz anderes Resultat hervor: Ich liebte Mia längst nicht mehr so sehr, wie ich mir das selbst eingeredet hatte. Außerdem hatte ich mich Astrid körperlich wieder angenähert, wir waren wieder regelmäßig zusammen im Bett.

Lange Zeit war Mia der Meinung gewesen, dass sie die einzige Frau in meinem Leben war und dass wir eine prächtige Zukunft haben würden, zu der eines Tages auch noch Kinder gehören würden. Dann aber passierte mir ein Fehler, der ihr das Herz brach. Wir waren gerade zusammen im Bett gewesen und ich war in der

Dusche verschwunden. In dieser Zeit durchforstete Mia neugierig mein Handy.

Plötzlich gellte ein entsetzter Schrei durch das Hotelzimmer. Ich eilte zu ihr, um ihr in der Stunde der Not beizustehen – bis ich erkannte, was der Auslöser ihres Entsetzens war: Sie hatte die jüngsten Sexfotos gesehen, die ich mit Astrid aufgenommen hatte. Ich hielt unsere gemeinsamen Szenen gern fest, um mich zwischendurch zu stimulieren. Diese Bilder kamen bei Mia gar nicht gut an.

Sie war völlig außer sich. Eine Welt brach für sie zusammen und sie ging weinend auf mich los. Ich hatte etwas tief in ihr drin kaputt gemacht. Heute verstehe ich das – doch damals kam mir nur ein dümmliches »Na ja, dann ist es jetzt wohl vorbei« über die sonst beredten Lippen.

Russisches Roulette

Mia war verletzt und kaputt, weil sie sich sicher gewesen war, dass ich der Mann fürs Leben war, dass wir füreinander gemacht waren. Doch trotz ihrer Enttäuschung konnten wir nicht voneinander lassen. Nun wusste sie, woran sie mit mir war, und für mich bedeutete dies: Narrenfreiheit. Hatte ich vorher schon auf wenig bis nichts Rücksicht genommen, so kümmerte ich mich nun um gar nichts mehr. Erst recht nicht um die seelischen Verletzungen, die ich anderen durch mein Handeln zufügte. Auch gesundheitliche Folgen für mich und andere waren mir mehr oder weniger egal. Mindestens zweimal täglich befriedigte ich mich selbst oder hatte Sex, weil ich sonst völlig von der Rolle gewesen wäre. Doch die Sucht trieb mich weiter vor sich her.

Am meisten verdeutlicht dies wohl die folgende Begebenheit: Im Grunde hatte ich schon alles durch, was man sich auf sexueller Ebene so vorstellen kann. Deshalb suchte ich nach dem nächsten Kick. In einem Etablissement überredete ich zwei Prostituierte dazu, Sex ohne Gummi mit mir zu haben. Ungeschützt. Russisches Roulette. Die eine lehnte das zwar zuerst ab, doch Geld und Überredungskunst stimmten sie um.

Einfach bezahlen kann jeder. Aber Prostituierte zum ungeschützten Sex zu überreden, war für mich eine Liga darüber. Genau das war damals der Grund für mich, dies zu tun, sonst hätte ich keine Prostituierten gebraucht. Für mich war der Reiz, sie rumzukriegen. Das Spiel mit dem Tod befeuerte mich. Das Wissen, dass ich mich mit Aids anstecken könnte, gab mir den letzten Kick.

Doch mein Tag war damit noch nicht zu Ende. Umgehend fuhr ich zu Astrid, um mit ihr Sex zu haben, und danach brauste ich zu Mia, um auch noch mit ihr zu schlafen. Dank Viagra ging diese verantwortungslose Aktion problemlos über die Bühne. Darüber, dass ich auch noch andere in Gefahr brachte, machte ich mir keine Gedanken.

Das Ganze zeigt, wie kaputt ich innerlich war und dass ich mit der Welt abgeschlossen hatte. Glücklich ist, wer nie von solchen Fantasien heimgesucht wird. Manchmal liegt zwischen solchen Gedanken und der Realität nur ein kleiner Schritt.

War es ein Genuss? Nein. Fühlte ich mich besser? Nein. War die Sucht gestillt? Für diesen Tag ja.

RÜCKBLENDE
Ärmlich aufgewachsen

Das stetige Getriebensein, die wiederkehrenden Versagens- und Verlustängste wurzelten tief in meiner Seele, was untrennbar mit meiner Kindheit zu tun hatte und ganz besonders damit, dass ich ohne echten Vater aufgewachsen bin.

Ich wurde Zeuge, wie mein leiblicher Vater meine Mutter betrog, manchmal sogar vor ihren Augen. Und mein Stiefvater stand dem Jähzorn und der Gewalt näher als mir. Gleichzeitig brachten es beide nicht fertig, so für die Familie zu sorgen, dass sie in Anstand und Würde leben konnte. Dies bekamen wir in aller Härte auf dem Pausenhof zu spüren. Und da ich ein aufmüpfiger Junge war, zahlten mir die Lehrer dies heim, indem sie keine Gelegenheit ausließen, um mich nach allen Regeln der Kunst zu demütigen.

Den traurigen Tiefpunkt erlebte ich bei einem Skikurs unserer Schule. Meine Mutter hätte sich diesen schlicht nicht leisten können, dennoch durfte ich mit, weil der Staat für mich bezahlte. Von ihrem wenigen Baren erhielt ich etwas Taschengeld. Das war für mich eine fast unvorstellbare Gabe, die mich sehr berührte. Meine Mutter, die sich selbst rein gar nichts gönnte, wollte doch, dass ich es tat.

Nun waren wir also mit der Klasse in der Skihütte und ich bestellte aus der Euphorie heraus ein Wiener Schnitzel. Für mich war dies ein sonst nahezu unerreichbarer Luxus, denn so etwas konnten wir uns im Gasthaus nicht leisten. Kaum hatte ich mit dem Essen begonnen, erspähte unser Klassenlehrer von seinem Tisch aus, was ich mir da gerade in den Mund steckte. Er stand auf, kam herüber und deckte mich mit erniedrigenden Vorwürfen ein. Wie ich es mir bloß erlauben könne, ein Schnitzerl zu essen, wo doch die Fürsorge für meinen Kurs aufkam. Ich wäre ob dieser entwürdigenden Herabsetzung am liebsten im Boden versunken. Diese Demütigung hallte noch jahrelang tief in mir drinnen nach. Meine Freude an dem köstlichen Mahl wich ebenso wie die Freude an dem Kurs. Unsagbare Traurigkeit suchte mich heim, ich wollte einfach nur noch weg. Bei diesem Lehrer habe ich nie mehr rumgeblödelt.

Meine Minderwertigkeitskomplexe, die auf Ereignissen wie diesem fußten, begleiteten mich selbst dann noch, als mein Unternehmen florierte und Millionen auf mein Konto flossen. Und sie waren erst recht in meinen ersten Berufsjahren da, als ich mich langsam zur Stimmungskanone in der lokalen Discoszene entwickelte. Deshalb lechzte ich danach, im Mittelpunkt zu stehen und Anerkennung zu gewinnen. Und echte Liebe.

Diese fand ich in den wunderschönen Formen von Regina. Für uns Burschen war sie zum Anbeißen. Wir alle schauten zu ihr auf. Sie war etwas älter als wir, fuhr einen Audi und wirkte selbstständig. Sie war eine richtige Prachtfrau.

Da sie im Büro arbeitete, lebte sie verglichen mit mir in geordneten Verhältnissen. Als ich mich an sie ranmachte, beachtete sie mich zunächst nicht, aber irgendwann ließ sie sich doch auf mich ein. Und wie. Nach wenigen Monaten war sie ungeplant schwanger geworden.

Die Ankündigung dieses Ereignisses erfolgte mit einem gewaltigen Knall. Eines Nachts hatte ich einen schweren Verkehrsunfall: Mit 160 Kilometern pro Stunde geriet mein Wagen ins Schleudern. So schnell sollte man schlicht nicht fahren, wenn Schnee auf der Fahrbahn liegt. Zusammen mit einem Gast war ich nach der Sperrstunde mit einem Fiesta XR2i unterwegs. Dieser war bissig mit 104 PS, nur sechs weniger als der GTI, aber etwas kleiner und leichter. Mein Beifahrer fuhr normalerweise einen solchen. »Zeig mal, was deiner draufhat!«, forderte er mich daher heraus. Also gab ich Gas. Wir kamen in eine lang gezogene Kurve hinein, die man auch mit 200 fahren kann – im Sommer. Der Schnee war etwas angezuckert und plötzlich kamen wir in Schneeverwehungen. Wir gerieten ins Schlingern, doch ein Wunder geschah: Wir überschlugen uns nicht. Unser Wagen driftete immer links, rechts, links in die Verwehungen rein, was uns bremste.

Dann kamen mehrere Häuser näher. Ich dachte: »Jetzt ist es aus!« Mein Leben lief vor mir ab wie ein Film. Alle möglichen Szenen tauchten auf, bis zurück zur Kindheit, Dinge, an die ich mich bis dahin nicht mehr erinnert hatte.

Dann krachten wir in eine Hecke und zuletzt kamen wir zwei, drei Meter vor einer Hausecke zum Stehen. Es war ein absolutes Wunder, dass wir uns nicht überschlagen hatten. Ins Haus krachten wir nur deshalb nicht, weil die Schneehügel uns gebremst hatten. Dass ich unverletzt geblieben war, war schlicht und einfach ein weiteres gigantisches Wunder. Das Auto hatte einen Totalschaden, was mir aber egal war.

Rechtliche Unfallfolgen gab es nicht. Der Bursche hatte zwar ein wenig Schmerzen, mehr aber nicht. Auf die Idee, mich zu belangen, kam er ohnehin nicht, denn er war im Krankenstand und hätte gar nicht erst ausgehen dürfen. Ich selbst hatte Vollkasko, diese bezahlte mein Auto und die Schäden an Hecken und Verkehrsschildern.

Daheim erfuhr ich dann, dass ich Vater werde! Regina und ich freuten uns tierisch. Als wir uns den Film »Kevin – Allein zu Haus« anschauten, hatten wir auch gleich einen Namen für das Baby gefunden, wenn es ein Junge werden sollte.

Planet der Affen

In meinem Bekanntenkreis war ich der weitaus jüngste werdende Vater, aber das störte mich nicht. Wir genossen das Familienleben in vollen Zügen und kauften Babysachen. Kevin schlief bei uns im Schlafzimmer.

Fabelhafte Arbeit leistete ich gleichzeitig weiterhin im Betrieb, bis mir der Chef des *Pernsteiner Hofes* das Angebot unterbreitete, das Pub zu übernehmen. Dieses lief nicht mehr nach seinen Erwartungen, deshalb suchte er einen neuen Betreiber. Das kam mir gerade recht. Ich war ungefähr 16 Jahre alt gewesen, als ich den Film »Cocktail« mit Tom Cruise gesehen hatte. Ab diesem Moment hatte ich von einer eigenen Bar geträumt.

Der Chef eröffnete mir bei der Besichtigung, dass er eine Million Schilling als Ablöse brauche, was damals rund 140 000 DM entsprach. Trotz meines hohen Einkommens konnte ich nicht so viel lockermachen, weil ich neben meiner Familie auch meinen Bruder unterstützte, der sich nach seiner Rückkehr aus Deutschland in unserer Heimat ein neues Leben aufbauen wollte.

Wenige Tage später folgte ein neues Angebot: Statt einer Ablösesumme wollte der Besitzer eine höhere Miete sowie eine Abgabe von 70 Prozent des Spielautomaten-Erlöses. Mein Zuschlag missfiel jedoch meinem Boss im *Eldorado*. Meine Kündigung beantwortete er mit der Offerte, dass ich in einem Anbau bei ihm eine eigene Bar eröffnen könne. Ich dürfte 100 Prozent der Spielautomaten-Einnahmen behalten und überdies würde mein Monatsgehalt bei 70 000 Schilling liegen, also rund 10 000 DM, im Jahr 1993 für einen 21-Jährigen eine unvorstellbare Summe, erst recht in Anbetracht der Tatsache, dass ich nicht einmal einen Berufsabschluss vorzuweisen hatte.

Doch ich schlug dieses phänomenale Angebot trotzdem aus. Das Pub, in dem nichts mehr lief, sollte stattdessen mein Reich werden. Dieses wollte ich wieder zu altem respektive neuem Glanz führen.

Dazu stellte ich drinnen alles auf den Kopf. Ich strich die Wände, hängte Bilder auf und rollte einen Teppich aus. Dieser sollte eine Wohnzimmer-Atmosphäre verbreiten. Da Affen meine Lieblingstiere waren, nannte ich das Lokal »Monkey Pub«, und damit dieses dem Namen gerecht wurde, dekorierte ich den Schuppen mit ein paar Palmen und Stoffaffen. Die Musik nahm ich ebenfalls selbst in die Hand, denn mir war klar, dass diese eine zentrale Rolle spielte. Deshalb bespielte ich Kassetten mit den neusten Hits, in der Reihenfolge, die mir am sinnvollsten erschien.

Investiert wurden dazu 150 000 Schilling, die ich von Regina lieh, sowie ein kleiner Bankkredit. Um dem Ganzen die nötige rechtliche Form zu geben, gründete ich mein erstes Unternehmen, die »A. Schutti GmbH«.

Die Eröffnung verlief viel besser als meine kühnsten Erwartungen. Weit mehr Besucher als gedacht rannten uns die Bude ein – und ich hatte nicht gerade bescheidene Erwartungen gehabt. Immer wieder mussten wir ins Lager eilen, um den Durst der Gäste stillen zu können.

Geöffnet hatte mein erstes Lokal von 12 Uhr mittags bis 4 Uhr morgens, manchmal auch länger. Aufgrund der enormen Nachfrage rüstete ich personell rasch auf, denn zunächst hatte ich nur einen Aushilfskellner, der mir zur Seite stand.

Wie wenig ich schlief und wie viel Zeit für Regina übrig blieb, lässt sich leicht errechnen. Oft war ich gestresst und nicht selten fauchte ich sie mürrisch an. Sie saß dann wie eine sitzen gelassene Frau hochschwanger daheim, während ich den Laden schmiss und dabei mit ihren Freundinnen flirtete, die bei mir am Bartresen saßen.

Um die Aufmerksamkeit zu steigern, organisierte ich den ersten Event des Pubs. Unter dem sinnigen Namen »Affengeile Monkey Beach Party« kleisterte ich den Bezirk mit Plakaten voll. Dass man dazu eine Genehmigung braucht, wusste ich damals nicht. Mein Glück war, dass wohl alle davon ausgingen, dass ich über eine solche verfügte.

Bei den Behörden hatte ich das Fest ebenfalls nicht durchwinken lassen, obwohl ich mit der ganz großen Kelle anrührte: Es fand draußen statt, ich hatte Sand ankarren lassen und einen Pool aufgestellt. Bis um 6 Uhr in der Früh donnerte die Musik aus den Boxen. Weil mit 1 500 Besuchern dreimal mehr Gäste als erwartet kamen, fehlte es schon um Mitternacht an Getränken und vor der Damentoilette bildete sich eine 50-Meter-Schlange. Es herrschte das reinste Chaos. Der Pool brach auseinander, weil zu viele Leute gleichzeitig darin planschten. Was anderswo für erzürnte Besucher gesorgt hätte, wurde hier zu einer erheiternden Einlage. Schon vor dem Ende der Party war klar: Dieser Event schreit nach einer Fortsetzung.

Ein Kind, zig Seitensprünge

Bald darauf stand jedoch ein anderes Ereignis bevor, das alles andere in den Schatten stellte: die Ankunft von Kevin. Bei der Geburt gab es Komplikationen, sodass Regina auf die Intensivstation verlegt wurde und ich nicht dabei sein durfte, als er zur Welt kam.

Die Minuten zerronnen und wurden zu Stunden, bis ich Kevin ein erstes Mal für kurze Zeit in den Armen halten konnte. Bald durfte ich auch zu Regina, die völlig geschafft war. Dann brauchten Mutter und Kind Ruhe.

Also sah ich im Lokal nach dem Rechten, wo meine Gefolgschaft feierte, dass ich Vater geworden war. Bei mir aber war keine Partylaune da, stattdessen freute ich mich in einem seltenen Moment der Einkehr in aufrichtiger Demut, dass es Regina und dem kleinen neuen Lebewesen gut ging.

Wir entwickelten uns prächtig als Jungfamilie, um die ich mich fürsorglich kümmerte. Wochen der Glückseligkeit verstrichen. Ich hatte eine liebende Frau und einen kuscheligen Wonneproppen daheim und auf der Arbeit ein oft zum Bersten gefülltes Lokal, das mir die Kassen füllte.

Bis meine Gedanken zu kreisen begannen und ich Regina deswegen härter behandelte. Irgendwie dachte ich, dass das Familienleben zu früh gekommen sei und dass dies noch nichts für mich wäre. Diese egozentrische Ansicht setzte sich in mir durch.

Ich tat nun wieder, was mir gefiel. Und mir gefiel es, Regina zu betrügen. Selbst vor ihren Freundinnen machte ich nicht halt. Ganz brachte ich dieses Handeln nicht an meinem Gewissen vorbei und schließlich gestand ich ihr alles. Unsere Beziehung kam nahezu zum Erliegen. Einzig wegen Kevin blieben wir zusammen. Als Kind hatte ich mir geschworen, dass ich nie so werden würde wie mein Vater – und nun war ich dabei, Kevin genau das gleiche Vorbild zu geben.

Mein Affomobil

Das familiäre Desaster konnte ich problemlos mit mehr Arbeit übertünchen. Um das Pub zu ergänzen, mietete ich das Gebäude nebenan dazu und baute dieses in eine Disco um. Regina hatte ich bereits ihr Geld zurückgezahlt und von der Bank bekam ich für das neue Projekt eine halbe Million Schilling, damals rund 70 000 DM. Ich erwartete, dass ich so viel pro Monat umsetzen würde.

Auch wenn die Finanzfachmänner dachten, dass dieser Umsatz etwas hoch angesetzt sei, erhielt ich den Kredit. Tatsächlich hatten sich beide Seiten geirrt: Pro Monat wurden 1,5 Millionen Schilling umgesetzt! Tausend Personen fasste die Lokalität und oft mussten Leute draußen warten, weil drinnen schlicht kein Platz mehr war.

In der Disco war ich der Held, doch daheim ein Tyrann. Mir fiel nicht einmal auf, dass ich manchmal noch übler ausrastete als mein Stiefvater.

Just in dieser Zeit zog mein Vater für einige Zeit bei mir ein – er überlegte sich gerade, sich von seiner aktuellen Ehefrau zu trennen, weil er sich in die Gemahlin einer seiner Freunde verliebt hatte. Mitten in diesem heillosen Durcheinander suchte er nach Orientierung und einer Art Verbündetem. So arbeitete er als Pizzabäcker bei mir. Meine Freude, dass er für einige Zeit wieder da war, war groß. Er machte sagenhafte Pizzen und ich bezahlte ihn fürstlich. Er haderte damit, weil er gratis für mich arbeiten wollte, dies aber nicht tun konnte, weil er ebenfalls Fixkosten hatte.

Für mich war die Situation eigenartig, etwas passte nicht. Er war mein Vater, aber nun nahm er die Rolle des Kindes ein. In diesen Tagen lachten wir viel zusammen, auch wenn uns eigentlich beiden nicht zum Lachen zumute war. Es hatte etwas Befreiendes, es war, als wären wir Kumpels.

Zuletzt zog er zurück zu seiner Frau und Familie nach Deutschland. Kaum war er zurück in seiner Lebenswelt, hörten wir nur noch wenig voneinander. Jahre später haben wir uns absolut und vollständig ausgesprochen. Wir waren ja eigentlich tatsächlich Verbündete. Wir waren beide gleich aufgewachsen und meine Söhne wuchsen anfangs ebenfalls so auf. Heute sind wir alle miteinander im Reinen. Das ist natürlich nicht das Gleiche wie eine behütete Kindheit, aber alles ist zu hundert Prozent vergeben, es ist nichts offengeblieben und wir haben ein gutes Verhältnis zueinander.

Das wachsende Konto ermöglichte mir erste Extravaganzen, mit denen ich gleichzeitig für mein Lokal warb. Dazu schaffte ich mir einen Ford Cosworth an. Der Wagen war mit einem ganz besonderen Nummernschild im Straßenverkehrsamt eingetragen: »KI Affe 1«. Und während der Mercedes vorn seinen Stern prangen hat und der Jaguar eine Raubkatze, zierte meine Motorhaube ein Affe. Jeder gefahrene Kilometer war gleichzeitig auch PR für das »Monkey Dancing« sowie das Pub.

Nach einiger Zeit war der Hype um das Fahrzeug jedoch verflogen. Statt das Auto wieder abzurüsten und zu verkaufen, hatte ich eine viel »genialere« Idee: Ich inszenierte einen Versicherungsbetrug. Ich ließ den Wagen in einen Abgrund stürzen und erfand dazu eine Geschichte.

Hierzu schob ich den Cosworth nahe an einen Abhang und gab ihm zuletzt den entscheidenden Stoß. Der Schreck fuhr mir in die Glieder, als ich einen gewaltigen Knall hörte. Ich rannte mit zitternden Knien nach unten, um zu sehen, ob ich einen Menschen oder ein Haus getroffen hatte. Doch das Affenmobil war »lediglich« in einen leeren Stall gerumst.

Der Polizei erklärte ich, ich sei ins Schleudern geraten, weil ein Reh die Straße überquert hatte. Angeblich konnte ich gerade noch aus dem Auto springen. Diese Action-Stuntman-Story wurde mir tatsächlich abgekauft. Meine Geschichte klang für sie plausibel. Als ich entsetzt hinunter zum Stall gerannt war, hatte ich mich einige Male in die Büsche geworfen, um ein paar Kratzer und Schürfwunden abzukriegen und die Kleider ein wenig zu zerschleißen, sodass das Drumherum einigermaßen passte.

Mein Gewissen beruhigte ich damit, dass ich stets eine derart hohe Vollkaskosumme zahlte, dass ich den Wagen damit ja eigentlich »gekauft« hatte. Ein weiterer Schritt beim langsamen Abtöten meines Gewissens.

Mein Lieblingsplatz war hinter dem DJ-Pult. In der Disco kam der Sound nicht mehr von der Kassette, sondern wurde durch modernste Technik aufbereitet. Mit zahlreichen Schiebern und Reglern konnte ich das Maximum aus einem bereits sensationellen Song herausholen. Dieser kam abwechselnd von zwei CD-Playern oder wahlweise zwei Plattenspielern (Technics-Laufwerke). Dazu legte ich immer, während das eine Lied in den Saal geschmettert wurde, beim anderen Spieler eine neue Platte ein und hörte das ausgewählte Stück über einen Kopfhörer vor, um zu prüfen, ob der eine Song zum anderen passte. Dann feuerte ich den nächsten Track im entscheidenden Moment ab. Da ich nicht Takt auf Takt mixen konnte, überbrückte ich, indem ich über das Mikrofon die Leute mit witzigen Ansagen pushte.

Mein Erfolg weckte auch die Neider. Als DJ hört man deren Ärger oft unverblümt, wenn einer von der nahen Tanzfläche zum

Pult nach oben schreit. Die ganze Palette an Tiernamen bekommt man da zu hören, mit dem Ziel, einen zu verunsichern. Nervös war ich ja ohnehin, sobald ich das Mikro in die Hand nahm, um zwischendrin mal eine Ansage zu machen. Wenn ich mit der Moderation begann, war meine Anspannung jedoch wie weggeblasen.

Manchmal kamen auch da Zwischenrufe, die ich aber auffing. Ab und zu gab ich den Adressaten sogar recht und das änderte die Stimmung. Statt zurückzusticheln, blieb ich freundlich. Etliche dieser Burschen begannen deshalb, mich zu mögen.

Bei der Betriebsüberprüfung zahlte ich Lehrgeld: Die feuerpolizeilichen Auflagen waren nicht erfüllt und etliches andere stimmte nicht. Das »Monkey Dancing« musste vorerst schließen. Hastig ließ ich sämtliche Mängel beheben und die Behörden gewährten die Wiedereröffnung.

In meiner Gegend war ich zum Star geworden und das Geld floss nur so auf mein Konto. Gleichzeitig nagten tiefe Zweifel an mir und oft konnte ich nur mühsam in den Schlaf finden, obwohl ich davon ja eigentlich deutlich zu wenig hatte. Der Laden lief sensationell, dennoch plagte mich die Furcht, dass das Publikum plötzlich fernbleiben und ich die Rechnungen nicht mehr würde begleichen können. Dann wäre ich der Verlierer gewesen. Nicht wenige Leute hatten mir vorher gesagt, dass aus dem Ganzen eh nichts werden würde, und ich wollte keinesfalls, dass sie recht behielten.

Heftige Bettszenen

Geld macht sexy. Erfolg macht sexy. Und ich hatte beides. Längst bekam ich nicht mehr die Frauen, welche die anderen nicht haben wollten, sondern wurde umschwärmt und die süßen Katzen standen Schlange.

Besonders angetan hatte es mir Sabine[5]. Ich erspähte sie eines Nachts auf der Tanzfläche. Ihre Figur war ein Märchen und ihre wunderschönen Lippen ebenfalls. Bald hatte ich sie an der Angel und ihretwegen erfolgte die endgültige Trennung von Regina. Völlig verletzt verließ sie die gemeinsame Wohnung zusammen mit Kevin. Mich traf das nicht weiter. Den Kleinen konnte ich ja immer mal wiedersehen und Regina interessierte mich nicht mehr. Ich realisierte gar nicht, dass ich zu dem Mann wurde, der ich nicht hatte sein wollen. Gelernt hatte ich es von meinem Vater und der wiederum von seinem Vater und obwohl ich diesen Kreislauf hatte durchbrechen wollen, führte ich ihn noch schlimmer fort als meine Vorfahren.

Wenige Tage später war Sabine bei mir eingezogen. Die ersten Monate mit ihr genoss ich in vollen Zügen. Doch dann holte mich mein altes Verhaltensmuster wieder ein. Durch die viele Arbeit war ich oft mürrisch, während sie eifersüchtig war. Aufgrund meines Vorlebens hatte sie ja auch allen Grund dazu.

Zwei Jahre waren wir zusammen und in dieser Zeit trennten wir uns etwa zehnmal. Die guten Zeiten wurden von einer heftigen Zweisamkeit zusammengehalten, die man gut und gern als abartig bezeichnen kann. Manchmal war unser Sex kein Miteinander, sondern eher ein Gegeneinander. Die wildesten Eifersuchtsszenen arteten in Handgreiflichkeiten aus, die in wilden Sex mündeten.

Auch im »Monkey Dancing« häuften sich unschöne Szenen. Hooligans und andere Streithähne zettelten vermehrt Keilereien an. Da diese Angriffe meinem Lokal schadeten, war dies stets auch

---

5 Name geändert.

eine Attacke auf mich, deshalb hechtete ich ohne Rücksicht auf Verluste dazwischen. Ich fühlte mich in meine Kindheit zurückversetzt und dies war für mich ausnahmslos ein Kampf um meine Existenz.

Daher schlug ich hemmungslos zu, um die Übeltäter auszubremsen. Im Laufe der Jahre gingen mehrere Nasenbeinbrüche auf mein Konto. Die Angreifer waren mir im Grunde überlegen, doch ich war schneller, härter und vor allem eines: entschlossener! Mein Herz wurde durch solche Vorfälle verständlicherweise nicht sanfter. Langsam legte ich mir ein bunkerdickes Fell zu.

Trotz solcher wüster Szenen war die Disco auch unter der Woche ausnahmslos voll. Aber obwohl mir der Erfolg auf Schritt und Tritt folgte, wurde ich meine schlimmsten Ängste nie los, egal, wie schnell mein Kontostand wuchs.

Die »Beach Partys« waren längst zum Renner geworden. Diese entwickelten sich zu Megaevents und langsam war ich in der Lage, erste Stars zu verpflichten. Dazu zählte der Charts-Held Haddaway, ein deutscher Sänger aus Trinidad und Tobago. Sein »What is Love« dürfte auch heute noch in aller Ohren sein. Ich war ganz aufgeregt, als ich diesen Hitparaden-Eroberer auf meiner Party ansagen durfte. Die Eurodance-Nummer war von Norwegen bis Italien und von Belgien bis Frankreich auf dem ersten Rang und natürlich auch in Österreich. In seiner Heimat Deutschland war der Peak zwar der zweite Platz, in der Jahreswertung 1993 freute er sich jedoch auch dort über den ersten Rang. Dass er bei mir auftrat, erfreute mein Ego ungemein.

Das Team des ORF-Fernsehformats »Seitenblicke« war aufgrund eines Jubiläums ohnehin gerade in der Nähe, deshalb verbrachten sie den Abend bei mir und interviewten bei dieser Gelegenheit Haddaway. Und mich? Mich auch. Zwar nicht persönlich, aber weil die Party und das Lokal mich quasi verkörperten, war es, als hätten sie auch mich vor die Kamera geholt.

Nichts ließ ich unversucht, um mein Lokal pausenlos zu pushen und dem Publikum immer wieder Neues und Überraschendes zu bieten. Peinlich war mir nichts – weder Karaoke-Auftritte noch Schweinemasken noch Affenkostüme. Gut, damals gab es auch noch kein Facebook!

»Ich müsste Sie von Amts wegen anzeigen!«

Etwas ist im Lande Österreich gewiss: die Steuerprüfung. Meine Buchhaltung war nicht gerade so akribisch, detailliert und lupenrein geführt, wie die Schaltpläne einer Boeing 787. Nachts um vier wurde nicht mehr jeder Groschen gezählt und am kommenden Tag dauerte die Schicht nicht weniger lang.

Meine Buchhaltungs-Sessions sahen in der Regel so aus, dass ich am frühen Morgen in einem besäuselten Zustand nach 12 bis 16 Stunden im Volleinsatz im Büro saß und den Karton auswertete, in den meine Angestellten die Einnahmen in der Hektik des Geschäfts geworfen hatten. Dabei gab jeder die Einnahmen ab, die er gerade für richtig hielt. Obwohl ich früher ähnlich gehandelt hatte, war ich in meinem enthusiastischen Eifer überzeugt, dass meine Angestellten mich nicht betrügen würden. Getan haben sie es doch und darin sah ich die Ernte, die ich gesät hatte.

Nachdem sich die zuständigen Beamten einige Tage über meine Buchhaltungs-Bastelarbeiten gebeugt hatten, lud mich der leitende Beauftragte in ein diskretes kleines Beratungszimmer im Kirchdorfer Finanzamt ein.

Es wurde aber nicht, wie ich erwartete, Kaffee gereicht, sondern reiner Wein eingeschenkt. Von Rechts wegen müsste er mich anzeigen, eröffnete mir der Steuerbeamte. Gleichzeitig erkannte er, dass meine Kellner die besseren Autos fuhren als ich, daher hatte er ein gewisses Verständnis für meine Lage, die ihm offenbar besser bekannt war als mir selbst. Meine mittlerweile zehn Kellner, die ich alle für gute Freunde gehalten hatte, betrogen mich nach Strich und Faden. Und weil das Geld derart locker rollte, hatte ich es nicht einmal bemerkt. Abertausende Schilling waren nicht nur meinerseits am Fiskus vorbeigeschmuggelt worden, sondern noch einmal ungezählte Schilling kellnerseits an mir. Dass das in diesem großen Stil geschehen war, machte mich sprachlos, denn als ich nun zu rechnen begann, kam ich zu dem Ergebnis, dass meine Kellner pro Monat etwa 500 000 Schilling in die eigene Tasche gewirtschaftet haben mussten. Der Gesamtumsatz betrug wohl 2 Millionen statt 1,5 Millionen Schilling.

Der Verzicht auf eine Anzeige seitens der Behörden war an eine Bedingung gekoppelt: Ich musste eine Schankanlage mit einem ordnungsgemäßen Abrechnungssystem einbauen. Kaum hatte ich diese installiert, kündigten gleich mehrere Kellner und bestätigten so meine Vermutungen.

Die Schankanlage hinderte mich jedoch nicht daran, den Staat weiterhin zu bescheißen: Ich kaufte wie bislang die eine Hälfte der in Flaschen abgefüllten Getränke gegen Rechnung, die andere ohne. So wirtschaftete ich direkt in meine Tasche und kam dadurch um einen Teil der obligaten Abgaben herum. Besser als meine Kellner war ich also nicht.

Durch das gerade noch glimpflich abgelaufene Treffen mit den Behörden gingen für mich die jugendhafte Leichtigkeit und der unbeschwerte Elan etwas verloren. Alles war nun strukturierter.

Auf der anderen Seite war ich tief enttäuscht von meinen Kellnern und spielte sogar mit dem Gedanken, den Betrieb zu verkaufen.

Mitten in dieser turbulenten Zeit freundete ich mich mit einer Studentengruppe an, die regelmäßig meinen Beatschuppen besuchte. Mit ihnen führte ich tiefsinnige Gespräche, wie ich sie bislang nicht gekannt hatte. Diese Jungs und Mädels wirkten alternativ, sie trugen markante Jeans und Holzfällerhemden – was ja unlängst unter dem Hipster-Stil wieder groß in Mode gekommen ist. Da ich mich in ihrem Umfeld wohlfühlte, legte ich mir ähnliche Klamotten zu.

Meine Geschwister lebten damals auch nicht in den besten Umständen. Meine ältere Schwester ließ sich gerade scheiden, während die zweite von einem Beziehungsdesaster ins nächste glitt. Mein Bruder, dem ich bei der Rückkehr nach Österreich beigestanden hatte, hatte inzwischen die Tankstelle, für die ich gebürgt hatte, in Grund und Boden gewirtschaftet. Und meine jüngste Schwester wohnte inzwischen bei mir und hatte somit auch nicht gerade ein gutes Vorbild.

Weil ich der Erfolgreichste von uns allen war, gab ich meinen Geschwistern gern etwas ab, ohne dass ihnen dadurch nachhaltig geholfen war. Wir suchten alle nach Halt und Sinn im Leben. Aber weder Sex, Drugs noch Rock' n' Roll trugen in irgendeiner Weise dazu bei, dass wir uns glücklicher fühlten. Im Gegenteil. Was wir wirklich brauchten, war etwas anderes, doch das wussten wir zu diesem Zeitpunkt noch nicht. Alles schien mir völlig sinnentleert.

Innerlich war ich ausgebrannt, was man sich bei den erwähnten Tag- und Nachtschichten wohl gut vorstellen kann.

Verkauft

Der Moment kam, an dem ich das Lokal tatsächlich verkaufte. Ich konnte einfach nicht mehr. Das erste Wochenende war schrecklich. War ich bislang umgeben gewesen von pulsierendem Lärm, Tausenden von Körpern, die vor mir zu meinen Beats tanzten und die sich an meinen Eskapaden und Einlagen ergötzten, so war es nun auf einen Schlag still in der Wohnung, zumal Sabine gerade mal wieder ausgezogen war.

Unter bitteren Tränen fuhr ich vor der Disco, die nun nicht mehr mir gehörte, mit dem Wagen auf und ab. Ich war 25 Jahre alt und Schillingmillionär, wusste aber weder, was ich mit dem Geld tun, noch, was ich mit meinem Leben anfangen sollte.

In den nächsten Wochen fuhr ich manchmal zu Kevin und Regina und dann wieder zu Sabine, ähnlich wie Jahre später zu Astrid und Mia.

Mitten in meiner Sinnkrise kam mir der Oberleutnant aus dem Militär wieder in den Sinn. Prompt nahm ich mit ihm Kontakt auf und lud ihn und seine Frau zu einem Urlaub nach Spanien ein, was er gern annahm. Er erkannte, wie verloren und zerrissen ich war, und versuchte, mir zu helfen. Zwar fand er die richtigen Worte, aber tief in mir drin konnte ich die Veränderung, von der er sprach, nicht annehmen.

Nach zwei Tagen in Málaga zog es mich wieder zu Sabine und ich reiste wesentlich früher ab als geplant – und der Oberleutnant und seine Frau ebenfalls, da sie nicht ohne mich im Süden bleiben wollten. Eigentlich war es ein unglaublicher Affront, sie in gemeinsame Ferien einzuladen und dann umgehend wieder wegzudüsen – aber mein Ego überschattete alles. Meine »Ich-AG« ließ den Menschen um mich herum keine Luft zum Atmen.

DER SCHUTTI-BUB

AUF DEN ERSTEN BLICK WIRKT ANDIS KINDHEIT WIE EINE HEIMELIGE IDYLLE.

Andi (links) mit einem Freund, 1979.

»Es war für mich als Zehnjähriger nicht außergewöhnlich, dass ich vollkommen betrunkene Bekannte nach ihren Zechtouren mit einem Auto über holprige Nebenwege nach Hause kutschierte.«

PARTYKARRIERE

JUNG UND VOLLER SEHNSUCHT NACH ANERKENNUNG, ERFOLG BEI DEN MÄDELS UND ECHTEN FREUNDEN – DAS PARTYLEBEN SCHEINT IHM ALLE WÜNSCHE ZU ERFÜLLEN.

Bei der Eröffnung der ersten eigenen Bar »Monkey«.

Mit Astrid, Andis großer Liebe und Mutter seiner Kinder. Später wird Andi sie heiraten.

»Tief im Inneren sehnte ich mich nach den Gefühlen, die mein Herz sanft und schön erschauern ließen.«

ANDIS KONZEPT GEHT AUF – SEINE »NACHTSCHICHT« IN DEN DREI GRÖßTEN STÄDTEN IN ÖSTERREICH BOOMT.
ALSO EXPANDIERT ER INS AUSLAND, NACH SÜDAFRIKA UND SPANIEN.

CHRONIK

Im Disco-Fieber

NACHTSCHICHT. Wo Österreichs Jugend abtanzt. Die unglaubliche Erfolgsstory.

DAS NACHTSCHICHT-REICH. Wie aus einer guten Idee ein Millionen-Imperium und Europas größtes Disco-Netz wurde.

DER MACHER. Andreas Schutti – vom Linzer Arbeiterkind zum Disco-König.

DJ Ötzi startete seinen Erfolgskurs in Andis »Nachtschicht«.

LUXUSLEBEN

DER DISCOKÖNIG ZWISCHEN PARTYS, GELDGESCHÄFTEN UND FAMILIE:

Marbella, 2003

In Marbella, 2003: Businessmeetings für die spanische »Nightshift« …

»Geld macht sexy. Erfolg macht sexy. Ich hatte beides.«

… und Papamomente mit seinem Sohn Sam.

Schutti-Familie, 2006

Hochzeit mit Astrid, 2005

Die Schutti-Villa in Gramastetten.

DER WENDEPUNKT

ALS DIE STEUERBEHÖRDE DAS »NACHTSCHICHT«-IMPERIUM IN DEN FOKUS NIMMT, MACHT DER DISCOKÖNIG PLÖTZLICH NEGATIVE SCHLAGZEILEN. DAS IST DER BEGINN EINES GANZ NEUEN LEBENS: ANDI MERKT, DASS ER WIE DER VERLORENE SOHN TATSÄCHLICH EIN ZUHAUSE HAT, ZU DEM ER HEIMKEHREN KANN. UND DASS IHN GOTT DORT TATSÄCHLICH WIE EIN VATER ERWARTET.

14.2.07

10 OÖNachrichten Wirtschaft aus Oberöste

Steuerhinterziehung hinter heißen Tanzszenen in den Discos - Finanzbehörden und Staatsanwaltschaft ermitteln

Schwarzgeld in Nachtschicht? Justiz ermittelt gegen Betreiber

LINZ. Zehn Verdächtige, ein vermuteter Schaden von mehreren Millionen Euro: Jene Disco-Betreiber, die gerade die Konkursrichter beschäftigen, sind auch bei der Staatsanwaltschaft keine Unbekannten.

Von Sigrid Brandstätter

Sowohl Staatsanwaltschaft als auch die Steuerfahnder des Finanzministeriums sind sehr zurückhaltend. Aus ihren wenigen Aussagen wird jedoch deutlich, dass es in der Sache um große Dimensionen geht: „Es ist ein sehr umfangreiches und umfassendes Verfahren", heißt es knapp von der Staatsanwaltschaft Linz.

Im Kern geht es um Folgendes: Die Verdächtigen sollen systematisch die Kassen ihrer Nachtlokale manipuliert haben. Per Code sollen an den Rechenmaschinen Veränderungen vorgenommen worden sein. Der Umsatz soll so bis zu einem Drittel reduziert worden sein. Diese geringere Summe wurde dann an den Zentralcomputer weiter geschickt und war Basis für die Steuerleistung.

So sollen über mehrere Jahre Millionen Euro an der Finanz vorbei gelaufen sein. Die OÖN haben über den Start der Ermittlungen im Mai 2005 berichtet.

Zweieinhalb Jahre Arbeit

Bei der Staatsanwaltschaft stehen jetzt die Ermittlungen über vier Lokale – drei in Tirol und eines in Oberösterreich – kurz vor der Teil-Schlussanzeige: In wenigen Wochen werde feststehen, wer angeklagt werde.

Schon in diesem Zusammenhang wird von einer Schadenssumme von „ein paar Millionen Euro" ausgegangen. Noch nicht soweit sind die Ermittler bei weiteren Lokalen, die auch den Nachtlokal-Betreibern gehören: Die früheren Nachtschicht-Betriebe in Oberösterreich (Pasching und Wels) und die noch in Betrieb befindlichen beiden in Wien.

Steuerfahnder aktiv

Hier sind noch die Finanzbehörden aktiv: Von der Steuerfahndungszentrale aus werden die Bundesländer-Mitarbeiter koordiniert. In die Ermittlungen sind die Finanzämter in Linz, Innsbruck und Wien eingebunden.

„Der Umfang der vermuteten Hinterziehungen kann für diesen Teil nicht abgeschätzt werden", hieß es von einem involvierten Finanzer.

Betriebe in Konkurs

Zu den Verdächtigen – für die die Unschuldsvermutung gilt – zählen: Der Schlierbacher Roman Oberndorfinger, der Kirchdorfer Karl-Heinz Wasserbauer, Roland Penetsdorfer aus Salzburg, Kurt Granecker aus Bad Schallerbach und Andreas Schutti aus Gramastetten.

Schutti hatte die Nachtschichten gegründet, sich aber 2004 zurückgezogen. Auch mehrere Mausefalle-Nachtlokale werden von den Herren betrieben.

Erst am Dienstag dieser Woche wurde über die Nachtschicht Steyr Konkurs eröffnet. Weitere Betriebe der Gruppe sind schon länger insolvent.

Negative Schlagzeilen

Das Gleichnis vom verlorenen Sohn trifft den Discokönig total.

»Theoretisch wissen wir, dass Geld, Erfolg und Besitz nicht glücklich machen – wir streben aber trotzdem danach!«

»Eine Frau, die ich nicht persönlich kannte, hat mit anderen Leuten dafür gebetet, dass ich zu Christus finde.«

Andis Taufe in einem Bach in Freistadt, 2010.

»ONE WAY JESUS«

NACH DER TAUFE WIRD ALLES NEU – AUCH DIE INNENGESTALTUNG IM NEUEN LOKAL »ROX«, DAS ANDI 2018 ERÖFFNET HAT.

Kaum bei Sabine angelangt stellte ich fest, dass ich eigentlich nichts mehr für sie empfand. Aber allein wollte ich auch nicht sein. Deshalb offenbarte ich ihr meine Gefühle gar nicht erst, sondern hielt sie an meiner Seite und traf mich gleichzeitig mit anderen Mädchen. Die Abwärtsspirale, in der es einzig um meine eigene Befriedigung ging, drehte sich munter weiter.

Dazu gehörte auch, dass ich mein Vermögen vergrößern wollte. Ich fand Gefallen am »European Kings Club« und darin eine Art Ersatzfamilie. Dieses Konstrukt hatte fast sektenartige Züge, es war eine Art Schneeballsystem, bei dem mit sehr viel Geld hantiert wurde.

Millionen von Schilling wurden in Schachteln verschoben, nicht unähnlich meiner früheren Buchhaltung. Zunächst hielt ich es für ein geniales System und weil ich mich geschäftstüchtig hervortat, wurde ich sogar gefragt, ob ich mich nicht als Mitarbeiter anwerben lassen wollte. Ich hatte bereits einige Bekannte dafür gewonnen, beim »EKC« zu investieren, und hatte einen beträchtlichen Teil meines Vermögens abgegeben, als ich und viele andere feststellten, dass die Kohle damit schlicht und ergreifend verfeuert war. 1994 brach das System zusammen. 80 000 Anleger, darunter 20 000 in Österreich und genauso viele in der Schweiz, verloren insgesamt 1,6 Milliarden Franken, damals etwa 1,9 Milliarden DM.

Manch einer verlor seine ganze Existenz, als dieser Klub kollabierte, ich dagegen war noch mit einem blauen Auge davongekommen. Ich verlor lediglich meine neue »Familie« und einen erheblichen Teil meines Geldes. Wieder war eine Seifenblase zerplatzt.

Getrieben von einer inneren Leere fuhr ich mit zwei meiner neuen Freunde nach Linz ins Casino. Es schien mein Abend zu werden: Am Roulettetisch hatte ich in kurzer Zeit 20 000 Schilling zu einer Million geformt. Nun schien ich meine Bestimmung gefunden zu haben. Im Spiel sah ich eine sprudelnde und tröstliche Einnahmequelle, bei der ich die Sorgen des Alltags vergessen konnte. Doch die gewonnene Million war schnell wieder »abgebaut«.

Wie an den anderen Orten fand ich auch im Glücksspiel keinen Sinn und keinen Halt. Und auch kein Geld. Zuletzt hatte ich immer etwa genauso viel wie zu Beginn des Abends. Gemessen an dem, was andere Menschen mit dem Spielen erleben, war ich damit sogar noch gut bedient.

Innerlich war ich völlig verloren. Ich suchte intensiv, aber vergeblich.

6

Schicht im Schacht

Wirtschaftlich gesehen hetzte ich auf einer Straße aus Gold, die für mich längst zu einem Hamsterrad geworden war. Ein glänzendes und schillerndes, aber eben ein Hamsterrad.

Das Leben trieb mich vor sich her, innerlich war ich zu einem Zombie geworden, zu einem Spielball meiner Gedanken, Lüste und Triebe. Mein Ego pushte mich zu Höchstleistungen.

Die einzige echte Geborgenheit fand ich, wenn ich mit meinen Kindern zusammen war. Mein Lebensstil mit nur vier Stunden Schlaf pro Nacht und meinem pausenlosen Rennen ließ keine Besserung zu, ich brannte innerlich aus.

Es war, als würde mir mein Leben entgleiten. Das *WON* war mittlerweile in der Verlustzone angelangt. Es hatte sich nach der Spritzengeschichte nicht mehr erholt. Irgendwann wollte ich kein Geld mehr reinpumpen. Wenn ich dort war, fühlte ich mich, als würde sich eine Schlinge um meinen Hals zuziehen.

Da ich Aktien in Höhe von mehreren Millionen und auch noch Geld geliehen und gebunkert hatte, hätte ich bei geschickter Planung ein sorgenfreies Leben führen können. Doch unaufhörlich jagten mir Existenz-, Versagens- und Verlustängste durch den Kopf.

Auf der Autobahn zwischen Linz und Wien, bei 260 Kilometern pro Stunde, ertappte ich mich manchmal bei dem Gedanken, dass ich das Lenkrad jetzt einfach loslassen könnte. Doch dann dachte ich an Kevin, Vivienne und Sam. Wegen meiner Kinder verscheuchte ich diese Gedanken wieder. Heute bin ich mir hundertprozentig sicher, dass Gott da seine Hände im Spiel hatte, denn ich wollte wirklich nicht mehr. Ich hatte keine Angst vor dem Tod. Ich hatte aufgegeben und wollte einfach nur noch den Schmerz loswerden. Durch meinen Lebensstil war ich vollkommen fertig. So gern wäre ich all dem Ballast, dem Getriebensein entkommen, um endlich an einen Ort zu gelangen, an dem ich sagen konnte: »Ich bin angekommen.« Aber ich hatte noch immer keinen Schimmer, wie das gehen sollte.

Es loderte inzwischen an allen Ecken in meinem Leben. In diesem heillosen Chaos begann ich eine Gesprächstherapie. Ich offenbarte und klagte meinem Gegenüber mein ganzes Leid. Und ich bekam Trost: »Aber Papi, ich hab dich lieb und du bist ja immer für uns da und du bist ein guter Papi.« Mein Gegenüber war die arme Vivienne, die gerade acht Jahre alt war, als sie ihren ausgebrannten Egovater aufpäppeln sollte.

Doch ihre Worte waren Balsam für mein Herz.

»夜班« – *NACHTSCHICHT* auf Chinesisch

Trotz meiner emotionalen Schieflage war der kämpfende Teil in mir noch immer leicht für großspurige Projekte zu gewinnen. Das nächste hieß 夜班 (gesprochen »Yèbān«) – Nachtschicht auf Chinesisch. Als mir jemand einredete, ich könnte einen Unterhaltungstempel in China bauen, säte er diese Idee auf fruchtbaren Boden.

Also jettete ich ins Reich der Mitte, wo unsere einheimischen Verhandlungspartner bereits einen Standort gesichert hatten. Das Gebäude hatte durchaus Potenzial und wir trafen uns mit lokalen

Politikern zu Vorgesprächen. Doch ich merkte schnell, dass ich mich da nicht wohlfühlte.

Unsere einheimische Crew, zu der auch ein paar Leute vom Militär gehörten, zeigte sich nicht nur wenig umgänglich, sondern auch in einer derartigen Weise versoffen, dass die Begegnungen mit Roland und Rolf in Florida dagegen wie ein Treffen der Anonymen Alkoholiker wirkten. Sie tranken, bis sie wortwörtlich vom Stuhl fielen. Aus ihrer Sicht gehörte das zur Gastfreundschaft: Je mehr man säuft, desto besser steht es einem zu Gesicht.

Auch für die Mädchen, die uns unsere chinesischen Geschäftspartner anboten, interessierte ich mich nicht. Ich sandte abwechselnd SMS an Astrid und Mia, machte ein paar Tage gute Miene zum merkwürdigen Spiel und verabschiedete mich dann mit der Beteuerung, dass wir uns die Sache überlegen würden. Wieder einmal war etliches an Spesen in den Sand gesetzt – die hohe Kunst des Geldverbrennens!

Kaum gelandet besuchte ich zunächst Mia in Wien, um sie mit einigen in China erstandenen Schätzen zu überraschen. Nach dem Begrüßungssex fuhr ich gleich weiter nach Linz zu meiner Familie, natürlich ohne ihnen zu erzählen, dass ich bereits seit einigen Stunden wieder auf österreichischem Boden war.

Die Saat geht auf

Bereits in meiner ersten Disco, dem »Monkey Dancing«, erntete ich das, was ich selbst gesät hatte, als mich meine Mitarbeiter nach Strich und Faden betrogen. Nun ging eine weitere Saat auf: Ich erkannte, dass sich Mia von mir wegorientierte und dass auch Astrid innerlich Abstand von mir nahm.

Mia war immer in Begleitung des gleichen Mannes, wenn sie ohne mich unterwegs war. Einmal wollte ich sie ausspionieren und wartete vor einem Lokal in einem Auto, das sie nicht kannte, bis ich sie mit dem Typen sah. Mir hatte sie gesagt, dass sie mit Freundinnen einen Kaffee trinken gehen würde. Ich machte mich über mich selbst lustig: Ausgerechnet ich, der schon unendlich oft seine Partnerinnen betrogen hatte, unter anderem auch diese Frau, saß nun wie ein geheimer Ermittler in meinem Auto und spionierte sie aus. Ich war ihr ja von Anfang an nicht treu gewesen und hatte mich zudem von ihr abgekapselt. Inzwischen fuhr ich nur noch zweimal pro Woche zu ihr, den Rest verbrachte ich bei der Familie.

Ich wusste in etwa, wann Mia sich wo aufhielt, und ich stellte fest, dass sie immer öfter mit Freunden und dem besagten Mann unterwegs war.

Zumindest vom Verstand her wusste ich, dass es keinen Sinn mehr hatte, dieses Verhältnis aufrechtzuerhalten. Trotzdem rief ich sie oft an und fragte, was sie gerade tat. Sie sagte zwar, dass sie unterwegs sei, aber den Mann erwähnte sie natürlich nicht.

Es war gut für mich, dass ich ein wenig spüren durfte, was andere empfanden – den Schmerz, die Enttäuschung, die man in jemandem auslöst, den man betrügt. Ich versuchte jedoch, mich davon nicht verletzen zu lassen, und bekam dadurch immer mehr Abstand zu ihr.

Ich erkannte, dass Mia mir langsam entglitt. Dennoch traf ich sie mehrere Monate weiterhin, während ich mich gleichzeitig stärker meiner Familie zuwandte. Ich tat mich sehr schwer damit, Mia loszulassen, es dauerte Jahre, bis ich das Kapitel abgeschlossen hatte, so sehr hing ich an ihr.

Eines Abends ging ich mit Astrid in das Lokal in Linz, in dem sie oft mit anderen Leuten herumhing, wenn ich sie gerade allein gelassen hatte. In der ausgelassenen Runde stieß ich gern mit ihren Bekannten an – darunter auch mit ihrem Liebhaber, auch wenn ich zu diesem Zeitpunkt noch nicht wusste, dass sie einen hatte. Aber hatte ich meiner Frau nicht selbst einst geraten, sich einen zuzulegen, damit ich meinem eigenen Trieb hinterherjagen konnte?

Eines Nachts lag ich wach neben Astrid. Aus unerklärlichen Gründen spürte ich, dass Mia gerade mit einem anderen Mann Sex hat. Das jagte mir einen derartigen Schmerz in die Glieder, dass ich zu weinen begann. Astrid tröstete mich, vermutlich weil sie wegen ihrer Affäre ein schlechtes Gewissen hatte. Plötzlich keimte eine tiefe Liebe zu Astrid in mir auf. Ich fragte sie, ob sie einen anderen hätte. Sie stritt dies ab, doch ich merkte, dass da etwas war.

Zigmal versuchte ich am nächsten Tag, Mia anzurufen, und als ich sie endlich am Draht hatte, stellte ich sie zur Rede. Weinend gestand sie mir auf meine anklagenden Fragen, dass sie nun das getan hatte, was ich ständig tat: Sie hatte sich auf jemand anderen eingelassen. Eigentlich hätte ich auf die Anklagebank gehört und nicht sie, doch mein Ego sah dies anders.

Showdown in Dubai

Mein Privatleben wurde immer unübersichtlicher. Ich musste dieses Durcheinander, das ich eigentlich schon seit meinen Teenagerjahren aufgewühlt hatte, nun endlich entwirren. Ich musste den roten Faden in meinem Leben finden, ansonsten würde dieser zu meinem endgültigen Fallstrick werden. Die Zerrissenheit, die ich früher täglich in den verschiedensten Lebensbereichen gespürt hatte, war nun pausenlos da – und sie nagte an mir.

Vielleicht hätte ich Mia mit ein paar schönen Worten zurückerobern können. Etwas in mir sagte mir aber, dass das nicht richtig sei. Dass ich sie gehen lassen sollte, auch wenn in mir ein extremer Kampf, ein aufbegehrendes Grauen, tobte.

Um mit mir ins Reine zu kommen, flog ich mit einer Freundin nach Dubai – einer platonischen Freundin. Kein Witz, das gab es in meinem Leben ebenfalls. Eine Frau, die eine Freundin war, die ich schätzte und mochte, ohne dass ich sie erobern und mit ihr in die Kiste springen wollte, auch wenn sie hübsch war.

Weil sie ebenfalls gerade durch eine Beziehungskrise ging, bildeten wir im architektonischen Märchenland im Nahen Osten eine kleine Selbsthilfegruppe. Wir trösteten uns gegenseitig, allerdings emotional und nicht körperlich. Tatsächlich ist nie etwas zwischen uns passiert – zum Glück gibt es aus dieser Zeit wenigstens eine Szene, für die ich dankbar sein kann.

Mitten in den extravaganten Hochhäusern und irrwitzigen Gebäuden ließen wir unseren Gefühlen und Gedanken freien Lauf. Wir ließen beide einfach los. In einer Nacht lag ich in meinem Zimmer und weinte die ganze Nacht durch. Mitten in meinem befreienden Tränenmeer wurde mir klar, dass ich mich von Mia trennen würde, woraufhin ich ihr einen langen, emotionalen Abschiedsbrief schrieb. Darin erklärte ich ihr, dass es nicht richtig sei, wenn wir noch länger zusammen wären. Verschickt habe ich ihn aber nicht, um nicht Gefahr zu laufen, dass unsere Beziehung doch noch einmal von vorn beginnen könnte.

Die Gefühle für Astrid hatten nach all den Wirrejahren auf die Siegesstraße gefunden. Ich vermisste sie so sehr, dass ich sie bat, zu mir nach Dubai zu fliegen. Nicht nur, um mich – egoistisch – an ihr zu stützen und bei ihr auszuweinen, sondern weil ich die Mutter meiner Kinder bei mir haben wollte. Ich wusste, dass es richtig ist, dass sie bei mir ist. Das Herz hatte sich für die Person entschieden, die immer an meiner Seite gewesen war, obwohl ich sie immer und immer wieder verletzt hatte.

Viele in der Midlife-Crisis wissen nicht, was mit ihnen geschieht. So erging es auch mir. Kennt man die Wahrheit über die wechselnden Gefühle nicht, ist man ihnen ausgeliefert. Wir alle sind Teil der gefallenen Schöpfung. Doch Gott hatte begonnen, an mir zu ziehen.

Die kommenden Tage verbrachten wir zu dritt in Dubai, die beiden Frauen kannten sich bereits und meine platonische Freundin wurde später meine Trauzeugin.

Ausgestanden waren die letzten Gefechte aber noch nicht. Zum Herzen von Astrid konnte ich zu dieser Zeit nicht mehr durchbrechen. Da hatte ich in den Jahren zuvor viel zu viel Unheil angerichtet.

Mit etwas Nachbohren gestand sie mir – die Überraschung war ja nicht gerade riesig –, dass es mittlerweile einen anderen Mann in ihrem Leben gab. Und da war er wieder, der Discokönig: Obwohl ich die Schuld an dem ganzen Schlamassel trug, empfand ich ihre Affäre in gewisser Weise als Majestätsbeleidigung. Dabei hatte Astrid mit diesem Mann sogar für klare Verhältnisse gesorgt: Sie hatte ihm gesagt, dass es zwischen ihnen aus wäre, falls ich zurückkommen sollte.

Dies hielt sie zwar ein, aber sie war sehr viel unterwegs: Shoppen, ausgehen, sehen und (vor allem) gesehen werden, Klubs und ihren Sex-Appeal an den Mann bringen: Sie flirtete, ließ sich bewundern und manchmal auch mehr. Meine Lebensgefährtin hatte sich während meiner Abwesenheit ein eigenes Leben aufgebaut.

Wenn ich dann am Abend allein daheim bei den Kindern war, erkannte ich, dass ich das erntete, was ich gesät hatte. Einmal mehr.

Einige Wochen später traf ich ihren ehemaligen Liebhaber, als Astrid und ich gemeinsam essen gingen. Viel lieber hätte ich einen Faustschlag direkt ins Gesicht bekommen (oder in diesem Fall: einen ausgeteilt), als eine solche zum Glück nur kurze Begegnung miterleben zu müssen. Mit einem Mal wurde mir bewusst, wie sich das anfühlt und wie oft ich selbst eine solche Szene ausgelöst hatte.

Discokönig im Kindergarten

In den kommenden Wochen verkroch ich mich noch tiefer in mein Schneckenhaus. An Informationen aus der Außenwelt mangelte es trotzdem nicht, da die Medien mich lückenlos über mein Privatleben orientierten, genauer gesagt über meine Trennung von der früheren Miss Austria.

In dieser Zeit war ich noch mehr für meine Kinder da. Während Kevin kurz darauf eine Lehre begann und Vivienne mit der Schule beschäftig waren, hatte Sam das Kindergartenalter erreicht.

Von dort holte ich ihn nun immer ab und anschließend fuhren wir mit dem Moped in den Wald. Er durfte vorn sitzen und ich hielt die Beine und Arme eng zusammen, damit er nicht runterfiel. So holperten wir über die Wege, die durch das Dickicht führten. Manchmal spielten wir zusammen Fußball.

Auch für die beiden älteren Kinder nahm ich mir mehr Zeit. Ich spielte mit Kevin Basketball oder spazierte mit Vivienne und ihrem Pferd durch die Natur.

Inzwischen hatte ich erkannt, dass das, was ich suchte, nicht irdischer Natur ist. Durchprobiert hatte ich ja nun wirklich alles und innerlich war ich weiterhin ziemlich zerbrochen. Bei Astrid war ich noch nicht angekommen und mit Mia hatte ich in Gedanken noch nicht komplett abgeschlossen.

Deshalb wandte ich mich dem Geistlichen zu. In der Esoterik glaubte ich das zu finden, was mich endgültig erfüllen und läutern würde. Dann wäre ich halt nicht mehr der Discokönig, sondern der Discomeister. Ich richtete unsere Villa nach Feng-Shui-Prinzipien ein. Kostenpunkt: 200 000 Euro. Innere Ruhe und inneren Frieden fand ich dennoch nicht.

In meine Betriebe ging ich nur selten. Inzwischen führte mein Freund Mario das Geschäft und Kurt war dabei, eine meiner Diskotheken zu übernehmen.

Die 60-Millionen-Euro-Frage

2005 erhielt ich eines Tages einen Tipp von einem früheren Geschäftspartner und Bordellbesitzer: »Pass auf, ich habe von einem Finanzbeamten gehört, dass sie dich hochnehmen wollen!« Dankbar für diese Insiderinformation leitete ich diese umgehend an meine Partner weiter, zumal ich noch von einer zweiten Seite gewarnt worden war, dass etwas im Busch ist. Nun galt es, die »Hausaufgaben« zu machen.

Nur eine Woche später, um 7 Uhr morgens, wollte Astrid mit den beiden älteren Kindern das Haus verlassen, als ein Finanzbeamter und eine ganze Armee von Beamten auf unserem Grundstück standen. Gleichzeitig schlugen sie bei meinen Partnern, den früheren Partnern und den Betriebsleitern zu. Auch in den *NACHTSCHICHT*-Lokalen kreuzten die Behörden auf.

Nicht weniger als Hunderte Staatsangestellte stellte das Finanzministerium für diesen für uns (fast) unvorhergesehenen Coup ab.

Innere Ruhe kannte ich sonst zwar nicht, aber in diesem Fall hatte ich welche. Ich fühlte mich sicher, denn schließlich waren meine Zahlen in Ordnung.

Statt mir mit den angerückten Polizisten und Behördenvertretern eine wilde Schießerei wie im Film zu leisten, die ich mangels Armierung ohnehin nicht hätte bestreiten können, setzte ich mich mit ihnen hin. Wohlriechender Kaffee wurde gereicht (zuerst lehnten sie höflich ab) und einer der ungeladenen, aber dennoch bewirteten Besucher befand: »Sie sind ja ein ganz netter Mensch, aber oft haben die Nettesten am meisten Dreck am Stecken.« Recht hatte er.

Während die Beamten wie eine Heuschreckenplage über unsere Villa herfielen und selbst den hintersten Winkel akribisch durchkämmten, durfte Astrid mit den Kindern zur Schule fahren. Für uns ein Glückstreffer, denn in dem Auto, das sie aus unserem Fuhrpark wählte, lagerte ein Koffer voller brisantem Material, das Astrid auf ihrer Fahrt diskret entsorgte.

Daheim aber lief die Suche auf Hochtouren weiter. Während bei mir nichts zu entdecken war, schien es dennoch, als hätten die Beamten zum siegreichen Sturm angesetzt: Über Telefonate ereilte sie eine Erfolgsmeldung nach der anderen von den verschiedenen Standorten. War das nur eine abgekartete Taktik schlauer Füchse, um mich aus der Reserve zu locken, oder hatten meine Kameraden beim Verbergen ihrer Sünden gesündigt?

Standhaft bewahrte ich Haltung und bemitleidete die Suchenden in der unerschütterlichen Gewissheit, dass sie nichts finden würden. Doch es schien, als würden die Einschläge näher kommen und bald wurde unser System erst in seinen Grundfesten erschüttert und dann in seine Einzelteile zerlegt.

Während es bei mir tatsächlich nichts zu finden gab, waren meine Partner viel nachlässiger gewesen, insbesondere jener Mann, bei dem wir das Kassensystem gekauft hatten und der das System führte. Nach dem Tipp waren wir zu ihm gefahren, um ihn zu warnen. Die Daten waren bei ihm abgespeichert, er konnte von überall auf die von ihm betreuten Kassensysteme zugreifen. Er war schon lange im Geschäft, wusste, wie der Hase läuft, doch wohl gerade deshalb hatte er unsere Warnung nicht ernst genommen. Es war die gleiche Überheblichkeit, die auch bei mir vorhanden gewesen war.

Da er seine »Hausaufgaben« nicht gemacht hatte, erkannten die Beamten rasch, dass unser Schlüssel 70:30 lautete: 70 Prozent weiß, 30 Prozent schwarz. Das heißt, dass wir 30 Prozent unserer Einnahmen nicht versteuerten. Nicht jeden Tag und nicht immer. Aber dann, wenn wir »abschöpften«, schoben wir jeweils eine Diskette ein, welche das System so steuerte, dass 30 Prozent nicht ausgewiesen wurden.

»Alles bestens«, versicherte dieser Mann uns. War es aber nicht. Um alles gerecht aufzuteilen, hatten wir eine »doppelte Buchführung«, einmal die korrekte und einmal die frisierte. Die erste hätte er vernichten sollen. Stattdessen fanden sich bei ihm daheim Aufzeichnungen der Schwarzgelder in zweistelliger Millionenhöhe – wir waren geliefert. Der einzige Lichtblick war, dass er wenigstens nicht die doppelte Buchhaltung aller Betriebe gespeichert hatte.

Der Presse blieb der Schlag nicht verborgen, wohl aber das Resultat. Sie erfuhr nicht, dass die Gesamtsumme, die wir dem Fiskus – und damit eigentlich der Öffentlichkeit – schuldeten, nicht weniger als etwa 60 Millionen Euro betrug und dass gleich zweimal Haftbefehle gegen uns beantragt worden waren, die aber intern abgeschmettert wurden. Nun war nicht mehr ich es, der zuletzt doch noch heroisch zurückkehren konnte, um die Fäden zu ziehen.

Ausgerechnet jetzt, wo ich gerade dabei war, ein besserer Mensch zu werden, ging eine weitere Saat auf.

»Heiraten wir an meinem Geburtstag, dann müssen wir uns nichts schenken!«

Jahre nachdem wir eigentlich hatten heiraten wollen, taten wir es nun. Meinem »Ich bin jetzt da, willst du mich heiraten?« fehlte vielleicht der letzte romantische Feinschliff. Eine zauberhafte Gefühlsballade war wohl auch nicht mein Hinweis, dass wir die Feier am 14. Mai – meinem Geburtstag – durchführen könnten, da wir uns dann nichts schenken mussten und uns das Datum auch gut merken konnten.

Das Jawort gaben wir uns nicht wie vor Jahren geplant im Rahmen einer rauschenden Gala. Es wurde angesichts der Umstände eine schlichte Feier, bei der unsere Körper da waren, die Herzen aber nicht.

Astrids Schmerz war damals noch groß. Auch sie musste ihr neu geformtes Leben hinter sich lassen und die Liebelei mit dem neuen Lover aufgeben. Sie trauerte dem Gesamtpaket von Ausgehen, Aufmerksamkeit und dem jungen Liebhaber nach so wie ich Mia. Für mich war es ein Faustschlag, als ich spürte, dass Astrid nicht mehr »mein Eigen« war. Es war ein langer Weg, sie zurückzugewinnen. Wir heirateten aus Vernunftgründen, weil wir gemeinsame Kinder hatten und zusammengehörten.

Für Seitensprünge war ich – vermeintlich – nicht mehr zu haben. Meine Fantasien wollte ich nun gemeinsam mit Astrid ausleben, indem ich immer wieder versuchte, sie zu einem Vierer zu überreden. Doch dafür war sie nicht zu haben. Gott sei Dank, wie ich im Rückblick denke.

Bevor ich eines meiner beiden letzten *NACHTSCHICHT*-Lokale, jenes in Linz, verkaufte, wollte ich dieses noch einmal so richtig pushen, damit sich einfacher ein Käufer finden und der Wert steigen würde. Dazu eröffneten wir einen Klub innerhalb des Gebäudes, in welchem sich die örtliche Szene traf, was Astrid beeindruckte und ihr eine gewisse Freude bereitete.

Inzwischen hatte ich gewisse Finanzkonstrukte geschaffen, damit das Finanzamt keinen Zugriff auf meine Einnahmen hatte. Ich war nur noch als Berater angestellt und die Honorarnote versteuerte ich. Wenn ich eine Zahlung von 50 000 Euro erhielt, war zwar eine Taschenpfändung möglich, aber nur, wenn das Geld noch zu finden war. Dies geschah allerdings nie, sodass ich nicht lügen musste.

Bald konnte ich die *NACHTSCHICHT* zu einem guten Preis weitergeben. Zwar ging das Geld für die Bankkredite drauf, aber es war, als hätte ich einen gigantischen Ballast abgeworfen. Doch auch hier geschah das Gleiche wie bei den anderen Betrieben, die ich bereits verkauft hatte: Die neuen Besitzer warfen meine Konzepte über Bord und achteten weniger akribisch auf die richtigen Songs. Sie hatten nur mein Geld, die Autos und die Frauen gesehen, meinen Status. Aber dass dahinter pickelharte, pausenlose Arbeit steckte und stets ausgebautes und adaptiertes Wissen – daran dachten sie nicht.

Umsatteln auf Seat

All die Rückschläge gingen nicht spurlos an mir vorüber. Mit dem Pushen der *NACHTSCHICHT* in Linz war ich wohl ein letztes Mal auf das Schlachtfeld gezogen. Nun ging mir die Kraft vollends aus. Es war zermürbend, nicht zu wissen, welches Geschütz die Steuerbehörden und die Justiz auffahren würden. Zudem war ich im ganzen *NACHTSCHICHT*-Imperium der König gewesen und die Fallhöhe war entsprechend hoch. Bereits hörte ich in der Ferne den Trommelwirbel.

Es war wie ein erfrischender Platzregen nach einem feurig heißen Tag, als das Amt uns einen Deal vorschlug. Diesen hätte ich umgehend angenommen, aber meine drei Expartner hätten ebenfalls zustimmen müssen. Ihnen fehlte die Weitsicht, dass es auf keinen Fall besser werden würde. Weitere Rückschläge drohten daher.

»Die kriegen von mir keinen Euro«, lauteten die operettenhaften Trotzgebärden, getragen von Arroganz und Sturheit. Dieses Herangehen war etwa so klug, wie wenn man ein bereits frittiertes Hähnchen in den Kampf gegen einen Löwen schicken wollte. Das Angebot platzte, da ich die anderen nicht umstimmen konnte.

Auf meiner Seite zumindest konnte ich aufräumen. Also rüstete ich meinen Wagenpark ab. Dieser umfasste zu diesem Zeitpunkt ein Mercedes SL Cabrio, ein 6er- BMW Cabrio sowie eine Mercedes 500 Limousine. An deren Stelle trat respektive rollte nun ein Seat Leon. Für mich als langjähriger King ein Understatement, so groß, als würde US-Präsident Donald Trump mit einem Gleitschirm statt der *Air Force One* einfliegen.

Bald darauf wollte ich in Linz parken, als vor mir ein Porsche hielt. Daneben wäre noch ein Platz frei gewesen, doch ich erkannte den Fahrer des anderen Wagens. Also fuhr ich noch eine Runde, um meinen Schlitten unauffällig und unbemerkt auf einen anderen Parkplatz zu lenken. Doch kaum hatte ich meinen Wagen abgestellt, parkte neben mir ein anderer Bekannter mit einem hochgerüsteten Mercedes.

Mit dem Seat rollte ich nun zu den Anhörungen, bei denen ich ehrliche Reue zeigte. Noch ein Jahr zuvor hätte ich mich discoköniglich-gebieterisch gezeigt und wäre mit wehenden Fahnen untergegangen. Doch so war ich nicht mehr und vor einem solchen Gremium war das auch besser.

Zwar erzählte ich natürlich nicht alles, aber ich hielt mich mit Lügen so weit wie möglich zurück. Ab und zu machte ich von meinem Recht zu schweigen Gebrauch. Die ganze Wahrheit auf einen Streich hätte mich direkt hinter Gitter gebracht.

Ich erkannte, dass es Zeit war, all den irdischen Tand loszulassen. Völlig gleich, ob Knast oder nicht, er hielt mich nur gefangen und machte mich nicht glücklich. Doch das war nur die eine der beiden Stimmen in mir drin. Die andere Stimme war immer noch die, welche mein Image auf imposante Protzgegenstände aufbaute. Meine Zerrissenheit hatte sich also nicht verabschiedet, sondern einfach den Gefechtsplatz etwas verlagert. Das Ego lieferte sich ein hartes Duell mit dem Verstand.

Die zweite Stimme aber hatte noch eine unheilige Allianz mit ein paar »guten« Freunden gebildet. Denn die Schmarotzer in meinem Umfeld wollten das Schlachtross Andi zurück. Den, der voranging, die Hallen füllte und Umsätze generierte. Manche rechtfertigten ihr eigenes Tun mit dem meinen. Andere hatten es sich bequem in meinem Windschatten eingerichtet. Wiederum andere sahen ihre Privilegien davonschwimmen.

Ein guter Zuhörer

Jeder Drogensüchtige hungert nach einer Sache: seinem Stoff. Meine Droge waren Flirts. Diese Sucht brach in dieser aufgewühlten Zeit wieder durch. Es reizte mich, neue Eroberungen zu machen. Dadurch erhoffte ich mir, glücklich zu werden. Inzwischen forschte ich ja in der Esoterik, aber zum Kern war ich noch nicht vorgestoßen. Deshalb gab ich, obwohl ich dagegen ankämpfte, wieder dem nach, was mich am meisten anzog: Frauen.

Dieses Ventil hatte immer funktioniert. Doch als mir nun die feschen Mädels verführerische Blicke zuwarfen, empfand ich zu meiner Überraschung gar nichts. Es schien, als hätte die eine meiner beiden übelsten Drogen, der Kick des Eroberns und die Sexsucht, ihre Wirkung verloren.

Beim Abgesang auf meine alte Welt schien ich bei der letzten Strophe angelangt zu sein. Bloß war ich am neuen Ort noch nicht angekommen. Mein einziger Halt war die Familie. Wenn wir zu fünft zusammen waren, fühlte ich mich geborgen. Die Nestwärme tat mir gut, am liebsten hätte ich diesen Kokon gar nicht mehr verlassen. Ich empfand nun die Liebe, die ich mir als Kind gewünscht hatte, die damals aber einen großen Bogen um mich gemacht hatte.

Gern saß ich im Wintergarten und ließ die Ruhe unserer abgeschiedenen Wohnlage auf mich wirken. Wortlos betrachtete ich das Firmament, um nach esoterischen Prinzipien mit dem Universum zu sprechen. Aus eigener Erfahrung weiß ich, dass der Sternenhimmel ein geduldiger Zuhörer ist, aber kein besonders guter Ratgeber. Den Weg, den ich zu gehen hatte, erkannte ich durch diese Zwiegespräche nicht. Aber ich hatte mich auf die Reise begeben, denn ich wusste, dass mein altes Leben wirklich ausgedient hatte.

7

Gespräche mit dem Gründer und Leiter des Universums oder: Der letzte Schrei der Sexgöttinnen

Die Drohkulisse wurde größer, mein Selbstvertrauen sank. Die Steuerbehörden konnten mir alles wegnehmen, wenn sich die Beamten erst einmal durch das Labyrinth des Paragrafendschungels gekämpft hatten. Ich würde mit rein gar nichts mehr dastehen.

Meine Gedanken und Lüste schleuderten mich hin und her. Seit meiner Jugendzeit hatte ich exzessiv Pornos geschaut, nun bestimmten sie meinen Tagesrhythmus. Ohne die Selbstbefriedigung wäre ich neben dem Sex mit Astrid wohl über jede beliebige Frau hergefallen.

Mit Mia war ich immer noch von Zeit zu Zeit in Kontakt, freundschaftlich, da ich Gedanken, die sich um echten außerehelichen Sex drehten, engmaschig überwachte. Doch es kam trotzdem noch einmal so weit, dass wir eine gemeinsame Nacht in einem Hotel verbrachten. Eigentlich wollte ich das nicht mehr, aber meine Suche nach Halt und Geborgenheit trieb mich in ihre Arme, obwohl ich eine Frau daheim hatte, deren Liebe zu mir wieder langsam zu blühen begann.

Ich war sexsüchtig wie mein Linzer Immobilienfreund, der mir damals seine Suite in Kärnten zur Verfügung gestellt hatte. Viel zu oft landete er in fremden Betten. Nun war er im Ausland im Meer ertrunken. In den letzten Jahren hatte er verzweifelt um Hilfe geschrien und mich auf langen gemeinsamen Autofahrten immer wieder weinend gefragt: »Warum kann ich meiner tollen Frau nicht treu sein? Warum muss ich ständig mit anderen schnackseln?« Damals konnte ich ihm leider nicht helfen, weil ich den Ausweg nicht kannte. Ich war ja selbst gefangen. So wie er war auch ich sexsüchtig. Es war ein Rennen im Wahn, die Suche nach Glück, ohne je glücklich zu werden.

Mich verband eine tiefe Sehnsucht mit Mia, obwohl ich wusste, dass sie weder bei ihr noch bei einer anderen Frau gestillt werden würde. Schon bei der ersten Berührung spürte ich, dass es falsch war, erneut mit ihr anzubandeln, aber ich tat es trotzdem. Früh am Morgen verließ ich sie und ging ich auf die Baustelle in der *NACHTSCHICHT* in Wien, die gerade umgebaut wurde.

Mia hatte sich wieder Hoffnungen gemacht und ich musste ihr sagen, dass die letzte Nacht ein Fehler gewesen war. Aber ich konnte es nicht ungeschehen machen. Wieder hatte ich sie und Astrid verletzt, auch wenn ich meiner Frau vorerst noch nichts davon erzählte. Ich war einmal mehr ins Leere gerannt.

Kaum war die Wiener *NACHTSCHICHT* wiedereröffnet, übergab ich die Leitung an meinen treuen Wegbegleiter Kurt. Auch wenn er Verständnis für meine Lage hatte, war seine Geduld nach all den Monaten doch etwas aufgebraucht, da ich mich – wenn überhaupt – nur noch am Tag blicken ließ. Ich selbst hätte mir gegenüber nicht eine solche Langmut aufbringen können, denn ich hatte es abgrundtief gehasst, wenn meine Partner sich nicht richtig reinknieten.

Kurt änderte einiges, darunter die Musik. Mir fehlte die Kraft, mich gebieterisch durchzusetzen, deshalb bot ich ihm an, das Monument meiner Selbstbezogenheit zu verkaufen. Er willigte ein und ich überließ es ihm zu einem Drittel der Summe, die es einst gekostet hatte.

Zunächst ging er mit der *NACHTSCHICHT* beinahe pleite, weil er sich nicht an das Konzept hielt, das ich einst aufgebaut hatte. Doch im letzten Moment gelang ihm der Turnaround und er verkaufte das Lokal an einen Interessenten weiter, den ich ihm vermittelt hatte.

Wie geWONnen, so zerronnen

Nun besaß ich »nur« noch das *WON* in Graz und die *NACHTSCHICHT* im *Donau Plex*, dem Entertainment Center des Wiener Donauzentrums. Für beide Lokale fehlte mir die Energie, weil ich mich innerlich unaufhaltsam im Kreis drehte.

Als Erstes musste das *WON* weg. Dabei würde ich viel Geld in den Sand setzen, aber ich musste mich davon trennen, zumindest teilweise. Deshalb traf ich mich zu einer Sitzung mit den beteiligten Firmen und der Bank. Durch das Bürgen mit meiner Villa sowie einen Teilverkauf des *WON* für 600 000 Euro konnte ich mit der Bank einen Deal abschließen und erhielt einen Kreditnachlass.

Der Chef der BAWAG Oberösterreich, also der »Bank für Arbeit und Wirtschaft«, entlud ein heftiges Wortgewitter über mich. Er hatte in allen Punkten recht. Früher hätte ich das zweitens nicht zugelassen, weil es erstens gar nicht so weit gekommen wäre, da alles, was ich anfasste, zu Gold wurde. Doch nun war ich nicht mehr in der Lage zu kämpfen, neue Konzepte zu entwerfen und den Ausgeh-Tempel wieder zu füllen. Mir tat es wirklich leid, dass es so enden musste, und ich entschuldigte mich dafür, aber ich war einfach nur heilfroh, aus dieser Sache raus zu sein.

Nun war ein Teil meiner Villa also verbürgt. Meine Nerven blieben aber ruhig, weil Aktien, die ich einst für 200 000 Euro gekauft hatte, inzwischen einem Wert von vier Millionen entsprachen. Diese wollte ich flüssigmachen, um die wirtschaftliche Schräglage wieder ins Lot zu bringen. Ein Insider riet mir jedoch, noch zu warten, da jede Aktie innerhalb von kurzer Zeit von 100 Euro auf 300 Euro hochschnellen würde.

Das klang verlockend. Etwas Geduld haben, Tee trinken, ein paar Nächte schlafen und aus meinen vier Millionen würden zwölf Millionen werden. War das Universum nun freundlich zu mir, nachdem ich auf dem Weg war, mich zu läutern?

Tatsächlich änderte sich der Kurs massiv, jedoch leider in die falsche Richtung. Die Aktie schoss senkrecht in den Keller, ohne sich zu erholen, sie war immer noch auf Tauchkurs, als ich sie rund ein Jahr später verhökerte. Diese Sicherheit war also buchstäblich flöten gegangen. Hätte ich bloß nicht auf diesen Einflüsterer gehört! Doch alles Grämen half nichts. Mein Imperium zerschmolz vor meinen Augen wie Himbeereis in der Sahara.

Vergeblich versuchte ich, mich gemeinsam mit Astrid von diesem Schreck auf Ibiza zu erholen, auf Einladung von »Red Bull«. Getränkehersteller und Bierbrauer laden ihre Topabnehmer immer mal wieder zu VIP-Veranstaltungen ein, um die Kundenbindung zu erhöhen. Man wird chauffiert, dicke Tafeln werden aufgetragen und man steigt in erstklassigen Hotels ab. Wohl fühlte ich mich bei solchen Anlässen nie, deshalb war ich meistens nicht dabei.

Ein paar Tage auf der spanischen Insel konnten wir aber tatsächlich gut gebrauchen und deshalb machten wir eine Ausnahme. Astrid und ich gingen früh ins Bett und früh aus den Federn, um anschließend zu joggen und den Kopf zu lüften. Trotzdem erholten wir uns nicht wirklich.

Generell schlief ich selten mehr als vier, maximal fünf Stunden. Nicht nur, weil danach die Gedanken wieder kreisten und mich meine Betriebe in Anspruch nahmen, sondern weil ich mich wie erschlagen fühlte, wenn ich länger schlief. Das ist bis heute so geblieben. Sieben Stunden waren und sind einmal pro Woche die Ausnahme.

Müde war ich damals auf Ibiza nicht, aber abgekämpft. Solche Betriebe zu führen, ist irrsinnig anstrengend. Mitarbeiter, Gäste, Behörden – alle rauben Kräfte. Ein Ausgleich war für mich der Sport, wobei ich natürlich auch trainierte, um für die Mädels gut auszusehen. Während meiner Zeit als Discokönig stand ich um vier auf, um zu joggen und dann um sechs auf einer der Baustellen zu stehen, wenn irgendwo gerade ein Umbau anstand.

Zurück in der Heimat schäumte mein innerer Unmut immer wieder über und mein Getriebensein, meine Zerrissenheit waren durch nichts mehr zu übertünchen. Dies erlebte beispielsweise ein Taxifahrer näher mit, als ihm lieb war. Ich hatte gerade an einem unerlaubten Ort gehalten, um jemanden aussteigen zu lassen. Das passte ihm nicht und er stellte seine Kutsche so hin, dass mir der Weg abgeschnitten war. Nach einem Moment setzte er kurz zurück, um mir den nötigen Spielraum zu gewähren, dass ich ausparken konnte, doch anschließend zwängte er mich noch einmal ein, um mich zu provozieren.

Natürlich hätte dort nicht anhalten dürfen. Aber diese Kleinlichkeit machte mich derart rasend – ich war in diesen Wochen eh schon permanent auf 180 –, dass ich aus dem Auto sprang und mit stechendem Blick auf seinen Wagen zurannte. Entsetzt schloss er sein Fahrzeug von innen, deshalb trat ich gegen den Rückspiegel seines Wagens, sodass dieser abbrach. Überraschenderweise zeigte er mich nicht an.

»Papa, nehmen dich diese Männer mit?«

Über all meinem Frust schwebte das Damoklesschwert der Steuerbehörde. Ich wusste nicht, wann die Beamten wieder vor meinem Haus stehen würden, und ich wusste auch nicht, was dann geschehen würde. Vielleicht würde das dritte Haftbegehren durchkommen und ich hinter Gitter wandern?

Sobald ein Auto bei unserer Villa vorfuhr, wurden meine Kleinen nervös und fragten: »Papa, kommen nun die Männer, um dich ins Gefängnis zu bringen?« Davor hatten sie panische Angst.

Der Tag kam und er spülte einige grimmige Beamte auf unser Anwesen, um Sachen zu pfänden. Bis auf schussbereite eckige Panzerwagen und tief ins Gesicht gezogene Stahlhelme fehlte den hemmungslosen Besuchern nichts. Sie provozierten mich und ich entgegnete wütend, dass ich mich gleich vergessen würde, wenn sie noch einen Schritt weitergingen. Mit hochgezogenen Augenbrauen erklärten sie mir, dass sie reingehen konnten, wo sie wollten, und sie rieben mir dabei ein Dokument unter die Nase, welches genau das bestätigte.

Es war nur allzu verständlich, dass ich ihr Feindbild war. Ich war der reiche Bonze, der in einer üppigen Villa residierte, die er mit Geld finanziert hatte, das er am Fiskus vorbeigeschmuggelt hatte. Außerdem lebte ich in Saus und Braus, während sie wie ich hart rackerten, aber sich womöglich nicht mal ein kleines Häuschen leisten konnten.

Zum Glück war ein erfahrener Beamter dabei, der mäßigend auf alle einwirkte. Die Lage entspannte sich und ich entschuldigte mich für meinen Ausraster und zeigte ehrliche Reue. Diese Begegnung hätte auch ganz anders enden können, immerhin waren die Besucher ja im Recht.

Durch das ganze Verfahren lernte ich – mit bald zwanzigjähriger Verspätung –, wie eine Firma nach betriebswirtschaftlichen Kriterien und mit steuerlicher Korrektheit betrieben wird.

Salopp gesagt waren die hundert Steuerfahnder und Beamten meine Buchhaltungs-Grundkurs-Lehrer. Wie in meinem Sexleben hatte ich bezüglich der Zahlen in absoluter Narrenfreiheit gelebt und gedacht, dass ich mit meinem guten Mundwerk jedes Unheil würde abwenden können. Immerhin hatte ich mich ja sogar gegen die Unterwelt zur Wehr gesetzt!

Bisher hatte ich meinen Steuerberater immer nur gefragt, wo ich unterschreiben müsse. Mehr Zeit hatte ich für Bilanzen und Buchhaltung nicht aufgewendet. Wozu auch? Die Kohle floss in wachsendem Maße, da musste keine Zeit investiert werden, so hatte ich bislang gedacht. Der Erfolg gründete auf meiner akribischen Aufbauarbeit und dem richtigen Riecher bei Musik, Deko und verrückten Veranstaltungen und nicht auf einem am Reißbrett entworfenen durchgestählten Konzept, bei dem die wirtschaftlichen Zahlen die eigentliche Triebkraft sind.

Dass bei einem jährlichen Umsatz von 50 Millionen auch die Gesamtabrechnung und die Steuerunterlagen eines feuchtfröhlichen Ausgeh-Tempels stimmen mussten, hatte ich nicht bedacht.

Die Finanzfachwelt mag dies erstaunen, doch es war so. Wozu hätte ich es auch anders handhaben sollen? Das System funktionierte und die anderen machten es nicht anders. Solange keine Anzeige vorliegt und kein ehrgeiziger Finanzbeamter da ist, passiert nichts.

Entgegen dem Anraten meiner Anwälte gab ich sehr viel zu, als ich so einigermaßen den Durchblick hatte. Ich wollte für das Angerichtete geradestehen.

Aufgrund der Dimension meines Falls wurde ein Beamter zu meinem persönlichen Prüfer auserkoren. Dieser musste auch mein Privatvermögen durchrechnen und herausfinden, was die Folgen für mich wären, abhängig davon, wie ich belangt würde.

Immer wieder schüttelte er den Kopf, rieb sich die Augen und konnte kaum glauben, wie es um die Gesamtlage stand. Wohl jeder durchschnittliche Arbeitnehmer konnte seine vergleichsweise überschaubare Finanzlage besser ausweisen als ich ein Millionenimperium. Hätte er auf einer Skala von 0 bis 100 meine Klugheit im Umgang mit Finanzen bewerten müssen, ich bin nicht sicher, ob ich weit über 0,1 hinausgekommen wäre.

Nicht zuletzt auch von meiner eigenen Torheit geschlagen kooperierte ich auf der ganzen Linie. Nur eines kam für mich nicht infrage: das Gefängnis. Daher hatte ich mit Astrid einen Fluchtplan geschmiedet und im Wald ein betanktes Motorrad versteckt.

Diese Vorsorge hatte ich bereits getroffen, als ich merkte, dass wir aufgeflogen waren. Ins Gefängnis zu gehen, konnte ich mir nicht vorstellen, nicht nur meinetwegen, sondern auch wegen der Kinder und aus Angst, dass meine Lebensgefährtin sich dann einen anderen suchen würde. Richtig ausgegoren war mein Fluchtplan jedoch nicht. Ich dachte, dass ich nach Italien, Frankreich oder nach Spanien fahren könnte, wo ich mich auskannte. Immerhin war die Maschine eine Enduro, also geländegängig. Die Landesgrenzen wurden nur noch dürftig kontrolliert und ich hoffte, dass ich einfach durchfahren könnte. Für ausreichend Bargeld hatte ich ebenfalls gesorgt, damit ich zum Beispiel beim Tanken keine Spuren hinterlassen würde.

Keine Klarheit trotz Hellseher

Dass mir das Geld wie Sand durch die Finger rieselte, störte mich immer weniger. Oft saß ich in unserer Villa und fühlte mich darin wie ein Fremdkörper. Der Zaster hatte mich nicht glücklich gemacht. Ich erkannte, dass der Glitzer und die Scheinwelt nichts weiter waren als Schaum, der vergeht.

Als Kind, so erkannte ich, war ich eigentlich glücklicher gewesen als mit dem fetten Konto, auch wenn ich damals davon geträumt hatte, möglichst viel Geld, ein tolles Auto und jeden nur erdenklichen Luxus mein Eigen nennen zu dürfen. Je mehr ich dieses oberflächliche Luxusleben innerlich wie auch äußerlich losließ, desto besser ging es mir. Eine Last wurde Tag für Tag buchstäblich von mir genommen. Es war, als könnte ich erstmals seit Langem wieder richtig durchatmen.

In dieser Zeit unterstützte ich meinen Bruder, der mittlerweile in Spanien lebte. Seine Drogenprobleme war er losgeworden, dafür hatte er nun die Diagnose Krebs bekommen. Gott sei Dank hat er diesen besiegt. Ich war der Meinung, dass ich ihm auch weiterhin ohne Probleme würde beistehen können. Ich ahnte nicht, dass die Reserven, die ich glaubte zu haben, gar nicht mehr da waren.

Auf der Suche nach dem Sinn wollte ich nun endlich einen Durchbruch erleben. Weil es mehr als irdische Lehren brauchte, kämpfte ich mich durch esoterische. Und da die Wege, die ich nun zu beschreiten begann, gerader wurden, dachte ich, ich wäre auf der richtigen Spur.

Ich las nicht weniger als hundert Bücher, manchmal eines pro Tag. Viele Weisheiten von spirituellen Lehrern hörten sich gut an. Überall stellte ich in der bereits auf Feng-Shui getrimmten Villa Kristalle auf. Ich eilte von Wahrsager zu Hellseher, ließ mir Karten legen und machte Familienaufstellungen, um zu ergründen, warum ich oft depressiv war.

Dabei kehrte tatsächlich etwas mehr Frieden in mein Leben ein. Die Lehre des Karmas schien mir schlüssig. Bei einem Channeling erfuhr ich, dass ich in einem früheren Leben im 17. Jahrhundert Weinbauer gewesen sei. Irgendwie wurde es mir dann aber zu dumm und ich erkannte, dass mich zumindest diese Spur nicht weiterbringen würde.

Abfuhr für Sexgöttinnen

Dennoch suchte ich weiterhin in der Esoterik nach dem Sinn. Die letzte verbliebene Disco meines einstigen Imperiums, die *NACHTSCHICHT* in Wien, ließ ich nach Feng-Shui-Maßstäben umgestalten.

Ich hatte Hunger nach der Wahrheit, aber ich drehte mich im Kreis – bis ich eines Tages im Wintergarten saß und darüber nachdachte, warum ich eigentlich immer nur zum Universum sprach, statt mit Gott, der dieses geschaffen hat. Das wäre doch persönlicher.

Das tat ich und dadurch wuchs meine innere Ruhe. Ich kam Gott immer näher. Durch meine früheren Erlebnisse hatte er mich auf diese Begegnungen vorbereitet. Wenn ich heute zurückschaue, wird mir bewusst, wie ich damals herumgeirrt bin, ohne weiterzukommen. Nichts hatte ich unversucht gelassen. Zwar sprach ich nun mit Gott, aber so richtig durchgedrungen zu einem neuen Leben war ich noch nicht. Wenn gerade keine Steuerbeamten die Villa belagerten und keine Briefe vom Finanzamt zu bearbeiten waren, suchte ich immer noch nach pornografischen Bildern und intimen Fotos.

Bei dieser ständigen Suche stieß ich auf eine Frau, die sich nicht nur überaus sexy präsentierte, sondern sich auch in spiritueller Weise darstellte. Ein Cocktail, der mich umhaute. Dieser geistliche Leckerbissen wohnte in Linz und ich musste sie umgehend kennenlernen. Natürlich nur zum Erfahrungsaustausch …

Im Internet stieß ich auf ihre Adresse und fuhr unangemeldet zu ihr. Glücklicherweise war sie gerade nicht zu Hause. Da ich im Herzen noch nicht vollständig zu Astrid durchgedrungen war, hätte ich hier vielleicht eine esoterische Seelenverwandte und tantrische Sexgöttin gefunden, was in nichts weniger als einem Desaster geendet hätte. Es schien, als versuchte der Teufel noch einmal, seinen Einflussbereich auf mich zurückzuerobern. Wenn ich mich sorgenvoll über die neusten Briefe vom Finanzamt beugte, war ich für sein Locken nicht empfänglich. Sobald der Papierberg aber abgetragen und etwas Luft war, drehte sich das Gedankenkarussell bereits wieder.

Einmal rief mich eine blendend aussehende Bekannte an, mit der ich schon mehrfach leidenschaftliche Stunden erlebt hatte. Sie berichtete, dass Paris Hilton nach Ischgl kommen und dass sie selbst mit einer Freundin ebenfalls da sein werde. Am Telefon malte sie mir facetten- und detailreich aus, wie der gemeinsame Dreier aussehen würde. Das ist etwa so, wie wenn man einen jahrelangen Alkoholiker, der gerade auf dem Weg ist, trocken zu werden, zu einer Weindegustation einlädt. Mein Verstand war gar nicht in der Lage, so schnell dagegen zu sein, wie meine Lenden sich nach diesen heißen Stunden sehnten. Das Ego war wieder da und fühlte sich natürlich auch geschmeichelt, weil zwei solch bezaubernde Frauen die Nacht mit mir verbringen wollten.

Doch inzwischen gewährte ich es der neu gefundenen Seite, ebenfalls zu Wort zu kommen. Und diese brannte vier Buchstaben in meinen Kopf, die in der richtigen Reihenfolge zusammengefügt ein unmissverständliches Nein bildeten. Deshalb sagte ich, dass ich mich noch melden werde.

Meine Gedanken malten sich schon die geilsten Szenen aus. Diese beiden wundervollen Feger, willig und bereit vor mir ... Aber ich brachte es tatsächlich fertig, später zurückzurufen und das Nein über meine Lippen zu bringen. Meine Bekannte war ebenso überrascht wie enttäuscht, während ich außer mir war. Ich beschimpfte mich selbst, dass ich mir dies hatte entgehen lassen. Weil ich aber ernstlich auf der Suche war und mich für Gott geöffnet hatte, stand er nun an meiner Seite, damit ich nicht gleich wieder von einem Drama ins nächste taumelte.

Dennoch dauerte es nicht lange, bis ich beim Skifahren mit einem Freund in einer Almhütte mit den Kellnerinnen zu flirten begann. Wie in alten Zeiten war ich der Wortführer und süße Augenpaare klebten klimpernd an meinen Lippen. Mein Bekannter freute sich über meine Performance, denn wenn ich eine abkriegen würde, war die Chance groß, dass sich auch ihm ein fesches Mädel um den Hals warf. Tatsächlich flogen die Funken zwischen mir und einer Adretten, die mir besonders gefiel. Beim Gang zum WC waren die lauten Stimmen aber kurz weg und ich fragte mich, was ich hier eigentlich tat. Wieder im Wirtsraum angekommen, verabredeten wir alle uns für den Abend.

Beim Reflektieren am Nachmittag auf der Piste malte mir mein Gewissen vor Augen, wo ich mich befand. Dieses Mädel war kein Girl für eine Nacht und eigentlich wollte ich ja auch das nicht mehr. Mit ihr hätte die nächste Affäre angefangen. Das konnte ich aber nicht mehr zulassen. Es hätte alles zerstört, was ich in den vergangenen Monaten mühselig zurückerkämpft hatte. Das zarte Pflänzchen des Wiederaufbaus wäre mit einem Mal ausgerissen worden.

Das eröffnete ich meinem Freund und ich erklärte ihm, dass ich sofort abreisen müsse. Ob er mit mir kam oder noch blieb, stellte ich ihm frei.

Er kam mit. Auf dem ganzen Heimweg erklärte er mir, was ich für ein Vollpfosten sei und was ich mir da gerade hatte entgehen lassen. Ein Teil von mir gab ihm recht. Der andere war bereits in meinem neuen Leben angekommen und beglückwünschte mich. Es war ein innerer Kampf, der noch mehrere Tage in mir tobte und den ich im Nachhinein als ein weiteres Schlüsselerlebnis ansehe.

Discokönig ohne Disco

Anfang 2007 entschied ich mich dazu, auch meine letzte Disco zu verkaufen, die *NACHTSCHICHT* im *Donau Plex*. Ich musste mich ganz von diesem aufgeblasenen Monument der Selbstbezogenheit trennen. Einen Plan B hatte ich nicht. Und auch keinen Plan C. Immerhin wusste ich, dass ich im Notfall ein Lokal würde eröffnen können, um die Familie über Wasser zu halten. Doch vorerst musste einfach alles weg. Um die *NACHTSCHICHT* zu pushen und für Verkäufer interessanter zu machen, veranstaltete ich noch einmal

»La Noche del Baile«. Ich konnte die Energie dafür nur aufbringen, weil ich wusste, dass gleich danach endgültig Schluss sein würde, wie beim Schlusssprint in einem Rennen. Obwohl sich die Verkaufsverhandlungen in die Länge zogen, genoss ich eine innere Ruhe und Geduld.

Und noch etwas musste weg: die Villa. Das leuchtete Astrid überhaupt nicht ein. Nachdem sie sich jahrelang wegen meinen Eskapaden mit materiellen Dingen getröstet hatte, sollten nun genau diese Dinge meiner geistlichen Suche geopfert werden. Aber mit dem Verkauf der *NACHTSCHICHT* vertrocknete meine Einnahmequelle und nun wackelte plötzlich auch der letzte Rückzugsort, die letzte Bastion. Astrid war verzweifelt und machte sich Sorgen. Wenn man solche Lokale führt, hat man immer Zugriff auf Bargeld, ob es einem gehört oder nicht. Das hatte sich nun geändert.

Ich wusste aber, dass ich so nicht mehr weitermachen konnte und dass die Villa wegmusste. Ich war total ausgepowert, dazu hatte mein Lebensstil geführt. Früher konnte ich irgendwie wieder Kraft tanken, indem ich einen draufmachte oder mit einem Flirt. Doch in Wirklichkeit zog mich das immer weiter runter. Astrid erkannte, dass ich nicht umzustimmen war. Ihr entschiedenes Widerstreben lähmte mich jedoch und mein Veränderungsprozess wurde etwas gebremst.

Trotzdem standen bald erste Interessenten auf der Matte, aber die Zeit verging, ohne dass jemand die Villa ernsthaft kaufen wollte, und ich hatte nicht die Geduld, Jahre zu warten. Deshalb wollte ich die Dinge in meiner angestammten Manier vorantreiben.

Ich ahnte nicht, dass ich damit einen rasanten und äußerst gefährlichen Showdown gestartet hatte.

RÜCKBLENDE

»Euch allen werde ich es noch zeigen!«

Zehn Jahre zuvor hatte ich mich ähnlich verloren gefühlt, als ich weder im eigenen Lokal noch im Glücksspiel echte Erfüllung gefunden hatte. Doch als deutsche Betreiber das Lokal *Fun* in Linz eröffneten, setzte ich mich gegen meine inneren unergründlichen Schatten durch. Gleich von Beginn an zog dieser Schuppen, der eine Disco und ein Tanzcafé beinhaltete, die Massen an.

Es waren meine ersten Schritte in die Großstadt. Und ich war »in«. Gemessen an meinem Alter verfügte ich trotz der vorangegangenen Pleiten über verhältnismäßig viel Geld, eine eigene Wohnung und einen schicken Wagen. Problemlos konnte ich es mir leisten, mich Abend für Abend ins Nachtleben zu stürzen. War mein Lokal einst eher dunkel und schummrig gewesen, gefiel mir diese ganz in Weiß gehaltene Disco nun über alle Maßen.

Das flinke Personal zog mich in seinen Bann, insbesondere die entzückende, braun gebrannte Bardame Astrid. Sie war eine Augenweide, wenn sie sich hinter der Bar im karibischen Stil um die Anliegen der Besucher kümmerte. Ich versank in ihren blauen Augen, die von flippigen Rastas umsäumt waren.

Meine Liebe auf den ersten Blick wurde aber nicht erwidert. Unter der Hundertschaft von Gästen nahm sie mich nicht einmal wahr. Der Macher der »Affengeilen Monkey Beach Party« passte nicht in das noble Linz mit den kühlen Drinks. Meine Kleider wiesen mich – Geld hin oder her – als Landei aus. Unlängst war ich mir ja nicht einmal zu schade gewesen, in Schweine- und Affenkostümen Karaoke zu singen!

Es brauchte einige Hundert Schilling »Trinkgeld«, um den überheblichen Kellner dazu zu bringen, dass mich Astrid und nicht er bediente. Anschließend überschüttete ich sie mit Trinkgeld, um bei ihr Eindruck zu schinden, was sie aber offensichtlich nicht vom Hocker haute. Gut möglich, dass ich nicht der Erste war, der festgestellt hatte, dass sie überaus attraktiv war, und der sich deshalb mit üppigen Trinkgeldern bei ihr hervortun wollte.

Aber ich hatte mir in den Kopf gesetzt, dieses Mädchen zu erobern. Um aus der Masse hip herauszustechen, kaufte ich mir rote Schuhe und ein rot kariertes Hugo-Boss-Jackett. Ich war mir sicher, dass ich diese flotte Discomaus damit aus der Reserve locken würde. Hätte ich mein Outfit neben die durchschnittliche Arbeitskleidung eines Clowns gestellt, wären gewisse Übereinstimmungen kaum von der Hand zu weisen gewesen. Astrid rannte mir nach dem Auftritt in diesem seltsamen Gewand jedenfalls nicht hinterher.

Auch der Versuch, sie mit meiner Visitenkarte auszurüsten, verlief weniger geschichtsträchtig als die Feldzüge von Alexander dem Großen. Dabei ging es in meinem Fall nicht bloß um Ägypten oder Persien, sondern um das Herz von Astrid. Als sie eines Tages freihatte, war sie im Lokal, um die Tanzfläche mit ihrer Anwesenheit zu beglücken. Sie versprühte eine überschwängliche Freude und ihr Sex-Appeal war derart stark, dass ich mich an ihr nicht sattsehen konnte. Also ging ich zu ihr und drückte ihr meine Visitenkarte in die Hand. Sie schreckte aus ihrer Tanzwelt auf und schaute mich an, als hätte ich ihr gerade die drei wichtigsten Änderungen der Abseitsregeln in Suaheli erklärt. Da sie nicht wusste, was sie mit dieser Karte tun sollte, gab sie mir diese einfach zurück. Ich kam mir vor wie bestellt und nicht abgeholt (auch wenn ich in diesem Moment ja nicht unbedingt bestellt worden war …). Später erzählte sie mir, dass ihr in diesem Augenblick gar nicht klar gewesen war, dass ich ihr die Karte gab, damit sie mich anrufen konnte – sie war ganz in ihrem Tanz versunken gewesen.

Doch ich war durch die Fehlschläge nur noch motivierter, sie für mich zu gewinnen.

»Schau ins Sektglas, Kleines!«

Die nächste Idee wäre unter Einsatz eines messerscharfen Verstandes vielleicht noch leicht angepasst worden, nicht aber unter dem freien Drang nach vorn: An einem anderen Abend bestellte ich eine Flasche Sekt mit einem Glas. Als sie graziös mit der Bestellung angeschwebt kam, stand ich theatralisch auf, bezahlte und sagte: »Sie ist für dich, ich wünsche dir einen schönen Abend damit.« Ich drehte mich zackig um und stolzierte filmreif von dannen. Dabei kam ich mir vor wie Humphrey Bogart in »Casablanca«: »Schau ins Sektglas, Kleines!« Tatsächlich wähnte sich auch Astrid in einem Film, wenn auch schlicht im falschen.

Offenbar hatte ich zwar einen bleibenden, nicht aber einen guten Eindruck bei ihr hinterlassen. Während andere Stammgäste mit Bussis begrüßt wurden, reagierte sie auf mein Erscheinen nicht einmal.

Da meine bisherigen Offensiven allesamt im Fiasko gemündet hatten, musste gröberes Geschütz her. Dazu griff ich an meine Reserven. Während einer Woche verjubelte ich mehrmals vor ihren Augen bis zu 50 000 Schilling, damals etwa 7 000 DM, und das vor rund zwanzig Jahren, als die Preise (und Löhne) noch deutlich niedriger waren. Dabei steckte ich ihr so viel Trinkgeld zu, wie sie wohl sonst im ganzen Jahr nicht erhielt. Aber trotz des massiven und verschwenderischen Bakschisch-Einsatzes krallte sie sich nicht an mir fest.

Zu dieser Zeit war ich eigentlich noch mit Sabine zusammen und überdies gab es noch eine weitere Frau in meinem Leben, falls das mit Astrid nicht klappen sollte. Doch in meinem Plan war kein Scheitern vorgesehen.

Nicht bekannt war mir, dass Astrid bereits seit sechs Jahren einen Freund hatte, der für das Licht im *Fun* verantwortlich war und zudem als DJ in Erscheinung trat.

Wenn sie nicht auf Geld ansprang, dann musste eben etwas anderes sprechen: noch mehr Geld. Als sie einmal in der Nacht um ein Uhr ihre Schicht beendete, bat ich sie, mir aus meinem Wagen ein paar Scheine zu holen, da ich alles, was ich mit reingebracht hatte, bereits ausgegeben hatte. Damals bezahlte man in Bars noch nicht mit der Karte. Mein Plan war folgender: Sie sollte nicht nur meinen edlen Wagen sehen, sondern auch die 300 000 Schilling (rund 42 000 DM) im Handschuhfach, von denen sie ein paar Tausender mitbringen sollte. Tatsächlich tat sie das – sie brachte die Moneten, verabschiedete sich und ging. Ohne von meinem Auto oder dem Zaster zu schwärmen.

War sie wirklich immun gegen meine Eroberungsversuche? Entgangen sein konnten sie ihr kaum. Ich schickte ihr sogar häufig üppige Blumensträuße in das Geschäft, in dem sie tagsüber arbeitete.

Nachdem alles andere nichts geholfen hatte, fragte ich sie schließlich einfach und plump, ob sie sich nicht mit mir treffen wollte. Ihre Antwort lautete: »Ja.«

Wir verabredeten uns für den nächsten Samstag, doch plötzlich bekam ich es mit der Angst zu tun. Mit der Aussicht, eine so tolle Frau zu treffen, konnte ich nicht umgehen. Ich verkroch mich bei Sabine und ließ den Samstag im Dunst der Weltgeschichte vorübergehen, ohne dass ich im *Fun* aufgekreuzt wäre. Ich redete mir ein, dass Astrid sowieso nicht gekommen war.

Die Discoqueen

In der Folgewoche war ich gerade mit dem Rad auf einer Bergtour, als mein Handy klingelte. Die Linzer Nummer war mir unbekannt, doch ich nahm den Anruf an. Am anderen Ende der Leitung war Astrid, die *Discoqueen*. So nannte ich sie insgeheim, aber diesen Titel hatte sie bei einer Wahl in einer Disco tatsächlich gewonnen.

Astrid war nicht nur am Apparat, sondern fragte auch, wo ich am Samstag gewesen sei. Das zeigte mir zwei Dinge: Sie war dort gewesen und sie hatte mich treffen wollen. Ich gab vor, dass ich zu einem Seminar in die Schweiz hatte reisen müssen, was ich völlig vergessen hatte. Außerdem behauptete ich, ich hätte ihr nicht abgesagt, weil ich gedacht hatte, dass sie ohnehin arbeiten müsse.

Astrid dagegen erzählte, wie sie das ganze Wochenende an der Tür gewartet hatte, um mich auf keinen Fall zu verpassen. Das haute mich von den Socken. Nie hätte ich das zu hoffen gewagt.

Beim nächsten Date zwei Tage später fuhren wir nach ihrem Dienstschluss in das Herz von Linz, um in einem Park spazieren zu gehen. Wir küssten uns ein erstes Mal nervös und sie gestand mir, dass sie einen Freund hat. Als sie mir auch noch eröffnete, wer es war, rutschte mir das Herz in die Hose. Der DJ war ein kräftiger Kerl mit langen schwarzen Haaren. Da fühlte ich mich im Vergleich wie ein mageres Würstchen und es nützte wenig, dass Astrid sagte, dass er sie eh nur betrügen würde und die Beziehung am Ausklingen war. Was mich aufmunterte, war, dass sie mich weiterhin treffen wollte.

Wir vereinbarten, uns bei der Autokosmetikfirma, die mein Bruder damals führte, in der nahe gelegenen Stadt Traun zu treffen. Von drinnen sah ich, wie sie nervös vor dem Geschäft auf und ab ging, weil sie den Eingang nicht finden konnte. Da bemerkte ich: Sie ist ein Mensch! Drinnen in der Disco war sie die uneingeschränkte Göttin, doch draußen hatte sie null Selbstvertrauen.

Vergeblich versuchte ich, sie zu einem gediegenen Abendessen einzuladen, sie wäre zu aufgeregt gewesen, um überhaupt etwas herunterzubringen, offenbarte sie mir Monate später. Noch am selben Abend trennte ich mich endgültig von Sabine.

»Ja, meine!«

Nach ein paar Wochen nahm ich Astrid mit zu mir nach Micheldorf, damit sie sehen konnte, wo und wie ich lebte. Als Erstes suchten wir die Ford-Garage meines früheren Vermieters auf, da ich meinen Boliden zum Service abgeben musste.

Kaum ausgestiegen lief das Dorf zusammen. Astrid war eine Augenweide, wie Micheldorf sie nie zuvor gesehen hatte. Hotpants, ein bauchfreies Top und Rastazöpfe – gegen sie hätte selbst Lara Croft alt ausgesehen. Wie ein stolzer Hahn marschierte ich neben ihr. »Ja, meine!« – nur wenig fehlte und ich hätte das im Zehnsekundentakt ins Dorf hinausgeschrien, das damals rund 5 000 Einwohner zählte. Es war, als wäre ein Popstar in die Ortschaft gekommen.

Direkt gegenüber der Werkstatt war immer noch mein früheres Lokal angesiedelt. Weil dieses mehr und mehr den Bach runterging, bat mich der neue Eigentümer, ihm als »Konsulent« zur Seite zu stehen. Auf meiner Visitenkarte machte sich das gut und als ich im Duden nachschlug und erkannte, dass damit ein Berater gemeint ist, war ich zufrieden, zumal meine Aufgabe darin bestand, Anlässe zu organisieren und bei diesen als DJ aufzutreten. Das würde auch Astrid imponieren. Zwar stimmten die Übergänge für das Profiohr nicht perfekt, da ich aber ein gutes Gespür für die Gefühlslage im Raum hatte, war dies auf diesem Level kein Problem.

Inzwischen war Astrid bei ihrem Typen ausgezogen und mit meinem gewonnenen Selbstvertrauen riet ich ihr, sich von diesem Kerl zu trennen. Mit »Abschlusssex« beendete sie die Beziehung. Intuitiv spürte ich dies, auch wenn sie es mir erst später gestand.

Somit standen wir vor unserem ersten Mal. Weil ich aber derart aufgekratzt und voller Versagensängste war, klappte es nicht. Für Astrid war das in Ordnung, da ich ihr beteuerte, wie sehr ich sie liebte und dass es überhaupt nicht an ihr lag. In den kommenden Tagen erkannte ich, dass sie mich ebenfalls liebte. Das stärkte meine Selbstsicherheit und nahm Druck von mir. Als ich schließlich entspannt genug war, konnten wir auch körperlich verschmelzen.

Mein Ego schoss gleich mehrere Etagen hoch, weil ich diese Traumfrau erobern konnte. Wir hingen aneinander, auch wenn unsere Liebe oberflächlich war. Astrids Leben drehte sich um

Discobesuche, Kleider und Tanzen. Zweisamkeit daheim war nicht ihr Ding. Fast war ich ein wenig unsicher, ob sie wirklich die Frau war, nach der ich gesucht hatte. Allerdings war ich auch nicht gerade der Mann, der die Tiefgründigkeit erfunden hatte.

Die nächste »Beach Party«, die ich als Konsulent organisierte, stand an. Weil ihr Chef im *Fun* ihr für den Abend nicht freigeben wollte, kündigte Astrid einfach, um bei mir zu sein. Das machte mich unglaublich stolz. Doch bald kamen andere Gefühle dazu: Leichtfüßig tanzte Astrid als Discoqueen auf der Tanzfläche und sie zog alle Blicke auf sich. Plötzlich schien sie mir wieder unerreichbar fern. Dieses Gefühl knechtete mich derart, dass ich Schluss machen wollte.

Aber dann geschah ein Unfall: Astrid kletterte auf die Boxen, um dort zu tanzen, wie sie es gern tat. Doch dann stürzte sie herunter und riss sich die Bänder. Meine jüngere Schwester Martina fuhr sie mit Bekannten ins Krankenhaus. Es war, als wäre ich hinter dem DJ-Pult gefangen, denn es gab keinen Ersatzmann. Ich musste durchhalten, bis ich in der Früh zu Astrid ins Krankenhaus eilen konnte.

Da eine solche Gesundheitseinrichtung kein Dancefloor ist, fand ich eine Astrid mit völlig angeknackstem Selbstvertrauen vor. Sie war so scheu, dass sie sich von den Schwestern weder waschen noch zur Toilette bringen lassen wollte. Für all das war ich nun zuständig. Ich erkannte, dass ich von ihr gebraucht wurde. In den folgenden Stunden und Tagen führten wir lange und tiefe Gespräche und wir lernten uns noch einmal viel besser kennen.

Zu Hause aber wurde sie bald mürrisch. Wegen des Gipses konnte sie noch nicht in die Disco gehen. Ihr Leben hatte sich auf einen Schlag verändert und natürlich war ich der Erste, der das abbekam. Der von mir organisierte romantische Ausflug mit Lagerfeuer am Bach und Picknick war für sie wohl etwa so, als würde man einem Löwen einen großen Blattsalat, garniert mit Mais, Sellerie und Gurken anbieten. Da konnte auch das Korianderbouquet wenig helfen. Astrid war so sauer auf mich, dass sie mich zünftig abkanzelte. Das walzte mich innerlich nieder und meine alten Zweifel kamen wieder in mir hoch. Eine Trennung kam für mich aber nicht mehr infrage, die Liebe war bereits gewachsen.

Deshalb ging es mit meiner hinkenden Gefährtin auf die Discorallye durch Oberösterreich – zu meinem wachsenden Leidwesen. Egal, wo wir hielten: Sie war der Stargast. Alle DJs wurden von ihr mit Küsschen und Umarmungen begrüßt. Ich war nichts weiter als das scheinbar belanglose Anhängsel. Für mich war es die reinste Demütigungstour.

Nach zwei Wochen zog es Astrid endgültig zurück ins *Fun*. Wie die anderen Gäste auch stellten wir uns in die 50 Meter lange Schlange. Plötzlich stand Hollywoodbeau Jean-Claude Van Damme vor uns. Erst beim zweiten Hinsehen war zu erkennen, dass es sich doch nicht um den belgischen Leinwandhelden handelte, sondern um Hansi, einen der Besitzer des *Fun*. Dieser winkte Astrid zu, sie tanzte aus der Reihe, ging zu ihm und umarmte ihn. Sie ließ mich einfach stehen und betrat mit ihm den Schuppen. Nie war ich mir derart gedemütigt und vorgeführt vorgekommen. Es dauerte und dauerte und dauerte, bis ich zur Kasse vorgerückt war, wo Astrid wieder Notiz von mir nahm. Schweigend bezahlte ich meinen Eintritt in ihr Revier, wo ich wie der letzte Vollpfosten rumstand, während sie mit »Jean-Hansi Van Damme« weiter herumalberte.

Meinen aufgewühlten Frust verbarg ich vor Astrid, ich tat, als wäre alles in bester Ordnung. Heute weiß ich, dass ich ihr das damals einfach hätte sagen müssen. Böse Absicht stand in keinster Weise dahinter, sie merkte nicht im Geringsten, was in mir abging.

An diesem Abend starb einiges in mir ab und was an die entsprechende Stelle trat, war nichts Gutes. »Euch allen werde ich es noch zeigen!« – das war der unheilvolle Entschluss, den ich fasste.

Im Tal des Glücks

Bei einem Kurztrip nach Italien mit Astrid, ihrer besten Freundin und deren Freund ging's allabendlich in die Disco – und dies bereits zu der Zeit, in der die DJs sich gerade erst einrichteten. Nacht für Nacht setzten sich die beiden Mädels wild in Szene, geizten nicht mit ihren Reizen und heißen Bewegungen. Darüber definierten sie ihren Selbstwert ebenso wie durch das Flirten mit den DJs. Innerlich raste ich vor Zorn, doch ich zeigte es nicht und Astrid bemerkte nichts davon. Sie verstand überhaupt nicht, warum ihr Freund bereits nach der ersten Disconacht tobte. Schließlich hätten sie doch nichts anderes getan als getanzt.

Der Moment, in dem ich es »denen« zeigen würde, kam bald. Ich konnte in ein Projekt auf der Ausgeh-Meile einsteigen, wo bereits das *Fun* und die *Mausefalle* angesiedelt waren. Da mein vorgesehener Partner in einem wirtschaftlichen Engpass festhing, übernahm ich den Einstieg im Alleingang.

Ich richtete das »Lucky Valley« im Tex-Mex-Stil ein und bald sollte es in der Stadt zum Renner werden. Doch zunächst stand ich selbst in einer Schieflage. Ich hatte bereits acht Millionen Schilling (1,1 Millionen DM) in den Umbau investiert. Mit Krediten der Banken und der Brauereien mühte ich mich derart knapp ächzend über die Ziellinie, dass es nicht mehr reichte, um Plakate zu drucken.

Da die Werbung aber das Wichtigste ist, gelang es mir gerade noch, weiße, unbedruckte Plakatflächen zu mieten. Astrid und ich fuhren kreuz und quer durch die Stadt, um mit Sprays und Schablonen die Flächen zu gestalten. Doch gerade deshalb kamen wir ins Gespräch und zur Eröffnung kamen die Leute in Strömen.

Dank einer guten Computerschankanlage konnten meine Angestellten weniger leicht stehlen als früher. Zudem zahlte ich gut. Um die Schulden möglichst schnell abzuzahlen, nahm ich so gut wie nichts aus der Kasse, nur das Geld für die private Miete.

Der Umsatz meines Lokals überstieg mit fünf Millionen Schilling pro Monat meine Erwartungen deutlich. Dafür hatte ich allerdings auch hart und akribisch gearbeitet und die Musik und deren Abfolge sorgfältig ausgewählt. Oft legte ich mich nach der Sperrstunde gleich auf einer Matratze im Lokal zur Ruhe. Tüchtig zur Seite stand mir Astrid. Einmal waren wir derart fertig, dass wir an einem freien Sonntag in einem Restaurant am Tisch einschliefen, bevor die Speisen gereicht wurden.

Aber Astrid konnte sich nicht ganz vom *Fun* lösen, denn im »Lucky Valley« sprachen wir eine andere Kundschaft an. Bei mir gingen zum Sound der 80er-Jahre ländlich gewandete Biertrinker ein und aus und nicht die schick gezwirnten Discocoolen. Immer wieder schaute sie sehnsüchtig zum *Fun* hinüber, das von unserem Standort aus zu erspähen war. Und so kam ich mir, dem Erfolg zum Trotz, wieder minderwertig und klein vor.

SCHLAGartiger Durchbruch: Ohrfeige aus Liebe

Eines Tages brach Astrid zusammen. Unter Tränen sagte sie mir, dass ihr einfach alles zu viel geworden sei. Und auf dem Weg zu mir hatte ihr auch noch ein Kerl zwischen die Beine gegrabscht!

Ich eröffnete ihr, dass ich ebenfalls so nicht mehr konnte – wenn sie ginge, gäbe es jedoch keinen Weg zurück. Sie entschied sich zu bleiben und unsere Beziehung festigte sich.

Dem Typen, der meinem Schatz zwischen die Beine gelangt hatte, gab ich eine schallende Ohrfeige, nachdem Astrid ihn mir gezeigt hatte. Das machte ihr mächtig Eindruck. Sie erkannte, dass ich wirklich hinter ihr stand. An diesem Abend entschieden wir uns ganz füreinander. Nie hätte ich daran gedacht, sie zu betrügen. Wir hielten zusammen, gingen durch dick und dünn und befanden uns nun auch privat im »Lucky Valley«, im Tal des Glücks.

Die Besitzer des *Fun* und der *Mausefalle*, für die ich früher Luft gewesen war, wurden jetzt zu meinen Freunden. Konkurrenten waren wir nicht, da unsere Lokale eh alle voll waren. Anstehen musste ich nirgends mehr.

Mein Ego wurde dadurch beflügelt, dass ich in der größten Stadt Oberösterreichs ein Lokal aufgebaut hatte, das zu den erfolgreichsten in dieser Gegend gehörte. Der Preis war, dass mich der inzwischen drei Jahre alte Kevin kaum zu Gesicht bekam.

Innerlich erkannte ich eine Spaltung. Auf der einen Seite war meine Selbstgefälligkeit längst durch die Decke geschossen. Doch auf der anderen Seite waren meine tiefsten Ängste immer noch arg in mir drin verwurzelt. So fürchtete ich schon damals, dass die Gäste plötzlich wegbleiben könnten. Nicht zuletzt deshalb spielte ich nach sechs sehr erfolgreichen Monaten mit dem Gedanken, das »Lucky Valley« zu verkaufen. Mit dem Erlös wollte ich eine Disco eröffnen. Wenn meine Lebensgefährtin die Discoqueen war, musste ich eben zum Discokönig werden. Um Astrid und den Rest der Welt zu beeindrucken. Und um mich mit einem bombastischen Ausgeh-Tempel endgültig von meinen Ängsten zu befreien.

Bald war das *Lucky Valley* verkauft und ich um einige Millionen Schilling reicher.

Der Bankräuber von heute geht barfuß

Das Kinocenter *Hollywood Megaplex* beim gigantischen Einkaufscenter *PlusCity* am Rande von Linz strebte nach einer Diskothek. Gern war ich als Umsetzer zur Stelle. Allerdings zogen sich die Verhandlungen mit den Nachbarn in die Länge, da sich diese kraftvoll gegen das Projekt zur Wehr setzten.

Somit hatten Astrid und ich wenig zu tun und genossen nach Monaten harter Arbeit den leidenschaftslosen Müßiggang. Um gleichzeitig das Geld zu vermehren, schien mir eine Gelegenheit höchst willkommen: Zwei Millionen Schilling würde ich problemlos verdreifachen können, so versprach mir ein Anwalt aus Kärnten. Dieser Verlockung vermochte ich nicht zu widerstehen. Die Kanzlei gab es schon sehr lange, somit schien dieser Quick Win eine sichere Sache zu sein.

Zwei Millionen Schilling investierte ich in den empfohlenen Öl-Anlagefonds. »Was kann bei Öl schon schiefgehen?«, dachte ich, »schließlich werden weltweit pro Tag nicht weniger als 90 Millionen Barrel verbraucht.« Astrid hätte sich von dem Geld lieber einen noblen Schlitten gekauft. Als ich es ablieferte, verabschiedete sie sich mit den Worten: »Leb wohl, schönes Geld!«

Zu Recht. Die Verkäufer waren schlichtweg Betrüger und das Geld war weg. Vergeblich rannte ich dem Ganzen noch lange hinterher. Einem befreundeten Immobilienmakler erzählte ich von dieser misslungenen Aktion. Er erwähnte, dass er da jemand kenne, der wieder jemanden kenne, der vielleicht etwas würde machen können.

Ich traf mich mit diesen Leuten am Waldrand, um die Sache zu besprechen. Zwei Typen erwarteten mich. Der Wortführer war sehr muskulös, 1,90 Meter groß und sehr beeindruckend. Er hatte eine tiefe, dominante Stimme. Sein Spitzname war trotz ähnlicher Aussprache »Death«, nicht »Dad«. Der Zweite war ähnlich Furcht einflößend.

Sie erzählten, was sie in Russland schon so alles getan hatten. Es waren Kerle, denen man weder im Dunklen noch im Lift und auch nicht im hell beleuchteten Ballsaal begegnen wollte. Für die Rückholaktion musste ich 150 000 Schilling in bar hinblättern. Eine Quittung gab es dafür nicht (dafür musste ich ihnen auch keine Rentenversicherung bezahlen). Ich war froh, als sie weg waren.

Leider war jener, bei dem sie das Geld holen mussten, nicht ganz so einfach zu knacken. Die beiden hatten ihn beschattet und bedroht, doch er war nicht darauf eingestiegen. Deshalb wollten sie eine Stufe höherschalten und es folgte ein zweites Treffen, um zu entscheiden, wie sie weitergehen vorgehen würden. Ein Ohr abschneiden, einen Finger, einen Zeh, ein Schuss ins Knie, foltern oder töten? Ich konnte ihnen nicht vorwerfen, dass sie sich nicht ausführlich auf das Kundengespräch mit mir vorbereitet hätten. Jetzt warteten sie auf mein Okay. Sie waren richtig harte Hunde. Wenn man sich auf diese Stufe einlässt, ist das kein Abenteuer mehr.

Ich traute mich nicht, ihnen zu sagen, dass ich das alles nicht wollte, und bat um Bedenkzeit. Ich wandte mich erneut an meinen Immobilienfreund und erklärte ihm, dass ich mich unbedingt aus dieser Nummer zurückziehen müsse. Das kostete noch einmal 150 000 Schilling Bearbeitungsgebühr, unter anderem, damit die beiden Kerle nichts aus ihrem breit gefächerten Angebot in die Tat umsetzten. Immerhin war ja auch ihre Ehre angekratzt, weil sie diese Schlacht nicht schlagen durften und sie sich somit nicht durchsetzen konnten. Das war nicht meine Welt. Ich wollte das Geld zurück, ja. Aber so etwas war es mir nicht wert. Schließlich war es nur Geld, das ich nun endgültig aufgeben musste, wenn auch extrem viel.

Als dann noch eine richtig fette Steuernachzahlung auf uns zukam, waren unsere Rücklagen aufgebraucht, und wir waren nicht mehr in der Lage, die Miete für unser Haus zu bezahlen. Bewaffnet mit der Kreditkarte zog ich ins Casino. Von 14 Uhr nachmittags bis 3 Uhr in der Früh – während der ganzen Betriebszeit der Spielhölle – blieb ich drin, im Streben nach dem Lucky Punch. Mehrere Wochen lang gewann ich an einem Tag etwas, um dies dann am nächsten Tag wieder zu verlieren. Es kam vor, dass das Benzin gerade noch für die Hinfahrt reichte, nicht aber für den Rückweg. Weinend saß ich dann im Auto, ohne einen Ausweg zu sehen. Also blieb das Auto stehen, bis ich am Folgetag wieder etwas gewonnen hatte, um das Gefährt zu betanken.

Da es meinem Bruder zu dieser Zeit wirtschaftlich auch nicht gerade gut ging, kam ihm eine Idee, für die ich mich ebenfalls erwärmen konnte. Man musste das Geld dort holen, wo es war: bei der Bank – wenn auch nicht mittels eines Kundengesprächs, sondern als Bankräuber. Und er wusste auch schon, bei welcher. Am Rande der Stadt Linz stand ein Finanzinstitut, das aus seiner Sicht gut zu knacken wäre.

Um unserer Forderung etwas mehr Gewicht zu verleihen, verschaffte er sich eine Pistole mit Platzpatronen. Mangels eines gestohlenen Wagens, mit dem wir mit quietschenden Reifen vor den Geldbunker hätten donnern können, parkten unsere wenig begeisterten Freundinnen komplizenhaft und abfahrbereit auf einem Parkplatz in der Nähe, der Bankräuber von Welt geht zu Fuß. Ausgerechnet an diesem Tag wurde die Straße neu asphaltiert. Mir wurde klar, dass die Ermittler uns später aufgrund der Schuhabdrücke würden überführen können.

Geistesgegenwärtig zog ich mir die Schuhe aus. Dass mögliche Fußspuren noch viel eindeutiger auf mich hinweisen würden, kam mir in diesem Augenblick nicht in den Sinn. Ich war schlicht zu aufgewühlt. Somit machte ich mich barfuß neben meinem Bruder auf zur Bank. Da er seine Schuhe anbehalten hatte, würde die Polizei anschließend getrost ihre Azubis ans Werk lassen können, die einen könnten sich an den Fuß-, die anderen an den Schuhabdrücken üben.

Ich selbst hatte diese Sparkasse noch nie gesehen und wusste nicht einmal, wo wir hingingen. Minutiös durchgetaktet war unser Husarenstreich nicht. Die Höhe der Forderung hatten wir ebenfalls noch nicht besprochen und auch nicht, was wir genau sagen würden. Als wir in der Nähe des Gebäudes standen, merkte Peter, dass er die Pistole vergessen hatte. Mit kriminellem Know-how waren wir nicht gerade überlastet.

Mein Banküberfall machte mir Mut

Als wir wieder beim nun nicht mehr notwendigen Fluchtwagen angekommen waren, waren unsere Freundinnen noch stärker als wir erleichtert, dass aus unserem Weg zum Banküberfall ein Nachmittagsspaziergang geworden war. Es war wohl einer der erfolglosesten Coups in der Geschichte des österreichischen Verbrechens – und das war gut so.

Neben meiner Erleichterung empfand ich plötzlich auch wieder Hoffnung für die Zukunft. Durch absolutes Insiderwissen erfuhr ich, dass wegen des Streits mit den Anwohnern nichts aus dem Discogeschäft werden würde. Aus dieser Information konnte ich Kapital schlagen, denn fast gleichzeitig trat Roland, der Besitzer der Linzer *Mausefalle* mit der Frage an mich heran, ob ich nicht zusammen mit ihm in Graz einen Ausgeh-Tempel eröffnen wolle.

Der neue »Lucky Valley«-Besitzer fürchtete weiterhin, dass ich eine Disco eröffnen würde. Er plante, bei den Anwohnern nahe der *PlusCity* Öl ins Feuer zu gießen, damit sie gegen dieses Ansinnen protestieren. Daher schlug ich Roland vor, dass er ihm als angeblicher »Mittelsmann des Bürgermeisters« gegen eine Zahlung von 500 000 Schilling garantieren sollte, dass die Disco (die intern laut meinem Insiderwissen ja bereits abgeschmettert war) nicht gebaut werden würde. Der neue Besitzer zahlte … und wir hatten uns unsere Anschubfinanzierung ergaunert. Zumindest vermeintlich, denn ein Großteil der Summe ging für meine Ausstände drauf.

Für das Vorhaben waren zwölf Millionen Schilling nötig. Meine erste Amtshandlung als werdender Discokönig sah deshalb so aus: Ich fuhr zum Chef einer Brauerei, bei welcher ich bereits durch die früheren Lokale einen guten Namen hatte. Ich behauptete, dass bereits drei Millionen Eigenkapital vorhanden wären, und er sicherte mir einen Kredit von drei Millionen Brauereianteil zu. Nun galt es, die Fäden weiter geschickt zu ziehen, nicht dass das ganze Konstrukt krachend zusammenfallen würde. Immerhin wusste niemand, dass ich eigentlich pleite war, bis auf Astrid und Peter.

Als Nächstes ging ich zu einem Bankier meines Vertrauens und sagte ihm, dass ich mein Schwarzgeld in der Schweiz bunkern würde und dass ich plante, dieses in vierteljährlichen Tranchen in mein Unternehmen einzuspeisen. Ich hatte einmal aufgeschnappt, dass das so funktionierte. Für den Finanzangestellten klang es plausibel. Zudem konnte er sich ungefähr ausrechnen, wie viel ich hatte – mit dem kleinen, aber feinen Unterschied, dass ich es eben nicht mehr hatte, was er jedoch nicht wusste.

Gegen Hinterlegen von zwei Millionen Schilling sicherte er mir einen Kredit von sechs Millionen zu, womit ich bei Zusagen für neun Millionen Schilling stand, drei Viertel der Gesamtinvestition. Das Problem war nur das Geld zur Hinterlegung … Aber dazu war ja das angebliche Schwarzgeld aus der Schweiz da, die erste Tranche von 300 000 Schilling sei – so meine Beteuerung – eine Woche später zu erwarten.

Als der Tag näher rückte, hatte ich jedoch keine Ahnung, woher dieses Geld kommen sollte. Mit meinen letzten 5 000 Schilling ging ich am Sonntagnachmittag, Stunden vor der ersten Hinterlegungsüberweisung an die Bank, ins Casino. Pünktlich um 14 Uhr zur Öffnung stand ich auf der Matte. Es ist kein Witz: Nach wenigen Stunden hatte ich die 300 000 Schilling tatsächlich erspielt. Doch statt nach Hause zu gehen, spielte ich gierig der Glückssträhne folgend weiter. Es dauerte nicht lange und ich hatte alles wieder verspielt. Ich verfügte nur noch über die Jetons, die ich am Anfang gehabt hatte.

Wie es zuging, weiß ich nicht, aber bis das Casino nachts um 3 Uhr seine Tore wieder verriegelte, hatte ich erneut 300 000 Schilling gewonnen. Meine Knie zitterten. Ich fuhr nach Hause und warf die Scheine über Astrid. Wir fielen uns in die Arme und weinten vor Erleichterung.

Tags darauf brachte ich das Geld auf die Bank und der Startschuss konnte erfolgen. Tag und Nacht arbeiteten wir nun an der Grazer *NACHTSCHICHT*. Dieser Ausgeh-Tempel sollte mehrere Lokale beinhalten sowie einen Spielsalon, den Roland und ich uns teilen würden. Wir schliefen in der günstigsten Absteige, die wir in der Nähe von Graz finden konnten, doch selten mehr als drei Stunden pro Nacht. Das Haus bei Linz hatten wir aufgegeben.

Die weiteren verheißenen Schwarzgeldtranchen an die Bank bezahlte ich mit ihrem eigenen Kredit sowie jenem der Brauerei. Weil so wiederum Geld in der Kriegskasse fehlte, vereinbarte ich mit den beteiligten Firmen, dass ich ein Drittel erst nach der Eröffnung bezahlen würde. Der Finanzfahrplan war äußerst eng, daher durfte uns nicht der geringste Fehler unterlaufen.

Doch der Tanz auf den rohen Eiern ging auf. Nach der Eröffnung stürzten sich die Leute auf die erste *NACHTSCHICHT*, unter deren Dach die *Mausefalle*, das *Rockcafé*, die Disco *Kokomo* sowie ein Spielsalon eingerichtet waren.

8

Showdown in Milano

Durch den Verkauf der letzten *NACHTSCHICHT* war unsere Geldquelle versiegt und der Verkauf der Luxusvilla zog sich hin. Das Finanzamt konnte dieser nichts anhaben, da ich beim Kauf des Grundstücks ein Belastungs- und Veräußerungsverbot zugunsten meiner Mutter festgelegt hatte.

Statt aber geduldig zu bleiben, schrieb ich auf Anraten eines Freundes unser Anwesen auf der Plattform »Small World« aus. Auf dieser, so seine Meinung, würden sich vor allem elitäre und gut betuchte Interessenten umsehen.

Tatsächlich meldete sich ein Mittelsmann eines Scheichs aus Katar bei mir mit entsprechender Mailadresse. Ehrfürchtig entdeckte ich im Internet, mit wessen Gesandten ich da gerade im Gespräch war. Das Glück wollte sich anscheinend endlich doch mit mir versöhnen. Ein Milliardär stand als Hauskäufer auf der Matte.

Ich schickte dem Guten die Pläne des Anwesens, den Grundriss der Zimmer sowie meine Kontaktdaten. Es dauerte nicht lange, bis mich der Unterhändler anrief. In gebrochenem Deutsch und holprigem Englisch erfuhr ich, dass die herrschaftliche Familie nach einer Residenz für eines ihrer Mitglieder suche, das in Linz studieren werde. Verschwiegenheit war oberste Pflicht, was ich als Discokönig gut nachvollziehen konnte.

Wir vereinbarten, uns in Mailand zu treffen, um in der Ferne über den Handel zu sprechen. Ins Netz gestellt hatte ich die Villa für drei Millionen Euro. Damit sie dem Scheich nicht jemand unter der Nase wegschnappte, legte mein Gesprächspartner gleich noch eine Million obendrauf. Ich fragte ihn, ob denn nicht zunächst eine Besichtigung nötig wäre, doch er erwiderte, dass die Herrscherfamilie sich bereits grundlegend über die Liegenschaft informiert und sie verdeckt in Augenschein genommen hätte. Er bat mich zudem, einige Wiener-Philharmoniker-Goldmünzen mitzubringen, die er mir abkaufen wollte, als Geburtstagsgeschenk.

Mit Astrid und den Münzen im Wert von 5 000 Euro fuhr ich nach Mailand, wo wir uns in einem orientalischen Restaurant trafen. Allein schon die Bodyguards beeindruckten mich.

Der Kaufinteressent legte mir noch einmal nahe, dass das Geschäft absolut geheim bleiben müsse. Nichts dürfe an die Öffentlichkeit dringen. Er lud mich zudem nach Katar ein, dazu werde der Privatjet geschickt. Und er versprach mir unbegrenzten Urlaub im Palast der Familie. Ich war mir sicher, dass dies auch Astrid gefallen würde, die im Auto wartete.

Mein Gegenüber erklärte, dass die zusätzliche Million unter der Hand bezahlt werden würde, und wir einigten uns auf die Formalitäten. Am Ende des Gesprächs kam er noch auf die Philharmoniker zu sprechen. Er gab mir die Scheine für die Münzen sowie pro Stück eine Provision von hundert Euro. Er fragte außerdem, ob er beim nächsten Treffen noch mehr Münzen erhalten könne, was ich gern bejahte. Im Geiste sah ich mich bereits als Münzeneinkäufer der royalen Familie von Katar.

Es dauerte ein paar Tage, bis sich der Mann wieder bei mir meldete. Er fragte, für wie viel Euro ich solche Münzen würde kaufen können. Nach einigem Hin und Her ließ ich mich darauf ein, Münzen im Wert von 350 000 Euro zu besorgen. 200 000 Euro konnte ich durch eine Betriebskostenabrechnung der *NACHTSCHICHT* im Wiener Donau Plex kurz von der GmbH abziehen. Diese mussten allerdings bald wieder auf dem Konto sein. Weitere 150 000 borgte ich bei einem Freund. Ich freute mich auf die zu erwartende Provision und kaufte in halb Österreich in verschiedenen Bankfilialen Philharmoniker-Münzen. Zu viele auf einmal durften es nicht sein, da man sich beim Kauf von über 15 000 Euro legitimieren musste, und das wäre dem Scheich natürlich nicht recht gewesen.

Mit der wertvollen Fracht im Rucksack ging es erneut nach Mailand. Diesmal trafen wir uns im Diplomatenviertel in einem Café. Da sein Bruder schwer erkrankt sei, müsse er dort einen Arzt treffen, behauptete mein Auftraggeber. Er trug eine goldene Uhr, einen schicken Anzug und eine goldene Brille. Wir redeten über das Geschäft, als plötzlich sein Telefon klingelte. Gleich darauf begann er zu zetern und zu weinen. Sein Bruder habe gerade die Diagnose erhalten: Krebs. Er telefonierte gleich noch mal. Wie abwesend fragte er, ob ich die Münzen dabeihabe. Bestätigend schob ich den schweren Rucksack mit dem Fuß diskret zu ihm rüber. Er nahm ihn, immer noch telefonierend, und versprach, dass er das Geld aus seinem Wagen holen würde, den er gleich um die Ecke geparkt hatte. Verwirrt aufgrund der schlimmen Diagnose für seinen Bruder und aus Ehrfurcht vor dem Gesandten der königlichen Familie verharrte ich zunächst auf meinem Stuhl. Dann durchzuckte mich der Gedanke: »Wenn du jetzt nicht rennst, ist das Geld weg!«

Als ich um die Ecke hastete, sah ich gerade noch, wie der Typ mit dem Rucksack in eine klapprige Rostlaube einstieg und sein Komplize Gas gab. Ich rannte hinter dem Wagen her, als gäbe es kein Morgen. Zwischenzeitlich sah ich das Auto nicht mehr, doch ich rannte weiter, denn das gesamte Geld stand auf dem Spiel.

Im richtigen Moment schenkte Gott einen Stau und schließlich erspähte ich auch die Rostlaube wieder. Ich hämmerte mit meinen Fäusten gegen den Wagen. Der Mann stieg aus, küsste meine Hände und sagte, dass alles ein Missverständnis sei, weil sein richtiger Fahrer die falsche Route gefahren sei. Wir stiegen in den Wagen und er zeigte mir eine Tasche voller eingeschweißter 500-Euro-Scheine. Das kannte ich: Hebt man bei der Bank große Summen ab, erhält man sie auf diese Weise. Ich wusste nicht, was ich jetzt glauben sollte. Meine Pulsadern an der Schläfe pochten und ich keuchte noch von der Anstrengung.

Wir stiegen beide aus dem Auto. Ich hielt die Geldbündel in der Hand, die Münzen waren im Wagen geblieben. Kaum waren wir draußen, jagte der Fahrer mit dem Wagen davon. Nun war endgültig klar, dass alles nur ein Trick war. Ich packte den »Mittelsmann« und drohte ihm, ihn mit aller Härte niederzuschlagen, wenn er nicht umgehend den Fahrer zurückpfiff. Dieser wendete tatsächlich, nachdem der Mann ihn angerufen hatte.

Ich stieg in den Wagen und bedrohte auch ihn. Beide waren nun total verängstigt und ich stellte erleichtert fest, dass es sich nicht um Killer handelte. Als der Adrenalinkick abklang, erkannte ich, dass ich in höchster Gefahr geschwebt hätte, wenn dies der Fall gewesen wäre. Ich packte den Rucksack und drohte ihnen noch etwas. Dann herrschte ich die beiden an, ins Café zurückzufahren. Von unterwegs rief ich Astrid an und erklärte ihr, was vorgefallen war. Sie war vor Angst fast vergangen und hatte mehrfach versucht, mich telefonisch zu erreichen, denn sie hatte die Szene im Café aus der Distanz beobachtet. Später erzählte sie, dass es ausgesehen hätte, als würden meine Füße den Boden gar nicht mehr berühren, als ich dem Typen nachrannte. Im Nachhinein wurde mir klar, dass es eigentlich unmöglich gewesen war, sie noch zu erreichen, allein, dass ich richtig abgebogen war, als ich den Wagen nicht mehr gesehen hatte … das alles kann ich mir nur dadurch erklären, dass Gott für mich ein Wunder getan hatte.

Im Café setzten wir uns wieder hin und ich tat so, als wäre ich den beiden noch nicht auf die Schliche gekommen. Nun kam Astrid dazwischen, drückte den Unterhändler weg, nahm den Rucksack und ging hinaus. Ich redete wieder vom Hausverkauf, er nur noch von den Münzen. Da ich nicht genau wusste, ob die beiden nicht doch noch etwas in der Hinterhand hatten, gab ich vor, dass ich nun die Münzen holen würde, damit wir wenigstens diesen Deal abschließen konnten und nicht vergeblich nach Italien gefahren wären. Die Augen der beiden begannen zu leuchten. Beim Auto angekommen fuhren Astrid und ich dann auf schnellstem Weg nach Österreich zurück.

Nach einiger Zeit klingelte das Telefon. Der Adelsvertreter fragte, wo ich bleibe. Ich erklärte, ich sei noch in Mailand und würde etwas Zeit brauchen, um alles zu verarbeiten. Seine weiteren pausenlosen Anrufversuche nahm ich nicht mehr entgegen.

Immer wieder sagte ich: »Danke, danke, danke«, denn diesen Verlust hätte ich wohl nicht auch noch verkraften können. Der Kerl aber rief immer wieder an. Nach zwei Tagen hob ich den Hörer ab und behauptete wütend, dass Astrid Fotos von ihm gemacht hätte. Diese würden wir der echten Familie des Scheichs übergeben, wenn er uns nicht in Ruhe ließ. Danach meldete er sich nicht mehr.

Und die Bodyguards vom ersten Treffen? Die hatten schlicht und ergreifend zum Lokal gehört und mit ihm rein gar nichts zu tun gehabt.

Auf meine Immobilienanzeige im Internet folgten jedoch weitere Anrufe aus Belgien und Frankreich, die ähnlich gelagert waren. Nun aber fiel ich auf keinen Trickbetrug mehr rein.

Ich spürte, dass ich in dieser ganzen Situation beschützt worden war. Das gab mir das Vertrauen, mich nun völlig auf Gott zu verlassen. Das musste ich auch, denn ich hatte nur noch das, was ich an Beratungshonoraren bar ausbezahlt erhielt. Alles andere war verpfändet. Einzig auf die Villa hatten die Behörden wie erwähnt keinen Zugriff. Aber Beton kann man bekanntlich nicht essen.

Zwar hatte ich noch einiges Geld an andere verliehen, doch die waren nicht in der Lage oder schlicht nicht willens, mir dieses zurückzuzahlen. Es gab genug Kerle in meinem Umfeld, für die das Begleichen von Schulden keine Ehrensache war.

Präzise rechnete ich aus, wie viel das Essen und die Schulen der Kinder kosteten. Dabei wurde mir klar, dass das Beratungshonorar aus der *NACHTSCHICHT* zusammen mit den Rücklagen nur noch für sechs Monate reichen würde.

Nicht mehr alles im Griff zu haben, hätte mich früher niedergestreckt. Auch jetzt war es nicht einfach, immerhin musste ich eine fünfköpfige Familie durchbringen – in einer schmucken Villa, die mittlerweile, der Pfänderei sei Dank, nur noch karg möbliert war. Die gesamte Pfändung hatte übrigens nur etwa 200 000 bis 300 000 Euro ergeben.

Trotz allem empfand ich einen tiefen Frieden. Astrid verstand überhaupt nicht, warum ich – der früher fast schon furchterregend streng auf der Kommandobrücke gestanden hatte – einfach ruhig blieb. Ich empfand ein Getragensein, das mir neu war. Ähnlich ging es Mario, der sich mittlerweile ebenfalls aus der *NACHTSCHICHT* zurückgezogen hatte. Er fuhr viel mit dem Rad und tat das Gleiche wie ich: nichts. Er vertraute einfach darauf, dass es gut werden würde – sogar noch mehr als ich, was mir wiederum zu weit zu gehen schien, aber ähnlich empfand Astrid ja auch mir gegenüber.

Früher wäre ich pausenlos gerannt, hätte versucht, bei einer Disco einzusteigen, oder ich hätte zumindest die beiden letzten *NACHTSCHICHT*-Diskotheken gar nicht erst abgegeben. Ich hätte Tag und Nacht geackert, um die Finanzbehörden mit laufenden Zahlungen zu besänftigen und den Ausgleich zu suchen – wohl so lange, bis ich umgekippt wäre.

Stattdessen zog ich mich stundenlang einfach in den Wintergarten zurück, um mit Gott zu reden. Und tief in meinem Inneren merkte ich, dass es gut werden würde.

Der König und sein Gott

Bei all dem Sinnieren über Gott, die Welt und Eventlokale breitete sich in diesen Wochen eine Idee in meinen Gedanken aus, die seit Jahren immer wieder kurz wie ein Blitzlicht aufgetaucht war: Wie wäre es mit einem schlichten Bar-Restaurant mit Rocksound, rustikal mit Holz dekoriert, ganz anders als die Prunkbunker, welche die Stadt übersäten.

Nur zwei Dinge sprachen dagegen: Ich hatte keine Energie mehr. Und wenn die vorhanden gewesen wäre, hätte immer noch das Geld gefehlt. Deshalb redete ich mit Mario und schlug ihm vor, dass er den Betrieb aufziehen und ich einfach ein Beraterhonorar erhalten würde. Die Behörden konnten ja immer noch alles pfänden, was ich hatte. Selbst Bares, das ich zugesteckt erhielt – ich oblag in dieser Zeit dem »Taschenpfand«. Mit einem gewöhnlichen Job wäre ich nicht weit gekommen, da jegliche Lohnzahlungen sofort von den Behörden abgesaugt worden wären. Dies verstand ich bestens. Da ich in eine Hinterziehung von geschätzt 60 Millionen Euro verwickelt war, war ich froh, dass ich den Himmel von meinem Wintergarten aus anschauen konnte und nicht durch die gefilterte Luft schwedischer Gardinen. Mit einem solchen Rockcafé konnte ich auf legale Weise Geld verdienen und mein privates Überleben sichern.

Bei Mario rannte ich eine offene Tür ein. Nie hatte er mir vergessen, dass ich in seiner Teenagerzeit, als er drogensüchtig war, zu ihm gehalten hatte. Damals hatte er unter dem Verdacht gestanden, auch in Drogenhandel verstrickt zu sein. Trotz aller Anschuldigungen behauptete er vehement, dass dies nicht stimmte. Ich glaubte ihm und später stellte sich heraus, dass er tatsächlich unschuldig war.

Bald fand Mario in Wien, seinem Wohnort, ein passendes Lokal. Die Vermieterin schickte ihren Sohn zum ersten Treffen. Als ich seine Visitenkarte anschaute, hätte ich am liebsten gleich den Hut genommen und wäre von dannen geeilt – was in Ermangelung einer solchen Kopfbekleidung nicht möglich war. Er war niemand Geringeres als einer der obersten Beamten des Finanzministeriums und ich aufgrund der gegenwärtigen Lage einer seiner VIPs. Bei genauer Betrachtung stellten wir zudem fest, dass an diesem Standort aufgrund der Nachbarschaft rasch Probleme aufgetaucht wären. Deshalb ließen wir von dieser Gegend ab.

Wieder zogen die Tage durchs Land und den Wintergarten. Bis ich eine Eingebung hatte. Ich hatte das Gefühl, ich sollte noch durch Linz fahren, nachdem ich Sam in den Kindergarten gebracht hatte. Auf dieser Rundfahrt kam ich an einer Location vorbei, von der ich schon länger wusste, dass sie freistand. Ich sah sie mir genauer an. Alles passte. Die Räume, die Entlüftungsanlage und noch etwas – ein Schild wies daraufhin, dass das Gebäude zu vermieten war.

Mario war bereit, bei einem Projekt in Linz dabei zu sein, und innerhalb weniger Wochen waren wir uns mit dem Inhaber einig.

Fehlte nur noch die Finanzierung. Mein Verhältnis zu den Banken und Brauereien war wegen der Steueraffäre zwiespältig. Gleichzeitig war ich außer beim *WON* nie einem Geschäftspartner etwas schuldig geblieben. Da hatte jeder, wie es im Big Business üblich ist, seinen Teil als Verlust abgeschrieben. Ansonsten war alles, was ich im Gastrobereich anpackte, stets zu Gold geworden.

Deshalb glaubten die anderen daran, dass das etwas werden könnte. Schon mit mehreren kleinen Krediten und dem Ersparten von Mario konnten wir ans Werk gehen, denn ein kleiner, vergleichsweise schlichter Einzelbetrieb braucht keine großen Umbauten wie eine Mega-Ausgeh-Location mit mehreren Discos und Bars unter einem Dach.

Ein Teil der Einrichtung war bereits vorhanden und in meiner Villa waren noch richtig fette Boxen installiert. War es göttliche Vorsehung gewesen, dass die Behörden sie nicht gesehen und abtransportiert hatten? Jedenfalls waren sie mehr als nur ausreichend, um das neue Lokal zu beschallen.

Der Aufbau war verglichen mit den früheren Baustellen kinderleicht. *Rox-Musicbar* hieß der Betrieb, den wir bald darauf eröffneten. Wieder kamen die Schulterklopfer, die Gratulanten. Auch wenn vieles davon ehrlich gemeint sein mochte, genau das wollte ich nicht.

Obwohl unser Lokal bodenständig und solide war, wäre es doch ein Leichtes gewesen, wieder in das Baden im Ego abzugleiten und in die Glitzer-, Glitter- und Scheinwelt einzusteigen. Bei mir war das überhaupt kein Thema und durch meine Erfahrung konnte ich Mario beistehen, da ich aufgrund meiner früheren Erlebnisse geläutert war. Dadurch kam er mit einem Streifschuss davon. Wir waren echt getragen. Und noch etwas war klar: Wir wollten nicht teilhaben am ausgefeilten Schwarzgeldsystem, das sich durch einen Großteil der Gastronomie zieht. Nicht nur, weil die Behörden aufgrund unserer Geschichte bei uns genauer hinschauen würden, sondern auch, weil ich meine Lehre aus der Schwarzgeldaffäre gezogen hatte. Bis ich darüber hinweg war, dauerte es dennoch seine Zeit.

Frozen Chicken

Nach der grandiosen Eröffnung folgte eine zügige Talfahrt, bei der es die Schwerkraft nicht gut mit uns meinte. Wir lockten mit einer Speisekarte, doch die Küche war nicht gerade unser Spezialgebiet, da fehlte die Liebe zum Detail.

Für manche Besucher hatte das, was auf unseren Tellern vorzufinden war, eher satirischen Wert, dessen höchste Pointe wohl war, als ein Gast noch nahezu rohe Hähnchenflügel serviert bekam. Das hätte gepasst, wenn die Bestellung »Frozen Chicken« oder »Hähnchenflügel-Tartar« gelautet hätte.

Da beides nicht der Fall war, erfanden wir ein neues Konzept, das da lautete: Zurück zu den Wurzeln. Die Musik wählte ich nun wieder ausgefeilter und im Schnitt waren die Titel etwas schneller. Zudem wurden sie von einem DJ eingespielt, manchmal war ich das. Auf der Menükarte fanden sich nur noch Toasts und Pizzen.

Wir eröffneten im Dezember 2007 und nach anfänglichen Schwierigkeiten hob das *Rox* im Februar 2008 ab. Die Umsätze wuchsen, die Lacher und die wenigen Neider verstummten. Unser Lokal wurde innerhalb kurzer Zeit zu einem der angesagtesten der Stadt.

Ich habe keine Erklärung dafür – trotz all der Jahre im Gewerbe. Wir können uns das nicht selbst zuschreiben. Es war gerade so, als hätte jemand den Schalter umgelegt. Jedes Wochenende und selbst unter der Woche kamen Besucher. Nach rund einem Jahr lief der Laden ausgezeichnet. Dank »After-Work«-Angeboten standen die Leute plötzlich schon um 17 Uhr an der Bar.

Gott kennt den besten Zeitpunkt. Die Bilder hatte ich innerlich schon vor der Eröffnung gesehen und genau so kam es nun. Je besser der Betrieb lief, desto mehr frühere Weggefährten aus der *NACHTSCHICHT*, die gerade auf Arbeitssuche waren, kamen zu uns.

Plötzlich war ich in den Augen der Welt wieder wer. Und mit wachsendem Erfolg wurde ich auch wieder von Mädels angeflirtet und anzügliche, unmissverständliche Angebote blieben nicht aus. Doch innerlich war ich gefestigt. Dergleichen kam für mich nicht mehr infrage. Nach all den quälenden Bruchlandungen, die sogar dazu geführt hatten, dass ich mir das Leben hatte nehmen wollen, war für mich klar, wo mein Herz (und der Körper, der dieses umgab) hingehörte: zu Astrid. Zu der Frau, die ich liebte – und die mich liebte.

In unserem neuen Unternehmen schuftete ich nicht mehr bis zum Umfallen. Als Berater und Begleiter war ich zwar oft im Betrieb, aber nicht mehr wie früher Tag und Nacht – und natürlich auch ohne Matratze. Nun schlief ich zu Hause.

Mitten im Winter: Der kälteste Sex meines Lebens

Durch das *Rox* hatte ich nun geregelte Einnahmen ohne Tricks und doppelten Boden und richtig Zeit für die Familie. Alles lief wie am Schnürchen. Daher riet ich Mario, in Wiener Neustadt, fünfzig

Kilometer von der Hauptstadt entfernt, nach einem Standort für ein zweites *Rox* zu suchen. Problemlos fand sich ein geeignetes Gebäude und die Finanzierung erfolgte ebenfalls ohne Schwierigkeiten. Dank einem Jahresgewinn von einer halben Million Euro konnte die Filiale ohne Weiteres angeschoben werden.

Eigentlich undenkbar war, dass wir mit einem so kleinen Lokal ohne einen Cent Schwarzgeld derart gut vorankamen. Auch in Wiener Neustadt war das *Rox* bald im Plus. Was für sein Segen!

Weil alles so gut lief, bot Mario mir an, die Betriebskosten für die Villa zu übernehmen. Das berührte mich tief, doch dieses Prunkstück war zu sehr mit meiner Vergangenheit verwoben. Ich wollte es abgeben. Zudem wären die Gewinne des *Rox* dann doch nicht die einer *NACHTSCHICHT* gewesen, Mario hätte da zu viel für mich abzweigen müssen.

In dieser Zeit hatte sich gerade ein früherer Interessent, der längere Zeit unschlüssig gewesen war, dazu entschieden, die Residenz zu kaufen. Seine Firma war gut in Schwung und er konnte sich das Anwesen leisten. Der Handel war in trockenen Tüchern – so schien es zumindest. Doch der Großteil seines Geldes war in Aktien angelegt und das Grauen kam mit dem Börsencrash. Seine Aktien schossen in die Tiefe und er war nicht mehr in der Lage, die Villa zu übernehmen.

Der alte Andi wäre wohl gleich in den Flieger gestiegen, um in Katar den echten Scheich ausfindig zu machen und ihm die Villa zu verkaufen. Nötigenfalls hätte er noch einen Hubschrauber-Landeplatz neben der Garage eingerichtet und irgendein Feuerwerk vom Stapel gelassen. Der neue Andi aber blieb ruhig – zu meiner großen Überraschung.

In Gedanken baute ich jedoch ein altes Haus im Grünen um, irgendwo zwischen Bäumen und Kühen. Das passte Astrid gar nicht. Viel lieber wollte sie in der materiellen Welt bleiben, in die ich sie während meiner Affären manövriert hatte. Immerhin aber begann sie, ihre 150 Louis-Vuitton-Handtaschen an die Frau zu bringen, sie reduzierte ihre Sammlung um 80 Prozent. Wenn man vorher derart viel hatte, dann bedeutet das ein großes Loslassen, das einen riesigen Schmerz hinterlässt. Der Verlust des Status und der Güter bedeutet gleichzeitig einen gesellschaftlichen Abstieg und dass man plötzlich mit einem Bruchteil dessen auskommen muss, was früher Standard war.

Von Pornos und Selbstbefriedigung war ich in dieser Zeit noch immer getrieben. Und als die Monate ohne Käufer verstrichen, wuchs mein Frust, zumal der Winter die schlechteste Zeit für Immobilienverkäufe ist. Plötzlich tauchte das krankhafte Verlangen nach anderen Frauen wieder in mir auf. Längst wusste ich, dass es falsch war und dass ich dabei nicht glücklich werden würde. Ich wollte es nicht mehr, doch die zurückgedrängte Gier türmte sich wieder in mir auf.

Mit ein paar anzüglichen Späßen schaukelte ich mich mit einer Frau so weit hoch, bis es passierte. Ich ging mit ihr und wir hatten bei ihr daheim den kältesten Sex meines Lebens. Auch sie spürte das. Ich konnte ihr nicht einmal sagen, warum das so war, obwohl ich es eigentlich wusste: Es war nicht richtig. Mein Zerstörtsein setzte genau dort ein, wo es beim letzten Seitensprung aufgehört hatte.

Dabei hatte sich mein Inneres doch mit aller Kraft dagegen gewehrt. Ich litt sehr darunter. Während ich bis zu diesem Zeitpunkt Astrid alles gestanden hatte, war mir klar, dass ich diesmal nicht zu ihr gehen konnte. Nicht jetzt. Sie hätte befürchtet, dass der alte Andi zurückgekehrt sei, bloß in einer wirtschaftlich »verarmten« Form und scheinbar ohne größeres Lebensziel. Sie wäre wohl sofort gegangen.

Es dauerte einige Tage, bis ich diesen letzten Vorfall verarbeitet hatte. Ich redete viel mit Gott und langsam spürte ich mich wieder getragen. Mein Bedauern, meine Reue waren echt. Als sich die andere Frau bei mir meldete, weil sie der Meinung war, dass dies nicht alles gewesen sein sollte, erklärte ich ihr die Lage. In mir war kein Funke der Versuchung mehr.

Heute ist mir bewusst, dass ich zu diesem Zeitpunkt gar keine Chance hatte, der Versuchung zu entkommen, ich war leider noch nicht so weit. Ich konnte aufgrund meines früheren Lebens noch immer die Lüge nicht von der Wahrheit unterscheiden. Ich war meinem Trieb wieder mal erlegen.

Das erkannte ich alles etwas später, als ich in der Bibel las. Viele Bibelverse sprechen mich an, als würde Gott direkt zu mir reden. Damals hätte mir sicher die folgende Aussage von Jesus geholfen: »Ich bin das Licht der Welt. Wer mir nachfolgt, braucht nicht im Dunkeln umherzuirren, denn er wird das Licht haben, das zum Leben führt« (Johannes 8,12).

Die Reise der Erkenntnis erfolgte für mich, indem ich mit Gott über die Bibel sprach. Die Bedeutung dessen, was ich las, schlüsselte sich mir auf, so wie es im Neuen Testament versprochen wird: »Ihr werdet die Wahrheit erkennen, und die Wahrheit wird euch frei machen!« (Johannes 8,32). Die neue Freiheit, die ich erlebte, erklärt der folgende Vers: »Nur dann, wenn der Sohn euch frei macht, seid ihr wirklich frei« (Johannes 8,36). Für mich schließt sich der Kreis mit Johannes 14,6, wo Jesus sagt: »Ich bin der Weg, die Wahrheit und das Leben. Niemand kommt zum Vater außer durch mich.«

Dies alles half mir, mein altes Leben, das kurz vor der Selbstzerstörung stand, abzulegen. Auch heute noch gibt es mir wirklich Frieden und befreit mich davon, im beruflichen oder christlichen Umfeld wieder zum übereifrigen Macher zu werden. Er schenkt mir Geduld und Frieden in den verschiedensten Situationen, sodass ich voll und ganz auf ihn vertraue: »Denn Gott bewirkt in euch den Wunsch, ihm zu gehorchen, und er gibt euch auch die Kraft zu tun, was ihm Freude macht« (Philipper 2,13). Für diese Zusage kann ich nur laut »Danke« schreien.

Im Jahr 2014 erschien meine Biografie im Eigenverlag. Später wünschte ich mir, sie neu aufzulegen, doch es war mehr ein Wunschgedanke an Gott. Ich folgte einigen Einladungen und so wurde ich auch in die TV-Sendung »Nachtcafé« nach Deutschland eingeladen. Irgendwie kam dann der SCM-Verlag auf mich zu.

Mich hat dies darin bestätigt, dass ich einfach den Weg gehen und die ganze Hoffnung, das ganze Vertrauen auf Jesus setzen kann, dann geschieht etwas, auch wenn es dauert und nicht immer alles so kommt, wie ich es gern hätte. Wenn wir glauben, dass es gut werden wird, dann wird das auch geschehen!

Bauernhof sucht Discokönig

Innerlich kehrte durch dieses Erlebnis eine Ruhe ein, die tiefer war als jene zuvor. Neben dem Engagement in den beiden *Rox*-Standorten strebte ich vor allem nach dem lang ersehnten Frieden. Dies war ungleich einfacher, da ich in den Lokalen nur noch Berater war und nicht der Leiter, an dem alles hing.

Das Warten auf einen Käufer für die Villa war gleichzeitig eine ausführliche Geduldslektion. Auf den Winter folgte – was für ein Zufall – der Frühling und in diesem konnte mein Interessent seine Firma an einen riesigen Konzern verkaufen.

Aus dem Nichts heraus stand ihm ein vielfacher Betrag des Preises der Villa zur Verfügung. Dennoch musste ich den ersten Schritt tun, in die Offensive gehen und ihn anrufen und fragen, ob er noch Interesse habe. Für mich war es eine Hürde, mich als Discokönig zurückzunehmen und anzufragen, ob er mein Haus wollte. Ich denke, die Idee, das zu tun, kam von Gott, doch handeln musste ich selbst, auch wenn ich lieber ein Wunder gehabt hätte. Aber so konnte ich auch Gott besser kennenlernen. Der spätere Käufer und ich kamen wieder ins Gespräch und ich suchte intensiver nach einer künftigen Bleibe, um für den Fall des Verkaufs gewappnet zu sein.

Tatsächlich fand ich ein altes Bauernhaus, das passte. Das Grundstück umfasste 13 Hektar und im Rohbau warteten 1 250 Quadratmeter Wohnfläche sehnlichst darauf, ausgebaut zu werden. Das war etwas anderes, als eine magere Holzhütte an einem Waldrand. Zu meiner Freude war auch Astrid begeistert.

Doch da war die Frage der Finanzierung: Wir suchten eigentlich etwas zum Mieten, hier handelte es sich aber um ein Kaufobjekt. 450 000 Euro waren für das Anwesen absolut günstig, nicht aber für uns. Von den zu erwartenden zwei Millionen vom Verkauf der Villa würde nicht viel übrig bleiben, weil wir damit erst den Bankkredit bedienen mussten.

Schließlich kam uns der rettende Gedanke: Mario konnte das Grundstück als Investmentimmobilie kaufen, ich könnte alles aufbauen und bis zum Weiterverkauf selbst bewohnen.

Ganz unproblematisch war die Übernahme jedoch nicht, denn das Haus war bewohnt: Eine esoterische Gruppe wollte dort ein spirituelles Zentrum eröffnen. Allerdings war den Leuten das Geld ausgegangen. Einige der Personen hofften, mich dazu überreden zu können, dass sie zusammen mit uns dort wohnen bleiben durften. Eigentlich war ich selbst ja ebenfalls auf der Esoterik-Welle, wenn auch nicht mehr so stark wie noch einige Monate zuvor. Dennoch lehnte ich ab und das war gut, sonst wäre es für meine

Familie und mein neues Leben vielleicht nicht ganz ungefährlich geworden, zumal sich diese Geisterfüllten nackt im Badeteich suhlten und nie so ganz ersichtlich war, wer zu wem gehörte.

Vorher waren Astrid und ich es gewohnt gewesen, es uns auf 750 Quadratmetern gut gehen zu lassen, nun machte ich zunächst 90 Quadratmeter bewohnbar, was doch eher überschaubar für eine fünfköpfige Familie ist.

Zwischenzeitlich dachte ich, dass der ganze Umbau mir doch zu viel werden könnte. Zudem hing ich zwischen den Welten: Die Villa war noch nicht verkauft und der Bauernhaus-Deal noch nicht unterschrieben, doch die Bank wollte diesen Klotz an ihrem Bein weghaben.

Erst als plötzlich ein zweiter Interessent für meinen Nobelort dazukam, unterschrieb mein Bekannter. Mittlerweile war es Juli geworden und wir waren bereit zum Umzug. Doch die esoterische Gruppe, also die Verkäufer ohne Geld, war noch nicht so weit. Sie brauchten Zeit für den »Loslösungsprozess« und boten mir ihre Hilfe beim Umbau an. Eigentlich wollten sie einfach weiterhin einen Schuh in der Liegenschaft halten. Nach dem Vertragsabschluss und dem Hinterlegen des Geldes beim Notar war die Sache auf dem Papier geregelt. Doch ich gewährte ihnen eine Übergangsfrist.

An der Spitze dieser Gruppe stand eine Frau, mit der ich häufiger verhandeln musste. Sie war recht zickig zu Astrid. Jemand hatte mich gewarnt, dass ich mich mit ihr nicht einlassen sollte, da sie auch spirituelle Rituale im dunkleren Bereich durchführen würde. Tatsächlich versuchte sie, mich zu manipulieren, und krallte sich bis zum Schluss an diesem Objekt fest. Die Esoteriker reizten alles aus, um den Ort nicht verlassen zu müssen. Es war ein irrsinniger, anstrengender Prozess und eine spirituelle Belastung schien in der Luft zu liegen. Merkwürdige Dinge geschahen. So hatten wir beispielsweise einen Hund, der an diesem Ort aus unerklärlichen Gründen immer wieder fast durchdrehte. Wir mussten ihn erschießen lassen.

Als die Gruppe nach einiger Zeit abgezogen war, lag ein Gefühl von Befreiung in der Luft. Gleichzeitig lebten wir noch ausgesprochen karg. Unsere fünf Betten standen alle im gleichen Raum und in Ermangelung einer Küche wärmten wir unsere Speisen auf zwei Elektroplatten auf. Dank einer Campingdusche kam die Körperpflege nicht zu kurz.

Durch das Dachfenster konnten wir beim Einschlafen den Sternenhimmel sehen. Wir erzählten uns – mangels Fernseher –, was wir am Tag erlebt hatten, und als es kalt wurde, knisterte im Holzofen ein Feuer. Wir rückten als Familie zusammen, ein kostbarer Schatz im gemeinsamen Erinnerungsalbum.

Meine zweite Tochter

Als wir in dieser Zeit erfuhren, dass Astrid schwanger war, stellte sich zuerst menschlicher Zweifel ein, ob der Zeitpunkt passte. Die anderen Kinder waren deutlich älter und wir dachten, dass sie eifersüchtig werden könnten. Dann aber erfüllte uns eine tiefe Freude. Auf Sam sollte eine zweite Tochter folgen, so dachten wir.

Wir bauten erste Räume aus, das zusätzliche Kinderzimmer sollte einen besonderen Platz erhalten. Wir hatten den Familienzuwachs schon tief ins Herz geschlossen, obwohl er noch ganz im Verborgenen heranwuchs.

Astrid genoss die erneute Schwangerschaft, die im Kreise der Familie geschah, ganz anders als die beiden ersten. Aber im vierten

Monat hörte das Kleine plötzlich auf, sich zu entwickeln, und dann starb es. Es war fürchterlich. Emotional ist es auch heute noch sehr schwer für uns. Aus der grenzenlosen Vorfreude sackten wir beide in eine tiefe Trauer ab. Durch unseren Glauben wissen wir jedoch: Unser Kind ist direkt zum Herrn gegangen und wartet dort auf uns.

So gut es ging, stand ich Astrid bei, doch ich war selbst hart getroffen vom Verlust unseres ungeborenen Kindes. Bis zum Verkauf des Bauernhauses Jahre später stand das Zimmer, das wir für das Baby eingerichtet hatten, leer.

9

Vom Mammon zum Manna

Mit der Villa war auch das letzte Kronjuwel, das für mich geistlich gesehen eine Ruine war, verschwunden. Es war bei allem gleich, bei den Diskotheken, den Autos und der Villa: Ich war richtig froh, diese Dinge los zu sein, weil sie mich schmerzten. Der Neid, der mir entgegenströmte, kombiniert mit meiner rauschhaften Angeberei, hatte irgendwann dazu geführt, dass ich all dieser Glitzerwelt überdrüssig geworden war. Jahrelang hatte ich mein Ego und mein Image um diese Dinge herum aufgebaut. Aufgrund des zuletzt tief eingravierten Frusts sowie der Angst, wie hoch die Zeche der Steuerhinterziehungsaffäre ausfallen würde, war dieses Loslassen eine immense Erleichterung.

Natürlich nagte es aber auch etwas am Stolz. Zuerst schämte ich mich beispielsweise, als ich plötzlich aus dem kleinen Wagen ausstieg. Dies zeugte ja von einem gesellschaftlichen Abstieg. Das fiel mir durchaus schwer und es dauerte seine Zeit, bis ich ganz in die Freiheit gefunden hatte und vom hohen Ross gestiegen war. Doch diesen Weg ging Jesus mit mir, auch wenn ich ihn da noch nicht wirklich kannte.

Es dauerte etwa ein Jahr, bis ich uns wieder ein etwas geräumigeres Auto gönnte. Der VW Tuareg ist ein sehr guter Mittelklassewagen, aber er war kein Prestigeobjekt. Gott dosierte genau richtig. Er macht das häufiger bei mir, die Gefahren lauern ja immer wieder. Da kommt Welle um Welle. Dies muss man einordnen können und schauen, was gut und gesund ist. Damals übermannte mich eine extreme Wehmut und ich litt richtig unter dem plötzlich kleineren Wagen – obwohl ich ja die anderen nicht mehr haben wollte. Zuerst kam der Schmerz, doch dann die Freiheit. Ich lernte, mit viel und mit wenig umzugehen, wie der Apostel Paulus das ausgedrückt hat (Philipper 4,12). Das erlebte ich mehrmals und ich denke, das war Gottes Art, mir diese Lektion beizubringen.

In Neumarkt im Mühlkreis, wo der Bauernhof stand, gab es auch eine Gärtnerei. Da ich eigentlich schon mit einem Gärtner aus Linz über bestimmte Arbeiten gesprochen hatte, fuhr ich am lokalen Gewerbe konsequent vorbei. Innerlich aber war es, als wäre da eine Stimme, die mich immer wieder auf diesen Betrieb hinwies. Also hielt ich eines Tages doch dort und vereinbarte mit dem Besitzer einen Termin. Allerdings erschien dieser einfach nicht. In früheren Jahren hätte sich das Thema für mich damit erledigt gehabt. Wer nicht mit dem Discokönig Geschäfte machen wollte, hatte Pech gehabt. Da waren noch zehn andere, die sehr gern nachgerückt wären.

Aber es zog mich wieder zu diesem Landschaftsgestalter. Er entschuldigte sich und gab unumwunden zu, dass er den Termin ganz einfach vergessen hatte. Den nächsten aber ließ er nicht verstreichen. Ich zeigte ihm das Grundstück und erklärte ihm die Pläne für etwa 3 500 Quadratmeter. Dazu gehörte das Anlegen eines Rasens, das Pflanzen von Bäumen und vieles mehr. Er sah vor, alles so naturnah wie möglich zu gestalten, ohne botanischen Kitsch.

Wir verstanden uns umgehend und mich faszinierte seine ruhige und besonnene Art. Von ihm ging ein Frieden aus, den ich nicht kannte. Mir schien, als hätte er genau das, wonach ich in meinem Inneren suchte. Während unseres Rundgangs berichtete ich ihm ein wenig von meinem Leben und dann lenkte ich das Gespräch auf ihn und fragte, weshalb er so ausgeglichen sei. Seine Antwort überraschte mich: »Ich lese in der Bibel. Ich versuche, mein Leben nach ihr auszurichten. Ich versuche, lieb zu meiner Frau zu sein, meine Mitmenschen gut zu behandeln und nicht auszuflippen.«

Er erzählte mehr von seinem Glauben. Seine Worte kamen aus dem Leben heraus. Es war kein schöngeistiger Vortrag mit einstudierten Pointen, sondern kraftvolle Gedanken aus dem Alltag. Und vor allem: Ich erlebte ihn auch so.

Seine Antwort beinhaltete den Schlüssel: die Bibel. Danach hatte ich gesucht. Als er dieses Wort aussprach, durchzuckte mich ein Blitz. Ohne dass ich jemals bewusst darin geblättert hatte, spürte ich, dass ich darin etwas ganz Wichtiges finden würde.

Und noch besser: Ich hatte ja sogar eine. Oberleutnant Karl Gigler hatte mir eine geschenkt und ich hatte sie aufbewahrt. Obwohl ich beim Ausmisten stets unerbittlich bin, hatte ich das Buch der Bücher bei all unseren Umzügen nicht weggeworfen. Sie musste irgendwo in einem der Kartons sein, die wir nach dem Umzug noch nicht ausgepackt hatten.

Plötzlich war mein Hunger darauf riesig. Kaum war der Gärtner weg, ging dessen Same auf. Nach über einer Stunde hatte ich mich so weit durch die Kartons gewühlt, dass ich die Heilige Schrift in den Händen hielt.

»Das ist ja wie die Geschichte vom verlorenen Sohn«

Die nächsten drei Tage machten wir auf eine Einladung hin einen Kurzurlaub in Spanien. Schon im Flugzeug begann ich mit dem Lesen der Bibel. Ich las die ersten Seiten, ohne viel zu verstehen. Dort wird die Geschichte des Volkes Israel erzählt und es gibt beispielsweise seitenweise Vorschriften für den Dienst im Tempel, der heute nicht mehr existiert. Da ich außerdem kreuz und quer blätterte – ich wollte mal wieder schnell zum Ziel kommen –, kam mir das Ganze zunächst spanisch vor. Das passte zwar zu unserem Ferienort, nicht aber zu mir, daher legte ich die Bibel erst mal zur Seite. Doch kurz darauf forschte ich weiter. Obwohl ich kaum etwas begriff, spürte ich, dass der Weg der richtige war und ich die Antworten auf all mein Suchen in den Händen hielt.

Zurück in Österreich hatte ich immer noch nicht viel verstanden, aber der Gärtner hatte anderen von unserem Gespräch erzählt. Daher besuchte mich mein Nachbar, ein Landwirt, und lud mich zu einem wöchentlichen Bibeltreffen ein. Gern nahm ich diese Einladung an.

Etwa zehn Personen aus dem Ort waren dabei. Da ich neu war, stellten sich alle kurz vor und auch ich sagte ein paar Worte über mich. Danach folgten Lieder, die ich nicht kannte und deren Texte ich inhaltlich nicht wirklich einordnen konnte. Eine Art Jägerlatein oder Kanaanäisch (eine Sprache des Landes, in dem die Israeliten lebten) für Fortgeschrittene. Manchmal schlossen sie dabei die Augen, andere Male hielten sie die Hände in die Höhe, dann beteten sie wieder. Auch ich begann zu beten: Dass das alles bald fertig wäre und ich wieder gehen könnte.

Als die Bibelstunde vorbei war, kam ich dennoch mit den Leuten ins Gespräch. Ich erkannte, dass sie sich aufrichtig für mich interessierten. Sie nahmen mich einfach so an, wie ich war. Während ich sie innerlich als seltsam verurteilt hatte, breiteten sie die Arme für mich aus. Natürlich gab es später auch zwischenmenschliche Schwierigkeiten und Enttäuschungen. Es sind alles nur Menschen, auch Christen sind nicht perfekt. Aber weil diese Leute sich nicht um sich selbst drehten, wie ich es fast mein ganzes Leben getan hatte, konnten sie sich auf mich einlassen.

Am Mittwoch darauf machte ich mich wieder auf den Weg dorthin. Mein Verstand schrie überhaupt nicht danach, aber mein Herz spürte, dass dies der richtige Ort für es war. Verstand und Herz kämpften miteinander, doch schließlich ging ich gemeinsam mit meinem Herzen los. Unterwegs überlegte ich mehrmals, ob ich umkehren sollte. Ich tat es nicht.

Die Menschen dort baten mich, etwas mehr aus meinem Leben zu erzählen. Ich tat das, ohne etwas zu beschönigen. Sie hörten einfach nur zu und ich hatte das Gefühl, dass sie sich mit mir über meine Umkehr freuten. Einer sagte plötzlich: »Das ist ja wie die Geschichte vom verlorenen Sohn in der Bibel. Die musst du lesen.«

Auf dem Heimweg tobte ein letzter Kampf in mir. Ich fragte mich, warum ich mich mit diesen Leuten traf. Die waren so ganz anders als ich. Dann aber umgaben mich eine Sanftheit und eine Geborgenheit. Ich würde wieder hingehen, das spürte ich.

Ich folgte dem Rat, die Geschichte vom verlorenen Sohn zu lesen. Das ist ein Gleichnis, das Jesus erzählte, damit die Menschen Gott besser verstehen. Ein sehr wohlhabender Mann hatte zwei Söhne. Der eine von ihnen bat vorzeitig um sein Erbe – ein Affront, der Vater lebte ja noch – und zog damit in die Ferne. Dort gab er das ganze Geld für sein Vergnügen aus. Natürlich hatte er in dieser Zeit viele Freunde. Doch irgendwann war er pleite und alle wandten sich von ihm ab. Er musste die niedrigste Arbeit verrichten und hungerte trotzdem. Da beschloss er, zu seinem Vater zurückzukehren, der den schmutzigen, stinkenden Kerl mit offenen Armen empfing.

Diese Geschichte ging mir so nahe, dass ich weinte. Es war schlicht und ergreifend meine Lebensgeschichte, die da niedergeschrieben war. Mein Aufstieg und Fall hätten kaum präziser wiedergegeben werden können.

Ich wartete gar nicht erst bis zum dritten Treffen. Gemeinsam mit den Besuchern dieser Bibelgruppe besuchte ich am Sonntag danach einen freikirchlichen Gottesdienst in Freistadt, wenige Kilometer von unserem Wohnort entfernt.

Auch hier war ich willkommen. Bei den Anwesenden fühlte ich etwas Friedvolles. Das waren alles Menschen, die angekommen waren, auch wenn ich etwas später mehrmals feststellen musste, dass sie trotzdem nicht fehlerfrei waren. Ein paar Tage später besuchte mich der Pastor der Gemeinde. Stundenlang löcherte ich ihn mit Fragen und er erklärte mir, wie ich in der Bibel lesen konnte. Zum Beispiel riet er mir, zunächst das Neue Testament (den zweiten Teil der Bibel) zu lesen, um zu verstehen, wer Jesus ist.

Nie hatte ich in meinem Leben gehört, welche Bedeutung Jesus Christus hat. Der Pastor erklärte mir, dass jeder Mensch von Natur aus von Gott getrennt ist, weil Gott heilig ist, der Mensch aber nicht, weil er Dinge tut, die ihm selbst und anderen schaden. Doch weil Gott die Menschen liebt, sandte er vor rund 2000 Jahren seinen Sohn Jesus auf diese Welt. Jesus Christus starb für uns, damit jeder, der das will, eine Beziehung zu Gott haben kann. Er hat am Kreuz für meine Schuld bezahlt. Und für jeden Menschen, der bereit ist, dieses

Geschenk der Vergebung anzunehmen. Es ist kostenlos und man kann es einfach so mit einem dankbaren Herzen annehmen. Dadurch wird man verändert und bekommt eine Hoffnung, die trägt.

Der Pastor führte dies weiter aus und ich konnte mehr und mehr verstehen, wie Jesus einem die Lasten abnimmt und Erfüllung schenkt, wenn man sich ganz auf ihn einlässt. Jesus lebte zwar als Mensch auf dieser Erde, aber gleichzeitig ist er Gott, ebenso wie der Heilige Geist. Wir sprechen deshalb von der Dreieinigkeit von Gott Vater, Gott Sohn und Gott Heiliger Geist. Ich hatte bisher einfach nur mit Gott gesprochen, ohne ihn näher zu kennen. Nun wurde mir bewusst, dass er nicht nur der Schöpfer des Universums ist, sondern auch als Mensch auf die Erde kam. Dieser Glaube gibt den Christen Hoffnung. Sie wissen, wo sie ihre Sorgen abladen können. Sie werden von Christus getragen, so wie ich mich oft von Gott getragen gefühlt hatte. Das war die Erklärung für das, was ich in den letzten Monaten und bei meinen Gesprächen mit Gott mehr und mehr, aber noch nicht vollständig erkannt hatte.

Angekommen

Nun nahm auch ich diesen Glauben an. Nach all den Jahren im Elend, in der Zerrissenheit, gequält von Selbstzweifeln und Existenzängsten war ich angekommen. Es war für mich einfach klar, dass dieser Jesus mir Sinn gibt. Es war, als wäre ich auf einen schönen, hell beleuchteten Weg gelangt, nachdem ich in einem finsteren Labyrinth nach einem Ausweg gesucht hatte.

Wo auch immer dieser Jesus mich hinführen würde, es war in jedem Fall besser als alles, was ich bisher versucht hatte. Gern hielt ich mich an ihn, denn schon mehrfach hatte ich erkannt, dass er in seiner Liebe zu mir hielt, als ich mich für ihn öffnete, selbst als ich ihn noch nicht benennen konnte und einfach nur mit Gott sprach, ohne mehr über ihn zu wissen.

Er hatte mir seit meiner Entscheidung, mein Leben zu ändern, immer wieder die Möglichkeit gegeben, zwischen Richtig und Falsch zu wählen. Oft wählte ich zunächst die falsche Richtung. Doch er blieb an meiner Seite, bis ich bereit war, ihn auf die Kommandobrücke meines Lebens zu lassen, um zu erkennen, was wirklich gut für mich ist. Er weiß das viel besser als ich selbst.

Ich erkannte, dass Gott seinen Sohn geopfert hat. Er ist für unsere Verfehlungen, für unsere Sünden, für alles Schlechte, das wir getan, gesagt oder gedacht haben, gestorben. Christus hat den Tod überwunden und dadurch haben wir Zugang zum Vater. Ganz verstanden hatte ich das in diesem Moment noch nicht, aber ich hatte begonnen, es zu glauben.

Veränderung

Mehr und mehr wurde die Bibel zu meiner Gebrauchsanweisung für das Leben, denn für mich war klar: Dieses Buch eröffnet mir die Wahrheit. Ich hatte nicht den geringsten Zweifel. Es war wie ein Programm in mir, das Gott vorbereitet hatte. Nach der jahrelangen Suche ging es plötzlich unglaublich schnell.

Alles ist in unserem Herzen angelegt. Es ist nicht menschlich, dass das geschieht, sondern göttlich. Und es war auch nicht ein einzelner Mensch, der mir alles sagte. Ähnlich einem Mosaik kamen von überallher die passenden Steine. Der Heilige Geist wirkte in mir das Verstehen. Er zeigte mir, welche Bedeutung Jesus hat.

Es war aber nicht so, dass ich von heute auf morgen alles richtig gemacht hätte. Das hat wohl bisher keiner geschafft, auch wenn manche Menschen denken, dass es so sein müsste. Andere sehen nur die Fehler, die man begeht. Jeder macht Fehler. Jemand sagte mal: »Ein Christ ist nicht besser, aber er ist besser dran, weil er weiß, was er an Jesus hat.« Jesus macht frei und er ist barmherzig mit uns.

Kein Mensch ist besser als der andere: Jeder Sünder hat eine Zukunft, jeder Heilige eine Vergangenheit. Ich sehe das bei mir. Es geht nicht darum, sich jeden Tag die Vergangenheit vorzuhalten, sondern darum, nicht zu vergessen, wo man herkommt. Wenn man weiß, wo man herkommt, dann tappt man nicht in die religiöse Falle, dass man sich besser vorkommt als die anderen. Dann empfindet man Verständnis und Liebe für die Menschen um sich herum, was aber nur durch Jesus möglich ist.

Viele Menschen versuchen, durch gute Taten und die Vermeidung von Fehlern Gott gnädig zu stimmen. Aber das funktioniert nicht. Durch Leistung kann man Gott nicht näherkommen. Es geht darum, seine Vergebung wie ein Geschenk anzunehmen. Der verlorene Sohn hatte nichts, aber der Vater schloss ihn in seine Arme. In der Bibel heißt es:

> Wenn du mit deinem Mund bekennst, dass Jesus der Herr ist, und wenn du in deinem Herzen glaubst, dass Gott ihn von den Toten auferweckt hat, wirst du gerettet werden. Denn durch den Glauben in deinem Herzen wirst du vor Gott gerecht, und durch das Bekenntnis deines Mundes wirst du gerettet.
>
> *Römer 10,9-10*

Mehr und mehr erkannte ich Jesus als meinen Freund, Erretter und Erlöser. Als echter Königssohn war er gestorben, um mich, den Discokönig, zu befreien, der meinte, ihm gehöre die Welt, die sein Vater geschaffen hatte.

Rückblickend wurde mir bewusst, dass ich bereits mehrmals um Fallstricke herumgegangen war, nachdem ich mich für Gott geöffnet hatte, obwohl ich nur wenig über ihn wusste. Da war der Dreier, den ich an mir vorübergehen ließ. Aus eigener Kraft wäre mir das völlig unmöglich gewesen. Oder die Kellnerin im Miniskiurlaub, auf die ich mich nicht eingelassen hatte. Eine Beziehung mit ihr wäre wohl das Ende meiner Familie gewesen.

Gott bewahrte Polizisten vor meinen Prügeln

Ein weiteres Beispiel von seiner Gnade ereignete sich, als ich während der Umbauarbeiten für den Bauernhof gleich zwei Paletten Ziegel beim Baumarkt auf die Ladefläche unseres Pick-ups stellte, um Zeit zu sparen. Dadurch war der Wagen deutlich überladen, aber weil ich gestresst war, entschied ich mich dazu, dennoch loszufahren. Ausgerechnet zu diesem Zeitpunkt führte die Polizei eine Verkehrskontrolle durch.

Die Überlastung erzürnte einen Polizisten derart, dass er sich zu einem Tobsuchtsanfall hinreißen ließ – wer weiß, welche Erfahrung ihn dazu brachte. Er donnerte mich an, ob ich denn komplett verblödet sei, mit einem derart überladenen Wagen herumzufahren. Er forderte meinen Ausweis und sagte, dass er eine Waage anfordern würde, um das Gewicht zu messen.

Dass der Beamte nichts Gescheiteres zu tun hatte, als mir die Zeit zu stehlen, und dass nun als Unterhaltungs- und Kontrastprogramm auch noch mein Gefährt gewogen werden sollte sowie sein Ton, den er sicher nicht auf der Polizeischule gelernt hatte, machte wiederum mich rasend.

Der alte Andi kannte nur noch ein Ziel: diesem Typen eine demütigende Ohrfeige zu verpassen. Doch der neue Andi hörte eine innere Stimme. Ich solle einfach weiterfahren, das wäre das geringere Übel. Also trat ich auf das Gaspedal und fuhr los. In einem Waldstück hielt ich an, um Astrid anzurufen und sie zu bitten, mich abzuholen. Tags darauf erhielt ich Besuch. Es war aber nicht der Polizist mit einem Blumenstrauß, der sich in aller Form für seinen Ton entschuldigte und sich dafür bedankte, dass ich ihn nicht verprügelt hatte, sondern mein Anwalt, der meine Wagenpapiere holte. Ich bezahlte eine Buße von 1 000 Euro.

Diese Flucht scheint nicht gerade die Mutter aller Lösungen zu sein, doch Gott holte mich da ab, wo ich war. Besser als ein niedergeschlagener Polizist war dieser Weg allemal. Ansonsten hätte die Schlagzeile wohl gelautet: »Zwei Fäuste für ein Halleluja«, mit der Erklärung, dass ich jetzt fromm sei und deshalb den Polizisten nicht die Discokugel, sondern die von Gott geschaffenen Sterne hätte sehen lassen. Gut, dass es nicht so weit gekommen ist.

Den Führerschein habe ich übrigens insgesamt sechsmal abgeben müssen und außerdem etwa zehnmal jemanden dafür bezahlt, dass er angab, dass er am Steuer gesessen hatte.

Bei Verkehrskontrollen hatte ich zudem die Gesetzeshüter gern zur Weißglut getrieben. Einmal wurde es einem so zu bunt, dass er seine Dienstwaffe hervorzog und auf mich richtete. Ich lächelte ihn aber nur müde an und fragte: »He du Trottel, willst du mich erschießen, weil ich zu schnell gefahren bin?«

Wenn die Polizisten mir blöd kamen, weil ich ein tolles Auto fuhr, sagte ich manchmal: »Schreibt gleich noch einen zweiten

Strafzettel, ich kann mir den sowieso leisten.« Bei jenen, die mich anständig behandelten, blieb ich auch höflich, doch die meisten sprachen von oben herab mit mir.

Es war wohl ganz gut, dass Jesus mittlerweile Herr über mein Leben geworden war. Der alte Andi hätte zwar vermutlich den Zweikampf mit dem Polizisten durch pure Wut gewonnen, aber vor der Kulisse der ganzen Steueraffäre wäre das nicht die vorzüglichste Werbung in eigener Sache gewesen. Wahrscheinlich wäre ich schnurstracks wegen einer dämlichen Ziegelladung ins Gefängnis gewandert. Dass das nicht geschah, verdanke ich dem liebevollen Vaterherz Gottes.

Von den Tränen in die Taufe

Zusehends wurde mein verhärtetes Herz sanfter und weicher. Der Prozess hatte eben erst begonnen. Innerlich war ich frei und ich hatte den Sinn für mein Leben gefunden. Sicherlich hätte ich mir manchmal gewünscht, dass Gott mein Leben einfach von Anfang an ganz nach seinem Willen geführt hätte. Mehr als genug wäre mir damit erspart geblieben. Doch Gott wünscht sich, dass wir ihm nachfolgen, weil wir es uns wünschen, aus freien Stücken. Mein Wille war mein ständiger Begleiter und er wollte nicht unbedingt, was Gott wollte. Doch es gelang mir nun immer mehr, mich ganz auf Gott zu verlassen. Mein Wille wollte nicht unbedingt immer, was Gott wollte (das ist übrigens heute manchmal noch so). Gute Entscheidungen sind reine Gnade, von mir aus schaffe ich das meistens nicht. Das ist irgendwie auch logisch, wir würden ja keinen Retter brauchen, wenn wir die guten Dinge selbst, aus eigener Kraft tun könnten.

Nicht selten schreien wir zu Gott, wenn wir in höchster Not sind. Kaum sehen wir aber einen Ausweg, ist er uns bereits wieder egal. Unglaublich viel Leid könnten wir uns sparen, wenn wir uns grundsätzlich nach ihm ausrichten würden. Ich wollte ihm nie mehr den Rücken kehren, denn ich erkannte mehr und mehr, wie viel Negatives entsteht, wenn man sein Leben ohne Gott gestaltet. Ich hatte mich ziellos im Kreis gedreht. Immer wieder hatte ich mich in die gleichen Lügen und Verlockungen ergeben und dadurch nicht nur mich selbst, sondern auch jede Menge anderer Menschen verletzt – und sie sogar noch angestiftet, es mir gleichzutun.

Durch die innere Veränderung, die ich erleben durfte, sah ich vieles nun mit anderen Augen. Plötzlich dachte und handelte ich anders. All die Tricks und Spielereien, die Überheblichkeit, das aufgeplusterte Ego – alles zog wie in einem Film an mir vorbei. Gern hätte ich mich bei allen entschuldigt. Rückgängig machen konnte ich nichts davon, aber mich selbst anklagen, das ging. Und zwar heftig und gründlich. Doch das ist gar nicht in Gottes Sinn.

In der Bibel heißt es, dass Gott die Sünde im tiefsten Meer versenkt und nicht mehr an sie denkt, wenn man sie als solche erkennt und ablehnt (Micha 7,19). Ich denke, Gott geht es darum, dass wir sie erkennen, denn sonst könnten wir nie zwischen Richtig und Falsch unterscheiden. Es ist wie beim verlorenen Sohn: Er erkannte, was er getan hatte, und er lehnte dies ab. Er kehrte um von der Lüge, die er vorher gelebt hatte. Diese Zusage nahm ich für mich in Anspruch. Eine weitere Befreiung folgte dadurch und mein innerer Friede wuchs.

Bald danach organisierte die christliche Gemeinde, die ich besuchte, eine Taufe. Für mich war glasklar, dass auch ich mich im Namen Jesu taufen lassen wollte. Wir waren mehrere, die zu diesem Schritt bereit waren. Die Feier wurde an einem Bach durchgeführt.

Bevor die eigentliche Taufe durchgeführt wurde, sagte jeder der Täuflinge ein paar Worte über sein Leben. Ich war etwas nervös, vor 200 Menschen zu reden, und zitterte, als ich erklärte, wie mein bisheriges Leben ausgesehen hatte. Ich brach dabei sogar in Tränen aus. Es waren Tränen der Befreiung, denen ich schließlich freien Lauf ließ.

Eine Frau erzählte mir anschließend: »Du kennst mich nicht. Doch vor ein paar Jahren in Linz sagte eine Frau in einer Bibelstunde, dass sie es auf dem Herzen hat, für dich zu beten. Wir haben danach zu beten begonnen, dass Jesus dich erreicht.«

Das bewegte mich tief. Eine Frau, die ich wahrscheinlich nicht persönlich kannte, hatte mit anderen dafür gebetet, dass ich zu Christus finde. Ich kann mich nicht erinnern, je zuvor von so vielen Menschen einfach Annahme und Liebe gespürt zu haben.

In der Nacht darauf träumte ich einen sehr realen Traum. Ich war an einem unglaublich dunklen und riesigen Ort. Es war unmöglich, dort wegzukommen, und die Angst übermannte mich. Ich realisierte, dass das die Ewigkeit ist. Auf einmal liefen alle schlechten Dinge, die ich getan hatte, wie ein Film vor mir ab. Es war, als wäre ich in der Hölle, der Ort war einfach nur schrecklich.

Ich erwachte verschwitzt und begann zu weinen. Dann hörte ich eine leise, sachte Stimme in mir, ein Gefühl: »Siehst du, ich wollte nicht, dass du dorthin gehst.«

Ich nagte noch länger an diesem Traum. Dann fand ich auch in der Bibel Hinweise darauf, was geschieht, wenn man das Erlösungsgeschenk von Jesus nicht annimmt. Es ist egal, ob man weltlich gesehen ein gutes oder ein schlechtes Leben geführt hat. Der einzige Punkt, der zählt, ist: Hat man sich für Jesus Christus entschieden oder nicht? Die Erlösung ist ein Geschenk, das alle annehmen können. Aber verdienen kann es sich keiner.

Plötzlich Pornos uninteressant

Hungrig auf »geistliche Nahrung« las ich weiter in der Bibel. Täglich freute ich mich auf meine Bibellektüre, um mehr über Gott zu erfahren, im Glauben zu wachsen und mich verändern zu lassen. Meine Probleme waren nicht schlagartig weg, aber ich wusste, wo ich mit den Schwierigkeiten und Versuchungen hingehen konnte.

Nicht alle verstanden meine Veränderung sofort. Mario tat sich zunächst schwer mit diesem jüngsten Wandel, hatte er doch bereits meinen Esoterik-Trip halbwegs mitgemacht. Als ich nun plötzlich von Jesus sprach, dachte er, dass ich endgültig übergeschnappt sei. Allerdings war ihm nicht entgangen, wie sich mein Verhalten zusehends zum Guten veränderte und ich zu einem deutlich angenehmeren Zeitgenossen wurde.

Mehr als drei Jahrzehnte waren Pornos und Selbstbefriedigung mein tägliches Brot gewesen. Gott wusste, dass diese beiden Dinge neben dem Erobern von Frauen meine größten Süchte waren – und dass es mir nachher überhaupt nicht besser ging. Ich hasste das längst, doch ohne diesen zwanghaften Trieb zu befriedigen, konnte ich früher nicht einmal klar denken.

Drei Monate nach meiner Taufe fragte mich Mario eher beiläufig, wie es mir betreffend dieser Dinge gehe. Überrascht stellte ich fest, dass ich daran nicht einmal mehr gedacht hatte, und zwar seit meiner Taufe.

Als ich das realisierte, verschlug es mir die Sprache. Was ich früher mehrfach täglich tun musste, war auf einmal nicht mehr nötig. Dabei war es vorher für mich so selbstverständlich gewesen wie essen, schlafen und trinken.

Für mich war dies eine klare Bestätigung, dass Gott da war und dass er mir beistand. Er hatte mich von dieser Sucht der ständigen und zwanghaften Selbstbefriedigung geheilt. Andere Gedankenbilder begleiten mich auch heute noch, mal mehr, mal weniger. Gott will, dass wir die Entscheidung gegen das Schlechte in unserem Herzen treffen, dann hilft er uns auch, es loszulassen. Ich wollte diese Vorstellungen wirklich nicht mehr und so verschwanden sie langsam, aber stetig, bis das Bedürfnis nach Selbstbefriedigung und Pornografie ganz weg war. Im Kopf kommen dennoch manchmal noch die Bilder hervor, aber ich muss ihnen dank der Gnade Gottes nicht mehr in dieser Form nachgeben.

So hat Gott mich nach und nach in die Freiheit gebracht. Ich bin nicht perfekt, aber Jesus ist es, nur das sieht Gott. Er schaut auf Jesus, nicht auf unser Tun und unsere Fehler, sondern auf das Geschenk, das wir im Glauben angenommen haben. Jesus macht uns vor Gott perfekt, weil er uns erlöst und freigekauft hat und weil er für uns eintritt. Das ist die Kernbotschaft des christlichen Glaubens.

Gott ist gnädig und geduldig. Wir werden Fehler machen bis an unser Lebensende. Er will, dass wir echten Frieden haben und dass wir frei von Gebundenheit sind. Ich erlebte, wie ich nach und nach aus den verschiedensten Dingen herausfand. Dabei vertraue ich ihm total. Er weiß am besten, was wann dran ist.

Aber warum fällt man manchmal doch in alte Verhaltensmuster zurück oder begeht neue Sünden? Ich denke, der Grund ist, wie Paulus auch sagt, dass man nicht überheblich wird und denkt, dass man es aus eigener Kraft schafft.

Der Versuch, den Wind einzufangen

Beim Reflektieren stellte ich fest, wie nahe mir Jesus bereits in den Momenten des materiellen Loslassens gestanden hatte. Besitz ist im Grunde ja nicht schlecht, aber bei mir war er zur Identität geworden. Doch dann war da auf einmal diese innere Kraft, die mir dabei half. Im Nachhinein verstand ich das zuerst nicht, bis ich erkannte, dass mich Christus da bereits begleitet hatte. Ich habe zu diesem Zeitpunkt richtige Entscheidungen getroffen, weil er mir geholfen hatte.

Monate später spürte ich zwar noch den erwähnten Trennungsschmerz, ich merkte, dass ich verschiedenen Dingen hinterhertrauerte. Immerhin waren meine Kinder in der Villa aufgewachsen, es war der Ort ihrer Kindheit. Die Gedanken daran waren aber eher sentimental und emotional. Es hatte mehr mit der Gewohnheit als mit dem Geld zu tun. Deshalb schmerzte es im Nachhinein auch etwas und ich schaute mit einer gewissen Wehmut zurück. Flankiert waren diese Rückblicke aber auch mit Dankbarkeit, denn ich wollte nicht zurück.

Schon damals hatte ich darauf vertraut, dass irgendwann etwas Besseres kommen würde. Nicht schöner und größer, sondern das, was Gott schenkt – und das ist perfekt. Theoretisch wissen wir, dass Geld und Besitz nicht glücklich machen, doch viele streben trotzdem danach. Schon der berühmte König Salomo schrieb:

> Ich häufte Gold und Silber in meiner Schatzkammer an, die Schätze vieler Könige und Provinzen. Ich holte Sänger und Sängerinnen an meinen Hof und nahm mir viele Frauen – das Höchste, was sich ein Mann nur wünschen kann! Auf diese Weise wurde ich berühmter und reicher

> als alle Könige, die vor mir in Jerusalem geherrscht hatten. Neben all dem besaß ich meine Weisheit. Wenn mir etwas ins Auge stach, was ich haben wollte, nahm ich es mir. Ich versagte mir keine einzige Freude. Und ich freute mich bei all den Mühen, die ich hatte – das war gleichsam ein Nebenlohn meiner Anstrengungen. Doch als ich alles prüfend betrachtete, was ich mir mit meinen Händen erworben hatte, und die Mühe dagegenhielt, die ich darauf verwendet hatte, merkte ich, dass alles sinnlos war. Es war so unnütz wie der Versuch, den Wind einzufangen. Es gibt keinen bleibenden Gewinn auf dieser Welt.
>
> *Prediger 2,8-11*

Genialer und trefflicher könnte man es kaum beschreiben. Genau so hatte ich es erlebt, auch wenn Salomos Dimension eine ganz andere war (und er wohl keine Discokugeln hatte).

Als ich seine Worte las, bewegten sie mich tief. Ich hatte ja auch in den besten Häusern gewohnt, war in die tollsten Urlaube geflogen, hatte mit den attraktivsten Frauen Sex gehabt, war die irrsten Autos gefahren und hatte mehr als genug Geld zur Verfügung gehabt. Doch wie Salomo erkannte ich: Es war alles ein Haschen nach Wind gewesen.

10

Vom König zum Kind Gottes

Durch meine Veränderung wurde aus dem Discokönig ein Kind Gottes. Für mich war wichtig, gleich mein näheres Umfeld zu prägen. Ähnlich wie ich früher meine Witze und Weisheiten lautstark in die Runde geschmettert hatte, berichtete ich offen über diesen wertvollen Schatz, den ich nun gefunden hatte.

Meine Freude war überschwänglich und ich versuchte, jedem das Evangelium, die gute Nachricht von Jesus, schmackhaft zu machen. Wenn das Gegenüber nicht darauf ansprang, war ich verärgert. Früher hatte man jeden Scheiß, den ich von mir gab, lachend angenommen und nun brachte ich etwas Gutes und das wurde verschmäht. Vorher waren alle vom dümmstmöglichen Blödsinn begeistert gewesen und es wurde darüber gejubelt. Nun kam ich mit der lebensrettenden Botschaft und kaum einer wollte zuhören.

Das störte mich. Ich war zwar dadurch nicht persönlich beleidigt, aber es störte mich, weil ich wusste, dass sich das Leben dadurch verbessert. Ich kannte ja den Unterschied aus erster Hand. So vieles hätte sich bei meinen Freunden und Bekannten verändern können. Allein die Wertverschiebungen bedeuteten einen absoluten Umbruch. Das sind Fakten. Ich halte nichts von

Aussagen wie: »Halleluja, alles ist so schön.« Es ist nicht immer einfach, weltliche Dinge, die uns nicht guttun, loszulassen. Der Weg mit Gott kann hart sein. Aber am Ende geht es einem besser als vorher. Vor allem, wenn man den Kern des Evangeliums erkennt, dass es wirklich um alles geht bei dieser Entscheidung für Jesus, dann spürt man echte Dankbarkeit und wahren Frieden.

Ich hatte vieles losgelassen und stand nun auf einer ganz anderen Basis. Später wurde ich wieder in meine Berufswelt geführt, doch diesmal mit einem neuen Hintergrund, nämlich um für die Leute da zu sein. Von diesem Moment an gründete alles auf Glaube und Hoffnung, nicht mehr auf Stolz, Ego und Eitelkeit.

Mein Glaube bedeutete auch, dass ich keine Tricks mehr anwenden durfte. Mich ganz auf Gott zu verlassen, fand ich anfangs nicht leicht. Zunächst zweifelte ich, ob das funktionieren würde, bis ich lernte, was das bedeutet. Auch heute stehe ich manchmal noch vor dieser Herausforderung, doch ich kenne den Unterschied, ob man sich auf Gott verlässt oder nicht, und so gehe ich seltener eigene Wege.

Es waren keine materiellen Güter und keine Prestigesachen mehr, die mich fesselten. Gott hatte diese Ketten gesprengt und mich davon befreit. Wachstum kann nur stattfinden, wenn Altes abgelegt wird. Die Veränderung tut weh, aber wenn man sie aus der Rückblende betrachtet, ist sie einfach genial.

Wenn man gerade in einem Projekt drinsteckt, schimpft und hadert man vielleicht und man fragt sich, was das nun wieder soll. Ab dem Moment, wo ich Christ geworden war, lief der Aufbau und Start bei keinem der neuen Restaurants auf Anhieb rund. Dann aber steigerten sie sich zu einer Erfolgsgeschichte. Ich musste jedoch erst lernen, Vertrauen zu haben und zu sehen, wie Gott mich trägt. Seine Liebe lässt uns nie in Stich.

In dem bei Trauungen wohl am häufigsten verwendet Bibeltext heißt es:

> Die Liebe ist geduldig und freundlich. Sie ist nicht neidisch oder überheblich, stolz oder anstößig. Die Liebe ist nicht selbstsüchtig. Sie lässt sich nicht reizen, und wenn man ihr Böses tut, trägt sie es nicht nach. Sie freut sich niemals über Ungerechtigkeit, sondern sie freut sich immer an der Wahrheit. Die Liebe erträgt alles, verliert nie den Glauben, bewahrt stets die Hoffnung und bleibt bestehen, was auch geschieht. Die Liebe wird niemals aufhören.
>
> *1. Korinther 13,4-8*

So ist Gott. Nichts muss man dem noch hinzufügen. Man darf das einfach annehmen und sich durch Gott verändern lassen. Es geht darum, dass man nur auf Jesus schaut. Er hat am Kreuz schon alles getragen und bringt dadurch echte Freiheit. Man kann sich einfach auf ihn verlassen, wie ein Kind. Er ist unser Versorger, der uns garantiert nicht im Stich lässt.

Jesus sucht, wie es in einem anderen Gleichnis beschrieben ist, das hundertste Schaf und sagt nicht: »Wegen diesem einen reiße ich mir kein Bein aus, es sind ja noch 99 andere da.« Der Teufel dagegen ist manipulativ und versucht, uns einzureden, dass wir nichts wert sind, dass wir nicht genügen und sich eh keiner für uns interessiert. Jesus aber lässt uns nicht sitzen.

Königskind

Ich fühlte mich bald – und bis heute – als Königskind. Dies erlebte ich auch im Beruf: Ohne Geldreserven konnte ich mehrere Lokale eröffnen, obwohl fast an jedem Ort mehr als eine Million Euro investiert werden musste.

Während ich früher mit null Selbstvertrauen den besten Deal gemacht hatte, investierten die Verhandlungspartner nun in meine Projekte. Sie sahen mich noch als den großen Discokönig. Ich saß vor all den Geschäftsleuten, präsentierte meine Idee und sagte, dass ich das ausführen könne, aber das Geld dazu nicht habe. Trotzdem fühlte ich mich nicht schwach, weil Gott in der Bibel sagt, dass er in den Schwachen wirkt.

Alle meine Projekte wurden finanziert. Denn auch wenn die Leute sich hinter meinem Rücken vermutlich über mich lustig machten, waren sie dennoch am Geschäft interessiert, weil sie einen guten Gewinn erwarteten.

Ich erhielt Kredite, ohne dass wir auch nur über das geringste Eigenkapital verfügten, wie beim *Rox* in Graz. Da ging ich zusammen mit Mario, Roland II. (ein langjähriger Freund und Wegbegleiter, aber nicht der Roland, der mein Geschäftspartner war) und Kurt an den Start. Alle drei waren Gefährten aus der *NACHTSCHICHT*-Zeit und drei von uns vier waren inzwischen pleite.

Anders als bisher eröffneten wir ein Bar-Restaurant, ein reiner Nachtbetrieb war nicht mehr unser Ding. In Relation zum Aufwand sind die Erträge in einem Speisebetrieb ungleich kleiner, doch das hinderte uns nicht. Immerhin war Kurt gelernter Koch, sodass er diesen Bereich wesentlich besser zu leiten verstand als damals Mario und ich. Auf der Menükarte – und auf den Tellern – sollten keine »Frozen Chicken Wings« mehr vorkommen.

Das *Rox* in der Steiermark startete langsam, die Erträge deckten gerade etwa die Kosten, was uns verunsicherte. Das ging mehrere Monate so. Bei einem Blitzstart wäre es vielleicht leichter gewesen, auf Gott zu vertrauen. Ich fragte mich damals: »Sind wir wirklich auf dem richtigen Weg?«

Gott ließ das wohl zu, damit ich mich ganz auf ihn stützte und verließ. Ansonsten hätte ich vielleicht wieder gedacht, dass ich das ganz gut hingekriegt und es ohne Gott geschafft hatte. Ich sehe die Schwierigkeiten im Rückblick als Schutz von Gott vor Hochmut.

Wir brauchen Lektionen, um bei der Stange zu bleiben und im Glauben gefestigt zu werden. Die großen Männer und Frauen des Glaubens, von denen die Bibel erzählt, haben das erlebt und bei mir war es nicht anders. Ich sehe darin auch wahre Liebe, weil Gott uns auf diese Weise hilft, dass wir nicht wieder ins Verderben laufen. Wenn meine Kinder mit mir über anstehende Entscheidungen sprechen, sage ich ihnen auch immer vorher, ob ich sie für gut halte oder nicht. Dann bete ich, dass Gott sie führt, weil sie oft nicht auf mich hören wollen. Wenn ich Gott mein Leben gegeben habe, dann schützt er mich, so habe ich es erlebt.

Die Leute haben schon oft unseren Untergang vorhergesagt, egal, ob in Linz, Graz oder Wien. Auch Pastoren und andere Christen fragten: »Glaubst du, dass Gott wirklich gewollt hat, dass ihr dieses Restaurant eröffnet?« Gott hat es dann aber allen gezeigt, indem es extrem gut gelaufen ist. Es ist wichtig, in der Bibel zu forschen und Ängste, die nicht von Gott kommen, zu erkennen und sie mit der Kraft von Jesus zu besiegen.

Sicher machten wir mit den *Rox*-Lokalen keine Umsätze wie früher mit den Diskotheken. Aber wir haben nicht etwa kleinere Brötchen gebacken, sondern belegte serviert.

Gerade die letzten Eröffnungen zeigten mir, dass ich keine Angst mehr zu haben brauche. Das kann nur ein Königskind. Ohne Gott würde ich scheitern, aus Angst, alles richtig machen zu müssen, damit es funktioniert. Inzwischen ist 2018 ein weiterer *Rox*-Betrieb in Pasching, in der *PlusCity* dazugekommen, dem viertgrößten Einkaufszentrum in Österreich. Überall arbeite ich mit Menschen mit den verschiedensten Charakteren zusammen, die auch Fehler machen. Gerade bei der Eröffnung erhielten wir Massen an Reklamationen, weil die Abläufe noch nicht eingespielt waren und wir pausenlos am Rennen waren. Bis das Gefüge ein wenig geformt ist, vergehen erfahrungsgemäß ein paar Monate.

Bei der vorletzten Eröffnung erfasste mich eine sehr große Angst, obwohl ich eigentlich ganz auf Gott vertrauen wollte. Wenn man ein Lokal eröffnet, dann stellen sich immer Probleme ein. Man kann nie jedem alles recht machen. Gerade bei einer Eröffnung wie der in der *PlusCity* kommen am Anfang viele Lästerer, aber auch ganz gewöhnliche, neugierige Gäste. Wenn ich Letztere nicht zufriedenstellen kann, tut mir dies besonders leid. Es stört mich auch, wenn Fehler geschehen, und ich unternehme alles, damit der Ablauf umgehend verbessert wird. Aber Furcht um die Existenz kommt bei mir jetzt nicht mehr auf, weil ich weiß, dass Gott es richtig machen wird. Weil ich weiß, dass ich von Gott getragen bin. Auch wenn es weltlich gesehen schiefläuft, hat er einen Plan für mich. Dieses Vertrauen zersprengt die Ketten, die mich früher in die Depression katapultiert haben, weil ich der Lüge geglaubt und Gott nicht gekannt habe.

Bis auf ein-, zweimal bin ich in der ganzen Phase ruhig geblieben. Nie habe ich versucht, den Druck an die Mitarbeiter weiterzugeben. Täglich wurde ich beim Start von unzufriedenen Kunden voll attackiert. Ich war am Ende meiner Kräfte – und fühlte mich dennoch aufgefangen, so seltsam das klingt. Von Woche zu Woche wurde es besser.

Der Begriff Königskind ist passend: Nicht weil ich etwas Besonderes wäre, sondern weil ich mich von Gott getragen fühle.

Sex und Geld machen viele Gefangene

Als Königskind habe ich das in Anspruch genommen, was in der Bibel als Zusage gilt, ich bin Nutznießer davon. Mir wurde ganz neu klar, was für eine Freiheit es ist, nicht nach Leistung gemessen zu werden. Ich habe weder bei dem wirtschaftlichen Erfolg mit den Restaurants noch dabei, wenn ich anderen Menschen von Jesus erzähle den Leistungsdruck von früher. Gott schenkt mir mitten in der Nacht oft zeitlichen Freiraum, um seine gute Botschaft weiterzugeben.

Wenn jeder Christ die Menschen in seinem Umfeld erreichen könnte, wäre das stark. Dafür muss man gar nichts Neues anfangen, ich glaube sogar, es ist am besten, man bleibt in dem Umfeld, in dem Gott einem selbst begegnet ist, wo man ihn kennengelernt hat. Wenn eine Veränderung ansteht, zeigt er uns diese, darauf kann man sich verlassen.

Mir ist klar geworden, dass Gott mich noch eine Weile in der Gastronomiebranche einsetzen will. Das ist mein Feld. Dort, wo sich die Menschen mit ihren Neigungen und Versuchungen verlaufen, wie ich es getan habe. Ohne Jesus ist einem gar nicht bewusst, dass es auch anders sein kann, man kennt den Unterschied nicht, sondern ist gefangen im Alltagstrott, in Schwierigkeiten oder Süchten. Das ist einer der Gründe, warum ich tagein, tagaus weiter im Gastroumfeld arbeite. Es gibt viele Menschen, die auch ohne Gott Gutes tun und ein gutes Leben führen. Dennoch glaube ich, dass ihnen innerlich etwas fehlt. Und den meisten ist es wie mir früher unmöglich, ohne Gott das Richtige in der richtigen Dosis zu tun.

Natürlich braucht man im Gastrogewerbe einen guten Ruf, es muss ein tolles Lokal sein, sonst kommen die Leute nicht. Aber nebenbei ist es mir wichtig, dass Menschen durch den Besuch bei uns auf Gott aufmerksam gemacht werden. Deshalb legen wir Bücher aus, die kostenlos mitgenommen werden dürfen. In Wien sind innerhalb weniger Jahre mehr als 10 000 Bibeln mitgenommen worden sowie Tausende andere christliche Bücher.

Ich spreche die Leute nicht an, es ist ein freiwilliges Angebot. Aber wenn mich jemand fragt, bleibe ich keine Antwort schuldig. Bei uns steht die gute Nachricht auch auf der Tischplatte und im Lokal prangt unter anderem in roter Neonbeleuchtung »Jesus saves« und »One way Jesus«. Die T-Shirts der Mitarbeiter haben den Aufdruck »One way Jesus« und »Gott bless you«. Im Moment sehe ich eine meiner Aufgaben darin, diese Botschaft zu transportieren, damit Menschen beginnen, sich damit zu beschäftigen.

Hätte ich meinen Job gewechselt und wäre Pastor oder Kopastor geworden (die Angebote waren da), wäre ich Suchenden keine Hilfe. Drinnen, in der christlichen Welt, hätte ich vielleicht Applaus für den Wandel in meinem Leben geerntet, aber wem würde das nützen?

Kürzlich schrieb mir eine Frau, dass mein Buch ihr das Leben gerettet hat. Das ist es, was mich antreibt. Weil ich an der Front bin, komme ich mit den Menschen ins Gespräch. Ich räume selbst Teller ab und wische Tische sauber. Das ist ein Tür- und Augenöffner.

Zudem lebe ich den männlichen Mitarbeitern vor, dass es in meinem Lokal keine sexistischen oder anzüglichen Sprüche gegenüber dem weiblichen Personal gibt. Auch was die Lieferanten und Geschäftspartner angeht, versuche ich, mich so zu verhalten, wie es mir mein Gewissen zeigt. Wenn zum Beispiel andere Firmen ihre Zusagen nicht einhalten und sich deshalb die Eröffnung um Wochen verzögert, ist das nicht immer einfach. Trotz allem gelang es mir in dieser Situation, durch meine Beziehung zu Gott anders zu reagieren als früher.

Da wir gerade die Abläufe testeten, erhielten sie zwei Wochen lang kostenlos zu essen und zu trinken und es entwickelte sich ein vorzügliches Miteinander. Früher hätte ich ganz bestimmt anders gehandelt und wäre über sämtliche Beteiligten drübergefahren. Es gibt auch heute immer wieder Momente, in denen ich nicht so reagiere wie ich es mir wünsche. Ich sorgte heute ebenfalls für Tempo, aber mit einem Frieden im Herzen und einem anderen Umgangston auf den Lippen. Auf keinen Fall habe ich für jeden und in jeder Situation die Geduld, die Jesus gehabt hätte.Ich merke, wie sehr ich auf meinen Retter angewiesen bin und auch in solchen Situationen von ihm getragen werde.

Während des Baus und der Startphase stand ich sieben Tage pro Woche rund 16 bis 18 Stunden im Restaurant. Inzwischen ist meine Anwesenheit nicht mehr die ganze Zeit notwendig, ich habe jetzt einen Tag pro Woche frei und der Zeitaufwand wird weniger.

Als der Betreiber des Centers verkündete, dass das *Rox* den bisher größten Gastroumsatz in der *PlusCity* erwirtschaftet hat, kam ich mir ebenfalls wie ein Königskind vor. Früher wäre ich darauf unglaublich stolz gewesen, doch jetzt nicht mehr, denn ich weiß, dass es nicht meine Leistung ist. Klar bin ich dankbar dafür, schließlich müssen wir Löhne und hohe Gesamtkosten bezahlen und wir haben eine Verantwortung gegenüber unseren Mitarbeitern, Vertragspartnern und Lieferanten. Aber der Erfolg ist nicht mehr das, was mich trägt und mir Sinn gibt. Ich habe diese positive Rückmeldung erfreut, aber gelassen zur Kenntnis genommen.

Der Segen ist gekommen, ohne dass ich mich selbst durch alle Böden gepusht habe. Dies gilt auch für die Presseinterviews. Ich setze mich nicht mehr in Szene. Anfangs ist es ein Muss, um das Lokal bekannt zu machen. Danach versuche ich immer wieder, meinen Glauben an Jesus Christus einfließen zu lassen. Den Egozug will ich nicht mehr. Die Gastronomie ist für mich Mittel zum Zweck geworden. Ich bringe damit meine Familie durch und ich kann andere auf den Glauben hinweisen.

Regelmäßig halte ich Vorträge über mein Leben. Dabei habe ich zwar einen Ablauf, aber dieser ändert sich manchmal, da Gott viel besser weiß, was am jeweiligen Abend der geeignetste Schwerpunkt ist. Grundlegend geht es um die Themen Finanzen und Sexualität – das sind die beiden Bereiche, durch welche die meisten Menschen gefangen gehalten werden. Die anschließenden Fragen sind jeweils das Beste. Nach 50 bis 60 Minuten Vortrag ist eine Vertrauensbasis da, denn die Zuhörer merken, wie ähnlich ihre Probleme sind.

Auch unter Christen finden wir nicht die heile Welt und auch hier gibt es Differenzen. Diese schafft man nicht einfach mit klugen Worten beiseite, gerade wenn es um Lehrmeinungen geht. Das erkannte ich gleich zu Beginn in meinem Leben mit Jesus.

Ich habe Menschen aus den unterschiedlichsten Konfessionen kennengelernt. Viele wollten hören, was ich erlebt hatte und wie Jesus mich verändert hatte. Und viele legten mir nahe, mich ihnen anzugleichen. Doch man kann es nicht allen recht machen und allen Menschen gefallen.

Es half mir irrsinnig, dass mir Gott schon zum Start meiner Reise mit ihm die Verschiedenartigkeit seiner Nachfolger zeigte, weil ich dadurch ein Verständnis für die Vielfalt seines Reiches erhielt. Wir sind in der Liebe Jesu vereinigt und ich musste lernen, dass man andere Ansichten einfach stehen lassen muss.

Ich hoffe, dass ich jedes Mal, wenn Gott mir etwas zeigt, die richtige Entscheidung treffe. Es gibt immer die Möglichkeit, Ja oder Nein zu sagen. Aber manchmal handelt man dann genau umgekehrt. Eine Beispielgeschichte von Jesus verdeutlicht dies:

> Ein Mann hatte zwei Söhne und sagte zu dem älteren: ›Mein Sohn, geh und arbeite heute im Weinberg.‹ Der Sohn antwortete: ›Nein, ich will nicht.‹ Doch später änderte er seine Meinung und ging doch. Dann sagte der Vater zu dem anderen Sohn: ›Dann geh du‹, und der sagte: ›Ja, Vater, ich gehe‹, aber er ging nicht.
>
> *Matthäus 21,28-30*

Ähnlich ist es bei uns. Wir sagen oft zuerst Nein zu dem, was Gott möchte. Dann kommt das Gewissen und auf einmal tun wir doch noch das Richtige. So sind Menschen eben. Ohne Jesus fällt es einem nicht einmal auf – doch genau auch dafür brauchen wir ihn. Ohne ihn rennen wir trotzig auf unserem Weg dahin und auch mit Jesus dauert es manchmal einige Zeit, bis wir den Weg einschlagen, den Gott für uns vorgesehen hat.

Sozialstunden

In all dieser Zeit war stets ein Schatten da: Stets konnte die Entscheidung des Finanzministeriums fallen. Immer wieder betete ich, dass dieser Albtraum bald vorüber sein möge. Doch immer deutlicher sagte mir mein Gewissen: »Du hast die falsche Haltung dazu.«

Schließlich erkannte ich, dass ich einen groben Fehler gemacht hatte und nicht bereit war, die Verantwortung zu tragen. Gott wollte, dass ich diese im Herzen übernehme. Ich hatte zwar bereits dazu gestanden, aber ich wollte die Konsequenzen nicht tragen. Es dauerte, bis ich an dem Punkt ankam, wo ich sagte, dass ich nötigenfalls auch hinter Gitter gehen würde. Bis kurz zuvor hatte ich immer noch mit mir vereinbart, dass ich das Weite suchen würde, wenn ein Haftbefehl gegen mich erlassen würde. Es dauerte Wochen, bis ich bereit war, das hinzunehmen, was geschehen würde. Die Chancen standen ungefähr fifty-fifty.

Bald nachdem ich zu dieser inneren Haltung gefunden hatte, erhielt ich einen Anruf. Mein Anwalt und der Steuerberater verkündeten mir freudig: »Es ist ein Wunder geschehen! Das Amt hat uns angeboten, das *NACHTSCHICHT*-Verfahren im gleichen Zug mit dem der *Mausefalle*-Betriebe abzuwickeln.« Für uns bedeutete das, dass sich die Gesamtsumme deutlich verringerte, was natürlich auch alle Expartner freute. Vermutlich wurde uns dieser Deal wegen eines Verfahrensfehlers angeboten, aber dennoch zeigte er mir, wie Gott wirkt, wenn man sich ganz auf ihn verlässt und ein uneingeschränktes Ja zu seinem Plan hat.

Es dauerte noch ein paar Monate, bis die Gerichtsverhandlung erfolgte. Ich hoffte, dass ich nicht befragt würde, da ich nicht lügen, mich selbst aber auch nicht belasten wollte. Tatsächlich musste ich nicht Rede und Antwort stehen. Verurteilt wurden wir vier zu einer Strafe von vier Millionen Euro, von denen wir »nur« eine Million bezahlen mussten.

Doch das Wunder war noch nicht vorbei: Einiges von der verbliebenen Summe durfte ich in Form von Sozialstunden abarbeiten. Eigentlich verstehe ich das ganze Konstrukt bis heute nicht, ich bin aber dankbar, dass es derart glimpflich abgelaufen ist.

Die soziale Arbeit leistete ich an öffentlichen Stellen, wo Menschen mit geringem Einkommen zu symbolischen Preisen einkaufen durften. Die Waren wurden von großen Einkaufshäusern bereitgestellt, manche der Lebensmittel waren gerade knapp abgelaufen. Einige der Mitarbeiter leisteten ihre Dienste ehrenamtlich und manche steckten die besten Delikatessen der Zulieferer heimlich ein. Das passte meinem neu erwachten Gerechtigkeitssinn überhaupt nicht. Es konnte doch nicht sein, dass das, was für die Armen gedacht war, von den Helfern abgegrast wurde! Deshalb beschwerte ich mich bei der Chefin. Ob sie die betreffenden Mitarbeiter dann zurechtwies, ist mir nicht bekannt.

In dieser Zeit überkam mich ein extremes Schamgefühl. Ich war ein Finanzstraftäter ersten Ranges. Nun sah ich Leute, die nur ein paar Cent für Lebensmittel hatten. Einmal wollte ich einem Jungen etwas schenken, doch dieser lehnte ab. Es wäre für ihn und sein Umfeld eine Beleidigung gewesen.

Die Arbeit war für mich jedoch noch aus einem anderen Grund herausfordernd. Ich musste zu einer bestimmten Zeit in diesem Betrieb sein und nach den geleisteten Stunden wieder gehen. Bisher hatte ich meine Zeit stets selbst eingeteilt, ich war gekommen, wann ich wollte, und gegangen, sobald ich es für richtig hielt.

Als die Zeit des Sozialdienstes vorbei war, fühlte ich mich erleichtert. Zwar wurde ich gefragt, ob ich weiterhin kommen würde, doch ich hätte nur Ja gesagt, um anderen Menschen zu gefallen.

Keine Chance ohne Gott

Ohne Gott haben wir keine Chance. Mein Leben ist das beste Beispiel dafür. Wenn man ohne ihn fällt, fällt man immer tiefer. Doch wenn man fällt und ihn an seiner Seite weiß, kann man gleich wieder aufstehen.

Natürlich soll das nicht heißen, dass man mutwillig sündigt, weil man gerade Lust darauf hat. Man möchte es nicht, aber trotzdem passiert es. Obwohl man weiß, wie teuer Jesus dafür bezahlt hat, überfällt einen in diesem Moment die pure menschliche Lust und Gier.

Gottes Gnade wurde sehr teuer erkauft: Jesus musste dafür einen grausamen Tod sterben. Dennoch kann man fallen, wenn einen das alte Ich, die alten Gewohnheiten überrumpeln. Das passiert auch mir ab und zu. Doch kein einziges Mal stellt sich danach ein Gefühl der Zufriedenheit ein. Stattdessen fühle ich mich so richtig scheiße. Nicht weil Jesus mich nicht mehr lieben würde, sondern weil mein neues Bewusstsein das Geschehene ablehnt. Das neue Bewusstsein in Menschen, die zu Jesus gehören, ist perfekt, aber das alte Ich in uns begehrt immer wieder auf, das ist ein Kampf, der mal mehr und mal weniger stark tobt.

Jeder wird manchmal von der Sünde überwältigt. Die Sünde treibt einen dazu, Schlechtes zu tun. Der Apostel Paulus drückt das so aus:

> Das Gesetz ist also gut, weil es vom Geist Gottes kommt. Ich aber bin als Mensch wie in die Sklaverei verkauft und werde von der Sünde beherrscht. Ich begreife mich selbst nicht, denn ich möchte von ganzem Herzen tun, was gut ist, und tue es doch nicht. Stattdessen tue ich das, was

ich eigentlich hasse. Ich weiß, dass mein Handeln falsch ist, und gebe damit zu, dass das Gesetz gut ist. Aber ich kann mir selbst nicht helfen, weil die Sünde in mir mich zum Bösen verleitet.

Römer 7,14-17

Hier bin ich einfach nur dankbar für das Erlösungswerk von Jesus Christus. Für das, was er vollbracht hat. Im Alten Testament versuchten die Israeliten, Gott durch Opfer und gute Taten gnädig zu stimmen. Aber das funktioniert nicht. Wenn ich dem Finanzamt gesagt hätte: »Ich habe zwar Steuern hinterzogen, aber meine Grundsteuer und die Fahrzeugsteuer habe ich immer bezahlt, deshalb ist alles in Ordnung«, dann hätten die Beamten mich vielleicht nicht in den Knast, aber stattdessen in die Psychiatrie eingewiesen. Genau so ist es mit Gott. Wir können das Schlechte nicht durch gute Taten wiedergutmachen. Doch Jesus hat den Gerichtsspruch getragen. Als Glaubender habe ich diese Heilsgewissheit, die Jesus alles gekostet hat. Und deshalb kann ich nie wieder aus Freude sündigen. Ich will mich an Jesus festhalten und ich bin dankbar, dass ich ihn habe.

Mit der Zeit hatte ich immer weniger Lust auf die sündigen Dinge, die noch immer in mir steckten. Ich konnte mit Gottes Hilfe vieles ablegen. Frei von Versuchungen und Sünde bin ich aber trotzdem nicht.

Paulus schreibt in den unten zitierten Versen, dass er der Sünde sehr gern entfliehen würde. Gott aber sagt: »Meine Gnade genügt.« Wir Menschen sind schwach und wir werden von Schwäche begleitet. Ich glaube, das dient dazu, dass wir nicht überheblich werden:

> Damit ich nicht überheblich werde, wurde mir ein Dorn ins Fleisch gegeben, ein Bote des Satans, der mich quält und mich daran hindert, überheblich zu werden. Dreimal habe ich zum Herrn gebetet, dass er mich davon befreie. Jedes Mal sagte er: ›Meine Gnade ist alles, was du brauchst. Meine Kraft zeigt sich in deiner Schwäche.‹ Und nun bin ich zufrieden mit meiner Schwäche, damit die Kraft von Christus durch mich wirken kann.
>
> *2. Korinther 12,7-9*

Ich bin sicher ein Paradebeispiel dafür. Deshalb ist es gut, dass ich darauf vertrauen darf, dass das, was Jesus am Kreuz getan hat, genügt. Dass ich mich nicht mit eigenen Taten vor Gott beweisen muss. Das ist wahre Gnade. Und auf die sind wir alle angewiesen. Ohne Ausnahme. Die einzige Gerechtigkeit, die Gott annimmt, ist, dass wir an Jesus Christus glauben. Ein Supermensch zu sein, genügt vor Gott nicht. Dies ist ein weiterer Schatz, den wir in der Bibel finden und den wir durch Jesus Christus verstehen können. Die Bibel ist ein lebendiges Wort, das sich einem immer mehr erschließt.

Jesus wusste, was ihn das kosten würde. Deshalb bat er im Garten Gethsemane in der Nacht vor seinem Tod, dass dieser Kelch an ihm vorübergehen möge. Er wusste, was auf ihn zukommen würde. Trotzdem sagte er: »Nicht mein Wille geschehe, sondern deiner.« Dadurch fließt ein Segensstrom und ich danke Jesus immer wieder für das, was er für uns getan hat. Ich wünsche mir, dass jeder Mensch dies erkennt und erfährt. Denn nur er schenkt wirklichen inneren Frieden, diesen erhält man nicht durch die Dinge dieser Welt.

Um das zu begreifen, brauchte ich keinen anderen Menschen. Es war bereits in mir drinnen angelegt und durch den Geist Gottes (den Heiligen Geist) wurde es in mir geweckt.

Dies zeigte auch der Alltag. Nachdem ich alles losgelassen hatte, geschahen Dinge, die mir vorher nicht widerfahren sind. In unserer schwierigsten Zeit kam plötzlich eine Rückzahlung von einer Betriebskostenzahlung. Einmal fand ich in einem Kleidungsstück eine 500er-Note, ohne dass ich danach gesucht hätte. Immer rechtzeitig ergab sich eine Lösung, häufig in letzter Sekunde. So sahen die ersten Jahre in meinem Glaubensleben aus. Damals, als ich fast kein Geld mehr auf dem Konto hatte, kam plötzlich vom Finanzamt eine Gutschrift in einer größeren Höhe, als ich ausgerechnet hatte. Viele solche oder ähnliche Ereignisse erlebte ich mit Gott.

Ich konnte nichts dazu beitragen und gerade dadurch lernte ich, dass er mich versorgt. Auch deshalb fühle ich mich als Königskind. Die Summen, die wir heute generieren, waren früher nichts für mich. Doch heute erfreue ich mich an dem, was ich habe. Früher war nichts gut genug. Es war ein rast- und zielloses Rennen.

Dem alten Andi darf ich dabei keinen Raum geben, sonst kommt schnell eine Unzufriedenheit hoch. Das ist zwar normal und menschlich, aber man wird weiser und geübter. Heute versuche ich, auf Gott zu hören, zum Beispiel in Bezug darauf, was ich mir anschaffen soll, denn er weiß besser, was gut für mich ist.

Manchmal möchte ich es zwar anders und ich kann zu einer Situation vielleicht zunächst nicht Danke sagen. Aber ich kann daraus lernen und daran wachsen.

Nippelalarm und König David

Ohne Jesus wäre ich nie aus meiner Sexsucht rausgekommen. Noch heute verweilen meine Augen bei einem »Nippelalarm« manchmal länger als nötig. Aber dann weiß ich, was ich zu tun habe. Ich rufe innerlich: »Jesus, ich brauche dich.«

Viele Menschen in Österreich beobachten mich. Durch das, was ich vorlebe, nicht durch das, was ich sage, erkennen sie die Wahrheit. Durch das, was sie über die Jahre hinweg sehen. Hier trage ich die Verantwortung, dass ich mit meinem Leben Gott repräsentiere. Manche versuchen, mir ein Bein zu stellen. Es liegt an mir selbst, auf Jesus zu zählen, sonst habe ich auch als Christ keine Chance.

Die Geschichte von König Davids Ehebruch steht nicht umsonst in der Bibel. Im Frühling war seine Armee im Krieg. Vom Dach seines Palastes aus sah er, wie im Innenhof eines anderen Hauses eine Frau ein Bad nahm. Er wurde gierig auf die Badeschönheit und ließ sie zu sich holen. Ihr Mann stand an der Front, während David mit ihr schlief. Die Konsequenz daraus war eine üble Katastrophe, die zwei Menschenleben forderte (nachzulesen in 2. Samuel 11–12).

Ich hoffe, dass ich nie wieder in eine Situation komme, in der ich der Versuchung erliege. Ich will es nicht mehr, denn es erfüllt mich letztlich nicht. Ohne Jesus wäre ich heute noch chancenlos. Jeder, der eine Sucht hat, weiß, wie schwer es ist, davon loszukommen. Ich nehme mir aber auch in dieser Hinsicht den Druck, weil ich weiß, dass ich von mir aus nicht widerstehen kann. Der Unterschied zu früher ist, dass ich heute die Wahl habe, Jesus in die Situation einzuladen oder nicht. Wenn ich ihn einlade, dann trägt er mich durch und ich werde nicht fallen. Tue ich es nicht, habe ich keine Chance – wir haben den freien Willen und dadurch auch die Wahl.

Nicht nur auf dieser Ebene nehme ich heute Rücksicht, sondern auch generell. Zum Beispiel beim Zuhören. Ein Chefkoch kam neulich total fertig zu mir. Ein falsches Wort von mir und er wäre wohl einfach gegangen. Früher wäre mir das egal gewesen, nun aber habe ich mir Zeit genommen und ihn aufgebaut. Dies gelang durch Jesus. Andere aufzubauen, ist besser, als sie plattzumachen, das dient niemandem – und geschieht mir dank Gottes Hilfe heute sehr selten beziehungsweise nie in demselben Ausmaß wie früher.

Ich kann in der Gastroszene den Menschen dienen, ganz gleich, ob es Gäste, Kellner, Tellerwäscher oder Betriebsleiter sind. Jeder kann da dienen, wo er gerade ist. So wie der Gärtner, der – wie ich später erfuhr – schon länger nicht mehr zu den christlichen Treffen gegangen war, weil er sich mit manchen nicht mehr verstanden hatte. Gerade ihn hatte Gott gebraucht, um mir den Impuls zu geben, in der Bibel zu lesen. Er war nicht der Superevangelist, der durch die Welt tourte, sondern er saß auf der Wartebank, und Gott benutzte ihn, der für manche Gläubige klein gewesen war. Auch wir Christen beurteilen andere da oft recht menschlich. Doch Gott ist viel größer als das, was wir sehen. Er opferte seinen Sohn, einen größeren Liebesbeweis gibt es nicht. Entsprechend stellt er sich auch zu uns, so wie es in der Bibel beschrieben ist:

> Ich bin überzeugt: Nichts kann uns von seiner Liebe trennen. Weder Tod noch Leben, weder Engel noch Mächte, weder unsere Ängste in der Gegenwart noch unsere Sorgen um die Zukunft, ja nicht einmal die Mächte der Hölle können uns von der Liebe Gottes trennen. Und wären wir

> hoch über dem Himmel oder befänden uns in den tiefsten Tiefen des Ozeans, nichts und niemand in der ganzen Schöpfung kann uns von der Liebe Gottes trennen, die in Christus Jesus, unserem Herrn, erschienen ist.
>
> *Römer 8,38-39*

Vielleicht ist jemand noch in einer Warteschleife und begeht viele Fehler. Aber das ist zwischen ihm und Gott. Wenn wir uns nicht mehr mit den Dingen der anderen, sondern mit unserem eigenen Wachstum beschäftigen, dann sind wir schon gewachsen.

Gott nimmt nicht immer alles auf einmal weg. Manches schon, anderes trägt man noch mit sich herum. Wer sagt, dass es bei ihm nicht so ist oder war, sollte froh sein, dass er nicht durch vergleichbaren Dreck gehen musste, weil er vielleicht ein gutes Elternhaus hatte oder solche Prägungen nicht erlebt hat. Ein gutes Heim ist kein Garant, aber sicher ein wichtiges Fundament. Fast alle Menschen, die ich kenne, die in Sex-, Alkohol- oder Drogensucht verstrickt sind, hatten eine ähnliche Vergangenheit wie ich.

Mir wurde erst später bewusst, dass ich schnurstracks auf dem Weg zur Hölle war. Gott sagt aber nicht, dass man mit der Hölle drohen soll, um die Leute zu ihm zu ziehen.

Der Stress in den Lokalen ist auch heute noch riesig. Ohne Gott würde das nicht gut gehen. Ich würde wohl wie früher in Alkohol und Frauen Erfüllung suchen. Dafür würde das alte Ich, der alte Andi, sorgen. Ohne Gott sind wir eine gefallene Schöpfung. Aber mit seinem Geist können wir bestehen. Was mich früher pushte, zieht nicht mehr. Es ist einer da, der nun mein Ruder führt. Deshalb vertraue ich gern jeden Tag Jesus Christus an. Das ist nicht ein erdrückendes, zwanghaftes Konstrukt, sondern er meint es gut mit uns, so wie er es uns in Matthäus 11,28-30 sagt:

> Kommt alle her zu mir, die ihr müde seid und schwere Lasten tragt, ich will euch Ruhe schenken. Nehmt mein Joch auf euch. Ich will euch lehren, denn ich bin demütig und freundlich, und eure Seele wird bei mir zur Ruhe kommen. Denn mein Joch passt euch genau, und die Last, die ich euch auflege, ist leicht.

Warum sollte ich mich ihm nicht freiwillig aushändigen? Ich habe gesehen, wo es hinführt, wenn ich das Ruder selbst in den Händen halten will. Nun habe ich es ihm gegeben. Deshalb ist aus dem Discokönig ein Königskind geworden.

11

Wie der Vater so der Sohn

Nach wie vor bin ich mit dem Käufer meiner früheren Villa sporadisch in Kontakt. Unsere Vergangenheit sieht teilweise ähnlich aus. In seinem Leben spielten Champagner und schnelle Autos eine prägende Rolle. Als Jesus mein Leben veränderte, bekam er dies hautnah mit. Er wusste, wie mein früheres Leben ausgesehen hatte.

Einmal erzählte er mir, dass auch er sich nach einer Familie sehnt. Und tatsächlich flatterte eines Tages die Einladung zu seiner mehrtägigen Hochzeit ins Haus, bei der unter anderem Udo Jürgens auftreten würde. Außerdem war bereits ein Baby unterwegs. Ich freute mich für ihn. Gefeiert wurde im Süden von Linz. Rund 1 200 Kilometer Luftlinie südlich, um genau zu sein. Die Hochzeitsgesellschaft wurde in einer Chartermaschine nach Griechenland geflogen, wo einige der 250 Gäste bereits warteten, da die Eltern der Braut Griechen sind. Nach der Feier sollte es zurück nach Österreich ins Schlosshotel Fuschl in die Nähe von Salzburg gehen.

Showdown am griechischen Pool

Solche Megaanlässe hatte ich früher gemieden, als ich selbst Millionen auf dem Konto hatte, weil sie mir einfach nicht zusagten. Diesmal ging ich aber hin. Die in Griechisch und Deutsch abgehaltene Trauung war märchenhaft. Danach ging es an die gedeckte Tafel auf eine Terrasse mit einem unbeschreiblichen Blick auf das Meer. Auf der Suche nach unserem Tisch fiel mir ein besonders schöner auf, der auf einem kleinen Plateau neben dem Swimmingpool stand. Der musste für das Brautpaar sein. Ich suchte weiter nach der Location, die für uns gedacht war, doch ich fand unseren Sitzplatz nicht. Deshalb warf ich einen Blick auf den Sitzplan und traute meinen Augen nicht. Unser Platz war dort oben bei diesem alles überstrahlenden Tisch. Dort hatte er seine wichtigsten Freunde und Begleiter quartiert. Das berührte mich zutiefst und ich bedauerte, dass ich gezögert hatte, die Einladung anzunehmen.

Weil die Gesellschaft die nächsten Tage miteinander verbringen sollte, stellte er jeden der geladenen Gäste kurz vor. Als er bei mir angelangt war, sagte er: »Ohne Andreas Schutti würde ich heute wohl gar nicht hier stehen. Vermutlich hätte ich ohne dich meine Frau nicht kennengelernt. Doch du hast mir gezeigt, nach welchen Werten man sein Leben gestalten soll. Dafür danke ich dir und deshalb bist du mir wichtig.«

Die Tränen schossen mir in die Augen. Besonders viel hatte ich ihm von meinem neuen Leben nicht erzählt, doch er sah, wie ich es führte. Seine Worte hinterließen bei den anderen Gästen Neugier. Nach seiner Ansprache wollten mehrere von mir wissen, was genau ich dem Bräutigam gesagt hatte, denn viele hatten gemerkt, dass sich bei ihm etwas verändert hatte.

Ein Mann war von meinen Worten besonders berührt und betroffen. Er lebte genau so, wie ich das früher getan hatte. Auf dieser Hochzeit waren seine Lebensgefährtin und sein Kind ... und seine Freundin. Er wusste genau, dass das falsch war, aber er konnte dem einfach nicht entkommen. Ich konnte das bestens nachempfinden. Ich erklärte ihm, dass ich ihm zwar nicht helfen könne, dass Gott aber sein Leben in Ordnung bringen konnte.

Auf dem Rückflug nach Österreich teilte »Kommissar Zufall« die Sitzverteilung so ein, dass ich neben der Geliebten dieses Mannes saß. Wir kamen ins Gespräch und ich erzählte ihr meine Lebensgeschichte. Vermutlich wurde sie sich dadurch über ihre Rolle in der Dreiecksbeziehung klar, wobei die Schuld selbstverständlich nicht auf sie geschoben werden darf. Es braucht immer zwei dazu und da der Mann von dieser Sucht getrieben war, wäre wohl einfach eine andere an ihrer Stelle gewesen, wenn sie nicht mitgemacht hätte.

Früher hätte ich über dieses Buch gelacht

Meine Hoffnung ist, dass viele Personen, die ich von früher kenne, in meinen Lokalen vorbeischauen und sich meine Biografie mitnehmen, die dort gratis ausliegt. Gott wird sie benutzen, um den einen oder anderen im Herzen zu berühren, damit er sich Gedanken über Jesus macht.

Vor dem Jahr 2002 hätte ich über ein solches Buch noch gelacht. Wäre es mir später, bei meinem steten Abwärtsstrudel, in die Finger gekommen, hätte es wohl zu mir gesprochen. Dadurch wären mir ein paar Jahre Schmerz und Leid erspart geblieben.

Ich bin umgekehrt, wenn auch später, als ich es mir im Nachhinein wünsche. Aber wer diese Zeilen liest und Jesus noch nicht kennt, hat jetzt die Gelegenheit, sich heute für ihn zu entscheiden und aus dem Kreislauf der Sinnlosigkeit auszubrechen. Das wünsche ich allen von Herzen.

Viele, die wenig haben, streben nach mehr, in der Hoffnung, dass sich ab einem bestimmten Reichtum das Glück gleich mit dazu einstellt. Doch das ist ein Trugschluss. Hinter der Fassade geht es vielen Gutbetuchten und Unternehmern nicht besser, als es mir damals ging.

Die Probleme sind vielleicht anders gelagert und viele sind sich ihrer Lage nicht bewusst, doch es geht einfach darum, noch mehr und noch mehr zu haben. Es ist ein Rausch nach Expansion, koste es, was es wolle.

In meinem Umfeld war damals keiner, der mir etwas sagte. Die Geschäftsleute, denen ich begegnete – darunter viele äußerst erfolgreiche –, badeten alle im gleichen Rausch. Manche waren bereits steinreich geboren worden und versuchten, noch reicher zu werden. Das war ihr ganzes Glück. Freunde, gute Beziehungen, alles wurde für das Geld hergegeben.

Es gibt viele erfolgreiche Personen, die moralisch gute Grundsätze leben, aber solche lernte ich in meinem Umfeld wenige kennen.

Wer im Geld und Luxus gefangen ist, weiß das oft gar nicht, ihm muss man da begegnen, wo er ist, so wie Jesus das Vertrauen bei mir aufbaute. Gerade deshalb will ich mit meinem Lokal und mit meiner Arbeit die Aufmerksamkeit auf ihn lenken und mehr Menschen für ihn erreichen. Fragt zum Beispiel einer, wie ich auf die Idee für dieses Lokal gekommen bin, sind wir schon im Gespräch.

Früher ging es darum, mich möglichst wichtig zu machen und so viel Geld wie möglich einzufahren. Heute sind es diese Gespräche, die mich motivieren dranzubleiben. Kürzlich sagte beispielsweise eine Kellnerin, die für mich arbeitet, zu mir: »Ich glaube ja auch, aber kürzlich ist das Kind meiner Bekannten gestorben, warum lässt Gott das zu?« Wenn ein Kind oder jemand, der noch sehr jung ist, stirbt, ist das tragisch, und so erwiderte ich: »Ich habe keine Antwort, ich weiß einfach, dass Gott das nicht will. Aber wir leben in einer gefallenen Schöpfung. Man muss mit Gott unterwegs sein, um das besser zu verstehen.«

Man muss anfangen, mit den Menschen zu reden und aus dem eigenen Leben erzählen, dann können sie etwas vom Glauben begreifen. Und der eine oder andere geht vielleicht noch weitere Schritte.

»Komm in mein Leben«

Jeder kann ein Leben mit Gott beginnen, mit ihm reden wie mit den Menschen um uns herum, und ihn in sein Leben einladen, mit ganz einfachen Worten: »Komm in mein Leben.« Jesus lässt niemanden im Regen stehen. Das muss nicht einmal in einer Gemeinschaft von Christen geschehen, sondern nur tief im Herzen gewollt sein.

Ich denke, dass diese Begegnung für viele im »stillen Kämmerlein« einfacher ist als in einem großen Gottesdienstsaal voller Leute. Aber natürlich ist beides in Ordnung. Und was noch besser ist: Das stille Kämmerlein kann jetzt und hier sein. Das sage ich auch bei meinen Vorträgen und dann schweige ich einfach ein, zwei Minuten, damit die Menschen innerlich mit Gott ins Gespräch kommen können.

Ich danke Gott, dass ich begriffen habe, was durch Jesus in meinem Leben passiert ist. Ich kann jeden Tag einfach nur Danke sagen, er hat mein Leben komplett verändert. Und ich weiß, wo ich hingehe, wenn ich sterbe. Noch einmal: Ich *weiß* – durch Gottes Zusage in der Bibel –, wo ich hingehe. Ich gehe nicht ins Ungewisse. Wenn man das einmal begriffen hat, übersteigt das alles andere.

Oft habe ich von Menschen gehört, die Jesus nicht kannten und die voller Furcht auf ihrem Sterbebett lagen. Sie hatten Angst wegen der Dinge, die sie falsch gemacht hatten. Ich wünsche jedem Sterbenden, dass jemand bei ihm ist, der ihm von Jesus erzählen kann.

Viele Menschen haben Angst, weil sie die Gnade Gottes nicht kennen, und sie wird viel zu wenig gepredigt. Man sieht dies auch in unseren Kirchen, die leider oft nur von Gesetzen und Gefahren sprechen. Manches Mal ist vielleicht auch Manipulation dabei. Doch wenn Menschen die Wahrheit kennen und sich von Gott seine Gnade schenken lassen, dann werden aus ihnen gesegnete Geber.

Mich beeindruckt Pastor Joseph Prince, zu dessen Gottesdiensten in Singapur jeweils rund 33 000 Besucher kommen. Er predigt Jesus so, wie er ist. Als Jugendlicher stotterte Prince, doch dann wurde er als öffentlicher Redner von Gott gebraucht. Manche Religiöse kritisieren, er würde die Leute dazu verführen, noch mehr zu sündigen, weil man sich nach seinen Worten einfach auf der Gnade ausruhen könne.

Das sehe ich ganz anders. Wenn man fällt, macht das keinen Spaß. Man sündigt ja nicht aus Freude. Im Gegenteil! Es fühlt sich übel an und hinterlässt Trauer. Deshalb versucht man, nicht zu fallen. Bloß gelingt es manchmal nicht. Es ist also unsinnig, zu behaupten, dass die Betonung der Gnade ein Freipass zum Sündigen sei. Wir brauchen Jesus, um die Sünde loszuwerden. Keiner ist perfekt, wie Paulus schreibt. Darum wollte Gott, dass folgende Worte in der Bibel stehen: »Meiner Vernunft nach möchte ich dem Gesetz Gottes gehorchen, aber meiner menschlichen Natur nach bin ich ein Sklave der Sünde« (Römer 7,25). Damit müssen wir uns abfinden und dies mit Jesus angehen. Sonst kommen wir nur bis zur Selbstanklage, drehen uns nur noch um uns selbst und werden nicht zu einem Licht für andere. Wir können uns nur auf die Vergebung in Jesus stützen.

Außerdem lügt man sich selbst an, wenn man glaubt, dass das Predigen der Gnade zum Sündigen verführen könne. Denn wir können das Gesetz ja ohnehin nicht selbst halten, sondern nur durch die Gnade von Jesus vor Gott bestehen. Unser religiöses System hat sich so tief in uns eingefressen, dass wir rasch mit Angstmacherei zur Stelle sind. Auch dann übrigens, wenn es nicht um den Glauben geht. In der Familie und im Freundeskreis – wie schnell sagt man, dass etwas schiefgehen wird. Diese Ängste sind in unserer westlichen Gesellschaft tief verankert.

Wer noch in der Angst lebt, der hat die Liebe nicht begriffen. In 1. Korinther 13 ist die Liebe Gottes in ihrer ganzen herrlichen Dimension beschrieben. Wie kann man sich bei diesen entwaffnenden Worten noch mit Ängsten zubunkern?

Vor diesem Gott kann ich die Sünde bekennen, dazu brauche ich keinen Menschen dazwischen, auch wenn es für manchen hilfreich sein kann, die Sünden auch vor einem Menschen zu bekennen. Gern spreche ich über diese frei machende Botschaft vor den unterschiedlichsten Gruppen, denn ich liebe es, wenn ich sehe, wie bei Menschen Lasten abfallen.

Ich möchte mein ganzes Leben nutzen, um den Leuten Jesus näherzubringen. Ob und welche christliche Gemeinde sie finden, ist dabei für mich gar nicht relevant. Wichtig ist, dass sie Jesus finden. Der Rest passiert dann durch ihn und er wird sie in das richtige Umfeld führen.

Apropos Angst: Am Anfang meiner Tätigkeit als Redner hatte ich damit stark zu kämpfen. Ich hatte mittlerweile etwa zwanzig Vorträge gehalten, aber jedes Mal hatte ich davor Angst gehabt und mit einer starken Nervosität gekämpft. Immer wieder fürchtete ich mich trotz guter Vorbereitung davor, am Ende nur einen unbegreiflichen Stuss zusammenzureden. Oft dachte ich, dass Gott mich dadurch wegen meiner Sünde, die noch geschieht, bestrafen würde. Doch heute weiß ich voller Zuversicht, dass das nicht so ist: »Hieran erkennen wir, dass wir in der Wahrheit leben und Gott voller Zuversicht begegnen können, selbst wenn unser Herz uns verurteilt. Denn Gott ist größer als unser Herz, und er weiß alles« (1. Johannes 3,19-20).

Nach meinen Vorträgen erhielt ich oft tolle Feedbacks, aber meine Sorge blieb stets die gleiche. Ich war immer zittrig und wie gelähmt. Mit der Zeit flehte ich Gott an: »Ich gehe für dich da raus. Nimm mir diese Ängste.« Es war ein langer Prozess, bis ich ihm hier total vertrauen konnte. Wenig hilfreich waren bis zu diesem Zeitpunkt gut gemeinte Ratschläge von Mitchristen, die da lauteten: »Das muss so sein, damit man in der Demut bleibt und sich ja nicht überhebt oder zu selbstsicher wird.«

Solche Aussagen hatte ich stets mit gemischten Gefühlen zur Kenntnis genommen. Sollte ich etwa mein ganzes Leben die gleichen Qualen durchmachen? »Ich darf mich doch auf Gott verlassen«, dachte ich, und ich überließ einfach alles Jesus. Mit der Zeit gab mir Gott in dieser Frage eine innere Sicherheit. Den Durchbruch fand ich durch Matthäus 10,20: »Nicht ihr seid es, die dann reden – nein, der Geist eures Vaters wird durch euch reden.« Das hat mich angesprochen und mir Sicherheit gegeben. Ich ging ja nicht für mein Ego raus, sondern für Jesus. Warum sollte ich also Angst haben?

Jesus sagt schließlich: »Kommt alle her zu mir, die ihr müde seid und schwere Lasten tragt, ich will euch Ruhe schenken.« Wir dürfen die Lasten bei ihm ablegen – und dort dürfen sie bleiben. Jesus möchte nicht, dass wir sie nach dem Ablegen wieder hochheben und mitnehmen.

Schon früh auf meinem Weg als Christ hörte ich einige gesetzliche Predigten. Doch der Heilige Geist zeigte mir, dass Gott anders ist, als er dargestellt wird. Das erkannte ich auch beim Lesen der Bibel. Seine Liebe steht über allem, was wir fabrizieren können. Das zeigt mein Leben und die Dinge, aus denen mich Gott herausrettete. Er tat dies aus Gnade und nur aus Gnade.

Und diese Liebe, diese Gnade gilt für jeden Menschen, der Jesus Christus als seinen Retter annimmt. Mit meiner Hinwendung zu Jesus Christus veränderte sich mein Leben vollständig. Er hat meine Sehnsucht gestillt. Ich bin angekommen. Das innere Vakuum, das mich so lange gequält hatte, war mit einem Mal mit dem aufgefüllt, der mich geschaffen hat. Wir sind dazu bestimmt, mit unserem Schöpfer zu leben. Ohne ihn fehlt das ganz entscheidende Puzzleteil. Mit dem Ja zu ihm verliert man nichts, gewinnt aber alles, besonders im Hinblick auf die Ewigkeit, und es ist schade, wenn jemand ein wenig zu stolz oder ein wenig zu feige ist, sich auf diesen Jesus von Nazareth einzulassen.

Unser überirdischer Vater hat seinen Rettungsplan für uns durch seinen Sohn Jesus Christus umgesetzt. Warum tun wir so, als hätten wir gar keine Rettung nötig? Ich denke, dass wir Christen dadurch den Menschen den Zugang zu Gott erschweren. Schon oft habe ich gehört: »Die Christen tun so, als hätten sie keine Probleme.« Für viele ist das abstoßend. Doch wir Christen fallen auch immer wieder und wir können uns nur auf Jesus stützen.

12

Jesus erzählte meine Geschichte vor 2000 Jahren

»Muss ich denn sterben, um zu leben?« Diese Songzeile des in der Dominikanischen Republik verstorbenen österreichischen Ausnahmemusikers Falco kann ich gut und gern mit einem Ja beantworten, denn ich habe das persönlich erlebt. Ich war ganz unten. Geistlich und moralisch war ich längst tot. Meine Geschichte ist womöglich auch deine Geschichte. Vielleicht bist du etwas weniger tief gefallen, vielleicht aber sogar noch viel tiefer.

Ich kenne Menschen aus allen Schichten der Gesellschaft. Solche, die so viel Geld haben, dass sie den Louvre im Maßstab 1:1 nachbauen und nahezu gleichwertig bestücken könnten. Und ich kenne andere, die so wenig haben, dass am Ende des Monats das Ersparte gerade mal für ein kleines Bier reicht.

Egal, wo du stehst. Meine und deine Geschichte steht in der Bibel. Jesus hatte sie als Gleichnis erzählt. Es ist die kraftvolle Geschichte vom verlorenen Sohn, die ich vorn schon kurz zusammengefasst habe. Da mich diese Geschichte sehr bewegt, möchte ich sie hier komplett wiedergeben:

Ein Mann hatte zwei Söhne. Der jüngere Sohn sagte zu seinem Vater: »Ich möchte meinen Erbteil von deinem Besitz schon jetzt haben.« Da erklärte der Vater sich bereit, seinen Besitz zwischen seinen Söhnen aufzuteilen.

Einige Tage später packte der jüngere Sohn seine Sachen und ging auf Reisen in ein fernes Land, wo er sein ganzes Geld verprasste. Etwa um die Zeit, als ihm das Geld ausging, brach in jenem Land eine große Hungersnot aus, und er hatte nicht genug zu essen. Da überredete er einen Bauern, ihm Arbeit zu geben, und er durfte seine Schweine hüten. Der junge Mann war so hungrig, dass er die Schoten, die er an die Schweine verfütterte, am liebsten selbst gegessen hätte. Aber niemand gab ihm etwas.

Schließlich überlegte er und sagte sich: »Daheim haben die Tagelöhner mehr als genug zu essen, und ich sterbe hier vor Hunger! Ich will zu meinem Vater nach Hause gehen und sagen: Vater, ich habe gesündigt, gegen den Himmel und auch gegen dich, und ich bin es nicht mehr wert, dein Sohn zu heißen. Bitte stell mich als einen deiner Tagelöhner ein.«

So kehrte er zu seinem Vater nach Hause zurück. Er war noch weit entfernt, als sein Vater ihn kommen sah. Voller Liebe und Mitleid lief er seinem Sohn entgegen, schloss ihn in die Arme und küsste ihn.

Sein Sohn sagte zu ihm: »Vater, ich habe gesündigt, gegen den Himmel und auch gegen dich, und bin es nicht mehr wert, dein Sohn zu heißen.«

Aber sein Vater sagte zu den Dienern: »Schnell! Bringt die besten Kleider im Haus und zieht sie ihm an. Holt einen Ring für seinen Finger und Sandalen für seine Füße. Und schlachtet das Kalb, das wir im Stall gemästet haben, denn mein Sohn hier war tot und ist ins Leben zurückgekehrt. Er war verloren, aber nun ist er wiedergefunden.« Und ein Freudenfest begann.

Währenddessen war der ältere Sohn draußen auf den Feldern und arbeitete. Als er heimkam, hörte er Musik und Tanz im Haus und fragte einen der Diener, was da los sei.

»Dein Bruder ist wieder da«, erfuhr er, »und dein Vater hat das Kalb geschlachtet, das wir gemästet hatten, und gibt nun ein großes Fest. Wir feiern, dass er wohlbehalten zurückgekehrt ist.«

Da wurde der ältere Bruder zornig und wollte nicht ins Haus gehen. Sein Vater kam heraus und redete ihm zu, aber er sagte: »All die Jahre habe ich schwer für dich gearbeitet und dir nicht ein einziges Mal widersprochen, wenn du mir etwas aufgetragen hast. Und in dieser ganzen Zeit hast du mir nicht einmal eine junge Ziege gegeben, um mit meinen Freunden ein Fest zu feiern. Doch jetzt, wenn dein Sohn daherkommt, nachdem er dein Geld mit Huren durchgebracht hat, feierst du und schlachtest unser bestes Kalb.«

Sein Vater sagte zu ihm: »Sieh, mein lieber Sohn, du und ich, wir stehen uns sehr nahe, und alles, was ich habe, gehört dir. Wir mussten diesen Freudentag feiern, denn dein Bruder war tot und ist ins Leben zurückgekehrt! Er war verloren, aber jetzt ist er wiedergefunden!«

Lukas 15,11-32

Die große Mehrheit findet sich mehr oder weniger in dieser Geschichte wieder. Deshalb ist es mir wichtig, mit den Menschen in Kontakt zu bleiben und mich nicht nur hinter die Mauern einer christlichen Gemeinde zurückzuziehen. Ich finde es absolut wichtig, Gemeinschaft mit anderen Christen zu haben. Doch für eine gewisse Zeit hatte ich mich zu stark zurückgezogen und irgendwie kam mir schon nach wenigen Monaten die »Außenwelt« fremd vor. Ich lebte scheinbar im »Kuschelklub der Erretteten«, wie das christliche Komikerduo »Superzwei« in einem Lied singt.

Der Vater gibt

In der Geschichte vom verlorenen Sohn offenbart uns Gott seine Liebe. Jesus zeigt durch dieses Gleichnis, dass eine noch größere Liebe gar nicht möglich ist. Der Sohn verlangt die Hälfte des Erbes und der Vater erlaubt ihm, eigene Entscheidungen zu treffen, obwohl er weiß, dass diese falsch sein können. Was ist das für eine überdimensionale Liebe?

Kleine Kinder brauchen den Schutz ihrer Eltern, aber erwachsene müssen eigene Entscheidungen treffen dürfen, sonst gerät alles in eine Schieflage. Gott, der Vater, ist bereit, uns diesen Raum zu lassen. Wenn er dies nicht tun würde, würde vielleicht jeder Mensch gezwungenermaßen nach Gottes Willen leben, aber es gäbe keine Freiheit und keine echte Beziehung zu ihm. Gott erlaubt uns, dass wir Fehler begehen, um daraus zu lernen. Und wenn wir zurückkommen, bestraft er uns nicht, sondern er nimmt uns in seine Arme. Er sagt nicht einmal: »Hab ich dir's nicht gesagt?«

Ich habe das genau so erlebt. Der Gott, den ich durch Jesus erlebe, ist ein Vater, der uns so weit gehen lässt, bis es uns vor all dem Schlechten dermaßen graut, dass wir es satthaben.

Der Vater weiß, was passiert. Doch er ist bereit, seine verlorenen Söhne und Töchter machen zu lassen, bis es sie vor dem eigenen Lebensstil graust. Als der junge Mann im Gleichnis alles ausgelebt hatte und merkte, dass es eigentlich gar nichts gebracht hatte, begann er nachzudenken. Erst da kam ihm in den Sinn, wie gut es eigentlich daheim war.

All der Unsinn, den ich immer erzählt habe, all das Schlechte, was ich getan habe – Gott hält das aus. Wenn ich mein gesamtes Leben einem anderen Menschen erzählt hätte, hätte der schon längst das Zuhören aufgegeben und abgeschaltet.

Gott nicht. Im Gegenteil.

Der verlorene Sohn kam an einen absoluten Tiefpunkt, nachdem er sein Erbe verjubelt und verprasst hatte. Er musste sich an die Einwohner des fremden Landes wenden, was zeigt, wie weit er von seiner Heimat weg war. Und damals verliefen Reisen noch wesentlich langsamer als heute. In der Fremde hatten Juden eine Art Armenfürsorgesystem, doch er war offenbar der einzige Glaubensgenosse in dieser Gegend.

Dass er Schweine hüten musste, war für ihn als Jude die absolut letzte Option, denn diese Tiere galten als unrein. Und er durfte trotz seines Hungers nicht einmal vom Futter der Schweine essen. Das Futter der unreinen Tiere wurde vom Bauern als zu gut für ihn eingestuft!

Als der junge Mann schwerreich von daheim ausgezogen war, hatte das garantiert nicht auf seinem Plan gestanden. Und hier mache ich gern den Bogen zu heute. Wer das Vergnügen und die Erfüllung in meiner früheren Welt sucht, wird innerlich nach einigen Jahren genau dort landen, wo ich war und auch der verlorene Sohn, dem selbst der Futtertrog der Schweine vorenthalten war. Erfüllung findet man in den Seifenblasen der Glitzerwelt keine.

Dass er völlig in die Irre gegangen war, musste dem verlorenen Sohn keiner mehr erklären. Deshalb überwand er die Scham und kehrte um.

Sein Vater lehnte es rundheraus ab, ihn als Knecht bei sich arbeiten zu lassen – der Junge glaubte, dass er mehr nicht verdient hätte. Doch der Vater reagierte anders: Mit dem Kuss, der Umarmung und der Kleidung symbolisierte er, dass der Sohn ein vollwertiges Mitglied der Familie war. Mit den Sandalen zeigte er, dass der junge Mann ein freier Mensch war, denn die Bediensteten gingen barfuß. Und der Vater ging sogar noch weiter: Der Ring, den er dem Sohn an den Finger steckte, zeigte in der damaligen Kultur, dass er rechtlich im Namen der Familie handeln durfte.

Der verlorene Sohn in uns

Mit dem Gleichnis vom verlorenen Sohn offenbart Jesus das Vaterherz Gottes, seine Gnade und seine Liebe. Dies kann gar nicht als Freipass zum Sündigen verstanden werden. Der verlorene Sohn hätte ganz bestimmt nicht noch einmal Geld aus der Familienkasse genommen, um irgendwo fernab ein Fest zu feiern. Das hatte er ja gerade durch. Nein, er wollte seine Lieben nie wieder verletzen, auch wenn es vermutlich ab und zu wieder vorkam. Er hatte sicher seine Lehren gezogen und wurde ein fleißiges Mitglied seiner Familie, da er die väterliche Gnade nicht als billig erachtete.

Bei mir war es etwas anders als bei ihm, weil ich Gott früher nicht gekannt hatte. Doch ich suchte ihn und ließ los, wovon ich mir einst das Glück versprochen hatte. Das tat ich, obwohl ich noch keine Ahnung hatte, wie es weitergehen sollte. Als ich das eine losgelassen hatte, wusste ich noch nicht, wie es rübergeht. Ich konnte also nicht einfach gemütlich hinübergleiten.

Es ist verständlich, dass der Sohn, der daheim geblieben war, einen gewissen Neid empfand. Doch der Vater erklärte: »Dir gehört eh alles. Du warst immer da, du hast schon alles.« Viele Christen empfinden das vielleicht gar nicht so. Doch Gott liebt sie genauso, auch wenn um jene, die aus einem schlimmen Leben zu Gott finden, vielleicht mehr »Spektakel« gemacht wird.

In der christlichen Welt waren nach meiner Umkehr manche ein wenig eifersüchtig. Die Bibelgruppe wechselte wöchentlich das Haus. So kam es, dass auch wir manchmal an der Reihe waren. Unser Anwesen war groß und meine Vergangenheit krass. Und das schien da und dort an jemandem zu nagen. Ich dachte, Christen sollten weiter sein. Ab diesem Moment wusste ich, dass das Leben in dieser Welt einfach nicht perfekt ist, auch unter Christen nicht. Jahre später hatte ich dafür absolutes Verständnis, weil ich in mir selbst entdeckte, dass solche Gefühle ganz einfach aufkommen können. Christen sind immer noch Menschen, aber sie haben ewige Hoffnung und können mit solchen Regungen zu Gott kommen.

Ich liebe das Gleichnis vom verlorenen Sohn, da es genau das schildert, was ich erlebt habe und du vielleicht in irgendeiner Form auch. Das ist der verlorene Sohn in uns. In meinem Fall ist er dorthin gegangen, wo er hingehört: in die Arme des Vaters.

Wer diesen Schritt noch nicht gemacht hat, dem empfehle ich, vom Schweinetrog aufzustehen, das Schweinefutter dort zu lassen und dorthin zu gehen, wo der Vater mit ausgebreiteten Armen wartet. Dort gibt es Koteletts statt Küchenabfälle – der Vater des verlorenen Sohnes organisierte umgehend ein Barbecue, er wartete nicht mal bis zum Abend. Auch ich erlebte das so: Ich ließ die Villa los und landete nach den Umbauten in einem Landgut vom Feinsten (was ich rein menschlich gesehen nicht verdient hatte). Gott wollte es so. Wir hatten Platz für unsere Pferde, genossen mehrere schöne Jahre in der ländlichen Idylle und lernten dort Gott näher kennen.

Nicht allein auf der Kommandobrücke

Ich bin auch jetzt auf Jesus angewiesen. Darauf, dass ich seinen Geist habe, der mir alles zeigt. Er zeigt mir, wenn ich falsch reagiere und was Liebe bedeutet. Dafür bin ich enorm dankbar. Nur durch ihn finde ich im Alltag, der oft nicht angenehm ist, immer wieder zu meinem Frieden. Es ist ein neuer Lebensstil, der mit Jesus gekommen ist. Das war nicht gleich ab dem ersten Moment so, es ist ein Hineinwachsen. Jesus lässt einen nicht da stehen, wo man am Anfang war.

Mein Herzenswunsch ist, dass jeder in irgendeiner Weise die Möglichkeit sieht, diese Vergebung anzunehmen. Er kommt auf, wenn ich an den Immobilienmann denke, der ertrunken ist. Oder an den jungen Discobesitzer, der ins Krankenhaus musste und starb. Ich wünsche, dass sie noch irgendwie die Möglichkeit erhalten haben – oder sie noch erhalten, wenn Jesus wiederkommt –, sich für Christus zu entscheiden und dieses wunderbare Geschenk anzunehmen. Ob dem so ist, steht nirgends geschrieben, es ist ein Wunsch von mir.

Deshalb ist es mir wichtig, die Kontakte gerade auch im Gastronomiebereich nicht abbrechen zu lassen. Jeden Tag bitte ich Gott, dass er mir auf diesem Schlachtfeld der Gedanken beisteht. Er ist viel größer als die Angriffe, deshalb brauche ich mich nicht angstvoll zurückzuziehen. Das müssen wir uns einprägen, denn das sagt die Bibel ganz klar und sie ist unser Lebenselixier.

Als Christen sollten wir nicht nur zu christlichen Großveranstaltungen und kleineren Treffen rennen, sondern auch den Kontakt zu unseren Freunden und Bekannten aufrechterhalten und ihnen zuhören. Wenn wir dranbleiben, wird Gott den richtigen Moment schenken. Bricht man alle früheren Kontakte ab, ist dies nicht mehr möglich.

Der neue Geist in mir ist stärker als das Böse. Diesem glaube und vertraue ich, nicht mehr dem anderen, der mich an den Abgrund führen möchte. Würdest du dich auf ein Navigationsgerät verlassen, das dich andauernd an felsige Klüfte und Schluchten führt?

Rückblickend tut es mir so leid, dass ich nicht mehr geschätzt habe, was Astrid alles für mich getan hat. Auch in der äußerst arbeitsreichen Zeit war sie immer für mich da. Heute halte ich beispielsweise Astrids Hand, was ich früher nicht getan habe. Meine Frau sagt, dass sich da bereits viel bei mir getan hat, und auch von außen hören wir dies von langjährigen Begleitern, was uns beiden guttut.

Früher war ich in der Gastronomie mit dem Hintergedanken, Mädels aufzureißen. Heute ist der Zugang ganz anders und auch mein Verhalten. Ein Mann, den ich aus der Schule kannte, hatte mir als Mitarbeiter in einem meiner ersten Betriebe rund 35 000 Euro geklaut, was dem Umsatz von einigen Tagen entsprach. Insgesamt hatte er mich mehrmals hintergangen. Ihn habe ich nun vor Kurzem wiedereingestellt, weil ich ihm helfen wollte. In den beiden letzten Jahrzehnten war er immer wieder an die falschen Frauen geraten und sein Alkoholkonsum trug auch nicht gerade zu einem gradlinigen Leben bei.

Als er erneut für mich gearbeitet hat, war die Sache von früher für mich abgehakt und eigentlich auch vergessen. Er hat erzählt, dass er sich so schämt, dass er nicht einmal darüber sprechen kann. Dabei ist meine Vergebung sofort und uneingeschränkt geflossen. Er hat mir auch gesagt, dass er gut findet, was ich heute tue, wie ich mit den Leuten umgehe und die Dinge organisiere. Ich glaube nicht, dass er sich damit bei mir einschmeicheln wollte. Einige Wochen später kehrte er dem Gastrobereich den Rücken, weil er sonst wieder in alte Muster gefallen wäre. Er suchte das Gespräch und wir trennten uns im Guten. Durch Jesus war es mir möglich, ihm noch einmal eine Chance zu geben. Ohne Jesus hätte ich das nicht tun können.

Hier kommt der Punkt, der menschlich gesehen nicht einfach ist, auch für mich nicht. Gott hat mir mit diesem Beispiel gezeigt, dass ich mich dienend zurücknehmen sollte und er meinem früheren Freund die Hand entgegenstreckte, weil er ihn genauso liebt wie mich. Also weg vom Egoismus und hin zur Liebe, die nur durch Gott möglich ist. Mir war klar, dass Gott ihm über mich die Möglichkeit gab, noch einmal in die Gastronomie reinzuschnuppern, um ihm zu zeigen, dass es nichts mehr für ihn ist.

Natürlich schreibt sich das jetzt leicht, aber einfach war es damals nicht. Ich hatte diesen Mann als Führungskraft eingestellt und ihn mindestens fünfmal vor der Eröffnung gefragt, ob er sich sicher sei, dass er es packen würde, weil ich Symptome dafür erkannte, dass das nicht gut gehen würde. Doch Gott zeigte mir darin wieder einmal etwas von seinem Vaterherz. Er ließ es so lange zu, bis mein früherer Kumpel selbst entscheiden konnte, dass er aus der Branche aussteigen wollte, weil er am Ende seiner Kräfte angelangt war. Gott hatte aber auch für mich gesorgt. Ich hatte nämlich zwei Betriebsleiter eingestellt, sodass ich am Ende nicht ohne Hilfe dastand. Ich war also getragen, obwohl ich das erst jetzt im Nachhinein, also zwei Monate später, so sehen kann, weil da sehr wohl harte Worte gefallen sind und Neid und Eifersucht aufkamen.

Aber Gott sei Dank schwappte es nicht über. So ist unser Gott! Ein Leben mit Jesus macht es möglich, solche Situationen zu meistern und am Ende dadurch dem Vater näher zu sein, weil er unmöglich mit dem Verstand zu begreifen ist.

Insgesamt habe ich mehrere ähnliche Beispiele erlebt, wo mir enge Freunde Dinge zugesagt haben, die sie später nicht eingehalten haben. Ich bekam Lobeshymnen in Bezug auf meine Arbeit, mein Handeln und meinen Umgang mit anderen, mir wurde oft das Blaue vom Himmel versprochen. In drei Fällen sind diese menschlichen Säulen dann aber sehr bald weggebrochen.

Ich lernte daraus, dass jeder seinen eigenen Weg gehen und diesen mit Gott ausmachen muss. Gott zeigte mir außerdem, dass auch ich öfter Zusagen gemacht habe, die ich dann nicht einhalten konnte. Wenn wir uns ehrlich hinterfragen, kommen wir schnell drauf, dass das jedem von uns passiert.

Natürlich ist es nicht einfach, wenn das wie in meinem Fall gleich zweimal bei der Eröffnung eines Betriebes geschieht, wo ich auf einen Schlag allein dastand. Ich war enttäuscht, das zehrte an den Kräften und brachte mich menschlich ziemlich an die Grenzen des Möglichen, da ich dadurch oft 18-Stunden-Tage hatte, voll im Stress war und von einem Chaos ins nächste schlitterte. In diesen Momenten konnte ich kein Verständnis und keine Liebe für diejenigen aufbringen, die ihre Zusagen nicht gehalten hatten, aber nach einigen Wochen und im Rückblick betrachtet weiß ich, dass man nur so lernt, sich wirklich auf Gott zu stützen und sich nicht von den Zusagen anderer abhängig zu machen. *Die Söhne Mannheims* drücken das in ihrem Song »Vielleicht« so aus:

Ich will keine Versprechen,
die mir Menschen geben,
die sie dann wieder brechen,
so sind Menschen eben …

Alles, was zählt, ist die Verbindung zu dir,
und es wäre mein Ende,
wenn ich diese Verbindung verlier.

Genau das war meine Lehre aus diesen Situationen und ich brauchte mehrere dieser Lektionen, um das so sehen zu können und niemandem mehr einen Vorwurf zu machen. So lernen wir, die Liebe Gottes zu leben. Nur durch extreme Situationen wachsen wir. Wir achten normalerweise sehr auf unsere Gefühle, aber diese entsprechen oft nicht Gottes Realität. Bei Gott sind die Dinge anders. In seinen Augen zeichnet Liebe Folgendes aus: Sie erträgt alles, ist geduldig und freundlich und trägt es nicht nach, wenn man ihr Böses tut. Wir brauchen Gott, um diese Art von Liebe zu leben. Nur seine Gnade lässt uns ihm ähnlicher werden!

Er verändert uns, auch mich. Beispielsweise fiel unlängst eine Lieferung aus. Dies merkte der Lieferant erst eine Woche später, als er turnusmäßig wiederkam, da der zuständige Mitarbeiter im Urlaub war. Sie kamen gleich zu zweit, um sich zu entschuldigen, und rechneten mit einer zünftigen Standpauke, die vom alten Andi auch in aller Schärfe gekommen wäre. Doch wir besprachen den

Vorfall nur kurz, ich vergab ihnen unumwunden und wir konnten sogar Scherze darüber machen.

Es gibt auch Momente, in denen ich mich nicht getragen fühle und an die Decke gehe. So beispielsweise als ich neulich um 7 Uhr morgens die Vorbereitungen im Betrieb in Linz erledigte. Kurz vor acht meldete sich dann ein Mitarbeiter, dass er krank sei und ich diese Schicht übernehmen müsse, obwohl ich eigentlich kurz nach acht nach Graz hätte weiterfahren müssen.

Das geschah, nachdem bereits am Vortag einer ausgefallen war und am Tag zuvor ebenfalls. Bei zu vielen solchen Manövern und mit wenig Schlaf im Posteröffnungsstress reagiert man nicht mehr immer freundlich.

Da ärgere ich mich, dass nicht bereits in der Nacht ein SMS gekommen war, dass er krank ist, sondern erst wenige Minuten vor dem Beginn der Schicht. »Das gibt's ja nicht, nicht schon wieder«, kann ich da schon mal donnern.

Auch heute schieße ich manchmal noch rein, obwohl ich das gar nicht will, zum Beispiel, wenn ein Mitarbeiter mir gegenüber grantig reagiert. Der Unterschied zu früher ist aber der: Heute denke ich sofort darüber nach und bereinige es. Ich überlege, wie das Gegenüber aufgewachsen ist, welche Schwierigkeiten vielleicht in der Kindheit da waren und warum die Person so reagiert, wie sie reagiert. Im ersten Moment, voll im Stress, reagiere ich manchmal nicht so gut. Wenn ich aber meine geistlichen Augen öffne, sehe ich die Dinge anders.

Heute höre ich außerdem auf Anregungen von anderen Leuten. Wenn einer etwas Gescheites sagt, habe ich ein Ohr dafür, egal, ob es die Putzfrau oder der Chefkoch ist. Früher habe ich mir gar nichts sagen lassen.

Auf dem Weg

Gott hatte sich ja schon vorher bei mir bemerkbar gemacht und an mir gearbeitet und das tut er auch heute. Er wollte mir oft begegnen, was mir aber erst nachher als Christ bewusst geworden ist. Viermal war ich dem Tod nahe: Als Kind wäre ich einmal fast ertrunken und später wurde ich bei drei wirklich üblen Autounfällen hochgradig bewahrt. Heute weiß ich: Gott hat mich beschützt.

Aber nicht nur die innere Zukunft kann ich ihm anvertrauen, sondern auch die äußere. Ich spiele mit dem Gedanken, künftig weniger selbst an der Front von Betrieben zu stehen. Der Grund, warum ich noch in der Gastronomie tätig bin, ist unter anderem in diesem Vers zu finden: »Deshalb, liebe Brüder und Schwestern, soll jeder an dem Platz bleiben, an dem er war, als Gott ihn zum Glauben rief. Dort soll er in Verantwortung vor Gott seinen Dienst tun« (1. Korinther 7,24; HFA).

Vielleicht werde ich in naher oder ferner Zukunft ein Berater, der beim Aufbau bis zur Eröffnung mitarbeitet und dann den Schlüssel voll und ganz dem Geschäftsführer übergibt. Sollte das so kommen, wären die *Rox*-Betriebe dennoch kein Umweg gewesen, sondern ein Leistungsnachweis, der dies überhaupt ermöglichen würde. Ohne einen erfolgreichen Betrieb in jüngster Vergangenheit würde mir niemand zuhören. Natürlich bin ich noch »der von der *NACHTSCHICHT*«. Doch diese Zeit liegt erstens schon mehr als ein Jahrzehnt zurück und zweitens sind die Gegebenheiten in einem Restaurant oder einem Bar-Restaurant völlig anders als in einer Disco.

Egal, was die Zukunft bietet, nie mehr im Leben würde ich den Erfolg gegen das Getragensein von Gott eintauschen. Ich kenne einige Christen, die denken, dass ich durch die *Rox*-Betriebe in mein früheres Leben zurückgerutscht bin. Doch ich weiß, was Gott von mir hält und dass ich nicht auf diese Gedanken achten muss.

Ich finde folgende Verse aus dem Hebräerbrief hilfreich: »Ihr seht also, dass es unmöglich ist, ohne Glauben Gott zu gefallen. Wer zu ihm kommen möchte, muss glauben, dass Gott existiert und dass er die, die ihn aufrichtig suchen, belohnt« (Hebräer 11,6). Abraham wusste zuerst auch nicht, wohin die Reise geht, aber: »Durch den Glauben gehorchte Abraham, als Gott ihn aufforderte, seine Heimat zu verlassen und in ein anderes Land zu ziehen, das Gott ihm als Erbe geben würde. Er ging, ohne zu wissen, wohin ihn sein Weg führen würde« (Hebräer 11,8).

Ich will den Menschen Jesus durch das, was ich erlebt habe, näherbringen. Ich mache das für Jesus, weil ich weiß, was er für mich getan hat. Wenn ich begreife, was Gott für uns Menschen getan hat, dann kann ich gar nicht anders, als von dieser Liebe weiterzuerzählen.

Ich wünsche mir von Herzen, dass jeder Mensch zu Jesus findet. Er ist den schwersten Weg, der möglich ist, für uns gegangen. Zurückgeben kann ich nichts, aber – wie das aus der Bibel entlehnte Sprichwort sagt: »Wes das Herz voll ist, des geht der Mund über.«

Ich tue das, was ich tue, gern – für Jesus, weil er für mich persönlich am Kreuz gestorben ist. Dieser Weg hat mich zuerst viel Überwindung gekostet, aber er lohnt sich, weil ich dadurch den vollen Frieden in mir habe. Und das kann jeder für sich in Anspruch nehmen.

Ein typisches Beispiel, und damit schließt sich der Kreis zu meiner Anfangszeit als Discobesitzer, sind die Autos. Astrid wollte vor einiger Zeit unbedingt einen Porsche Cayenne kaufen. Doch stattdessen haben wir uns einen Dodge Ram zugelegt, einen kleinen

Truck. Da der Ram gut zur Baustelle passte und von der Ladefläche her absolut Sinn ergab, war bei diesem Gefährt kein Neid zu spüren, was beim Cayenne zweifelsohne der Fall gewesen wäre.

Es wäre einfach nicht der Zeitpunkt für einen solchen Wagen gewesen. Ganz anders als früher macht es für mich keinen Unterschied, ob ich Mercedes, BMW, Audi oder Seat fahre. Es würde mir nichts ausmachen, am Vormittag mit einem Porsche unterwegs zu sein und am Nachmittag mit dem Kleinwagen meiner Tochter.

Nachdem das *Rox* eröffnet worden war, dachten wir an den Kauf eines neuen Ford Mustang, der gleich in der Nähe bei einem Autohändler stand. Wir warteten ab, um zu prüfen, ob wir dazu einen inneren Frieden haben würden. Letztlich haben wir es gelassen. Die Verlockung war groß, weil wir uns etwas Gutes tun wollten nach den stressvollen Monaten, die bei Astrid zweimal einen Nervenzusammenbruch ausgelöst hatten. In solchen Fällen ist die Gefahr am größten, dass man sich mit dem Kauf von etwas belohnt, was ja nicht falsch sein muss. Da Astrid den durchaus schönen Wagen noch etwas mehr wünschte als ich, überließ ich ihr die Entscheidung – sie hat sich dann gegen den Kauf entschieden.

Eine Parallele dazu ist die Arbeit im *Rox* in der *PlusCity*. Heute sehe ich die beiden unsichtbaren Notausgangstüren gut, wenn es gilt, auf eine schwierige Situation zu reagieren, weil ich Jesus jeden Tag ganz bewusst übergebe und ihn darum bitte, mir zu helfen, dass ich die richtige Entscheidung treffe. Es klappt noch nicht immer, aber er lässt mich nicht ins Verderben rennen. So wie es in 2. Korinther 4,8 beschrieben ist: »Von allen Seiten werden wir von Schwierigkeiten bedrängt, aber nicht erdrückt. Wir sind ratlos, aber wir verzweifeln nicht.« Das galt beispielsweise, als ich überarbeitet war. Früher wäre ich auf die Flirts, die sich ergeben könnten, aufgesprungen. Heute ist der Geist, der in mir wohnt, stärker, wodurch das gar keine Option mehr ist. Das sage ich nicht aus einer Überheblichkeit. Im Gegenteil. Es geschieht eben gerade nicht durch mich, sondern durch Jesus. Mein Beitrag dazu besteht einzig aus zwei Buchstaben: dem Ja zu seinem Wirken.

Auch deshalb steht der geschäftliche Erfolg nicht mehr im Vordergrund. Er fesselt mich nicht mehr. Bei dem Projekt *PlusCity* war der erste Grund ein wirtschaftlicher. Dieser Betrieb war nötig, um die anderen zu stabilisieren, das war kein geistlicher Hintergrund. Doch als die Anfrage der *PlusCity*-Leitung kam, wusste ich, dass damit auch Versuchungen einhergehen könnten. Zuerst sagte ich deshalb ab. Dann aber merkte ich, dass von Gott her bei diesem Projekt ein Schutz da sein wird. Deshalb änderte ich meine Meinung.

Das Ergebnis ist, dass es dort nun ein Lokal gibt, in welchem man über Gott spricht. Dahinter steckt kein großer Marketingplan, um die Leute zum Glauben zu bringen, aber manchmal besuchen Christen den Ort mit Personen, die mit dem Glauben noch nichts am Hut haben, und plötzlich ergibt sich ein Gespräch über den Glauben.

Meine Energie hole ich mir dadurch nicht. Ich bin nicht der Wirt, der von Tisch zu Tisch geht, um zu reden und sich Anerkennung einzuholen. Ich habe Gott in meinem Herzen. Den, der das Universum geschaffen hat. Er wird schauen, dass zum Beispiel die Einnahmen passen, daran halte ich fest. Ich habe nicht jeden Tag die gleiche Kraft. Aber er schenkt sie immer in ausreichendem Maß.

Das ist so ganz anders als früher, wo ich aus eigener Kraft versucht habe vorwärtszukommen. Ich war am gleichen Punkt angelangt wie der verlorene Sohn. Ganz unten. Doch nachdem ich alles, was man verbocken kann, verbockt hatte, nahm Gott mich in seine Arme. Er zog mir den Mantel an, die Schuhe und den Ring. Jesus hat meine Geschichte vor 2000 Jahren erzählt und durch ihn habe ich Rettung gefunden.

EPILOG

Warum Hugh Hefner nicht glücklich war

So wie ich noch keinen glücklichen Alkoholiker getroffen habe – und von Berufs wegen bin ich vielen begegnet –, so bin ich auch noch keiner sexsüchtigen Person begegnet, die sich an ihrer Sucht erfreuen kann.

Würde mein Leben als Actionfilm dargestellt, würde vieles erstrebenswert aussehen. Geld, Discos, Autos und Frauen in Hülle und Fülle. Würden im Streifen die Erlebnisse aber so abgebildet, wie sie waren, würde niemand ein solches Leben voller Schmerz und Zerrissenheit führen wollen.

Wohl das Maximum an ausgelebter Sexualität hatte »Playboy«-Gründer Hugh Hefner. Ob er glücklich war? Ich wage es zu bezweifeln. Er wäre der erste Mensch, von dem ich höre, dass er mit einem solchen Lebensstil glücklich ist. Die meisten sagen natürlich nicht öffentlich in eine Kamera, wie sie sich fühlen. Aber später, wenn es still ist, fallen diese Bemerkungen.

Sicher wünschen sich manche, wenigstens mal ein wenig in diese Richtung zu gehen. Mein Rat: Es ist am besten, das ganz einfach nicht zu tun. Glück findet man dabei nicht. Es erfüllt nicht, sondern innerlich kommt einfach der Schrei nach mehr. Und wenn mehr da ist, bleibt die Erfüllung dennoch aus. Und dann will man noch mehr. Die Spirale dreht sich unaufhörlich. Die Dosis muss ständig erhöht werden.

Im Jahr 2000 starb die Pornodarstellerin und Sängerin Lolo Ferrari, die auch bei uns aufgetreten war. Die Todesursache ist bis heute nicht geklärt, es könnten Medikamente, ein Verbrechen oder das Gewicht der Silikonimplantate gewesen sein, das zum Ersticken führte. Sie war knapp 37 Jahre alt geworden. Ich dachte: »Wahnsinn, sie ist auch tot.«

Eigentlich bin ich nie jemandem begegnet, der in diesem Gewerbe wirklich glücklich war. Und als ich von ihrem Sterben unter mysteriösen Umständen hörte, tat sie mir irgendwie leid. Heute denke ich mehr darüber nach, wo diese Menschen hingehen und unter welchem elendigen Schmerz sie zeitlebens vor sich hergetrieben worden sind – und auch wie ihre Kindheit ausgesehen hat. Ich habe noch nie von einem Vater gehört, der sich wünscht, dass seine Prinzessin einmal Pornodarstellerin oder Prostituierte wird.

Ohne Gott finden wir keine Erfüllung. Stattdessen verletzen wir immer mehr Menschen durch die Befriedigung unseres Ego. Früher mochte ich mich selbst nicht. Erst als ich in Christus echte Annahme, Gnade, Liebe und Vergebung fand, kehrte Frieden in mein Leben ein, so wie es in der Bibel steht: »Lasst uns deshalb zuversichtlich vor den Thron unseres gnädigen Gottes treten. Dort werden wir Barmherzigkeit empfangen und Gnade finden, die uns helfen wird, wenn wir sie brauchen« (Hebräer 4,16). Jesus kennt unsere Situation, egal, wie tief wir im Dreck stecken: »Er ist nachsichtig mit den Menschen, auch wenn sie unwissend sind und vom richtigen Weg abkommen, denn er ist denselben Schwächen unterworfen wie sie« (Hebräer 5,2).

Der Friede, den Gott mir geschenkt hat, war echt und bleibend. Nicht so wie zuvor, als ich mich von einem Strohhalm zum nächsten hangelte. Immer wenn ich damals glaubte, »es« nun gefunden zu haben, erkannte ich, dass ich ja nur einen Strohhalm in den Händen hielt.

Das Leben *mit* Jesus ist ein ganz anderes geworden. Ein erfülltes Leben. Deshalb bin ich heute der Steuerbehörde und Gott dankbar, dass die Hinterziehung aufgeflogen ist. Wer weiß, wie mein Leben sonst weitergegangen wäre!

Da ich eigentlich schon alles andere durchhatte, wäre der nächste Schritt wohl der in die Drogen gewesen, denn alles andere gab mir den erwarteten Kick nicht mehr. Am Anfang vielleicht hätte ich nur ein wenig Kokain genommen. Doch danach?

Und hätte ich nicht wirklich alles losgelassen, wäre der Dampfer wahrscheinlich bald wieder in die andere Richtung abgedriftet, sobald ich auch nur etwas Luft bekommen hätte.

Wenn man in den ganzen Süchten festhängt, merkt man das nicht. Ein Reicher hat es schwer, zu Gott zu finden. Wenn man alles hat und einem die Welt zu Füßen liegt, verändert einen das. Auch wenn ich mit mehreren Millionen noch nicht zu den wirklich Reichen gehört habe, so brauchte ich doch nur mit den Fingern zu schnipsen, und ich bekam, was ich forderte. Doch das, was ich forderte, machte mich nicht glücklich.

Damals hingen die Leute an meinen Lippen, wenn ich pointenreich, aber inhaltsarm daherredete. Meine Witze waren stets über der Gürtellinie – aber nur vom Handstand aus gesehen –, und das nicht zu knapp.

Heute habe ich eine ganz andere Botschaft. Nicht eine flache, sinnentleerte. Falls diese Zeilen schnell wieder aus deinen Augen entschwinden, habe ich eine Bitte an dich: Lass diesen einen Gedanken nicht mehr aus deinem Kopf: Gott liebt dich. Er nimmt dich in seiner Gnade bedingungslos an. Er tauscht dein müdes und abgekämpftes Herz, das womöglich schon oft enttäuscht worden ist, durch ein neues aus. Ein Ja zu ihm genügt.

Nur Gott kann ein Leben wie meines verändern. Und er kann auch deines verändern.

Packen wir's an – es gibt keinen besseren Tag

Lange habe ich nach Sinn, Frieden, Ruhe und innerer Freiheit gesucht. Dabei habe ich immer mehr Menschen verletzt und mich selbst innerlich so weit zerstört, dass ich – am Tiefpunkt angelangt – nicht mehr leben wollte. Dabei hatte Gott mir seine Hand schon mehrfach entgegengestreckt, ohne dass ich dies bemerkt hatte, so wie der Prophet Jesaja es vor etwa 2700 Jahren beschrieben hat: »Ich war für die erreichbar, die nicht nach mir fragten. Ich war für die zu finden, die nicht nach mir suchten« (Jesaja 65,1).

Mit diesen Zeilen streckt Gott seine Hand nach dir aus. Ausführlich habe ich dargestellt, wie ich alles ausprobiert und das Glück doch nicht gefunden habe. Es war, wie König Salomo es beschrieben hat, ein Haschen nach Wind. Aber in Jesus Christus habe ich genau das gefunden, was diese Welt nicht bieten kann: ewige Hoffnung und echte Freiheit.

Wir alle sehnen uns nach Glück, echter Freiheit und innerem Frieden, doch aus uns heraus können wir dies nicht erreichen. Deshalb wurde Gott aktiv: Er schickte Jesus in diese Welt. Alles an ihm war außergewöhnlich: seine Geburt, sein Leben, sein Tod und seine Auferstehung. Weil du nicht so leben kannst, wie es Gott gefällt, starb Jesus am Kreuz für dich, damit dir vergeben ist und du Frieden mit Gott und ewiges Leben erhalten kannst.

Es gibt keinen besseren Tag als heute, um mit Gott ins Reine zu kommen und Jesus als Erlöser und Herrn anzunehmen. Es ist die wichtigste Entscheidung, die du in deinem Leben treffen kannst.

Durch Jesus kannst du eine persönliche Beziehung mit Gott haben. Wenn du dies möchtest, kannst du zum Beispiel dieses Gebet beten oder eines mit eigenen Worten formulieren: *»Jesus, ich glaube, dass du der Sohn Gottes bist. Ich glaube, dass du für meine Sünden gestorben bist. Bitte vergib mir meine Schuld und komm in mein Leben. Ich akzeptiere dich als meinen Erlöser und Herrn. Gott Vater, ich möchte mein Leben von nun an in Beziehung mit dir leben. Danke für deine Liebe. Amen.«*

Beginne, in der Bibel zu lesen, am besten im Neuen Testament, und lerne Jesus Christus dadurch immer besser kennen, so wie es in 1. Timotheus 1,15-16 steht:

> Was ich sage, ist wahr und glaubwürdig: Christus Jesus kam in die Welt, um Sünder zu retten – und ich bin der Schlimmste von allen. Aber Gott hatte Erbarmen mit mir, damit Jesus Christus mich als leuchtendes Beispiel für seine unendliche Geduld gebrauchen konnte. So bin ich ein Vorbild für alle, die an ihn glauben und das ewige Leben erhalten werden.

Das ist für mich ein Schlüsselvers: An meinem Beispiel können alle erkennen, dass jeder Mensch den Zugang zu Jesus Christus finden kann.

Wilhelm Buntz

Der Bibelraucher

Die knallharte Lebensgeschichte
eines Ex-Knackis

Gebunden, 13,5 x 21,5 cm, 256 S.,
mit Prägung auf dem Schutzumschlag
Nr. 395.860, ISBN 978-3-7751-5860-2

Im Gefängnis greift Buntz zur Bibel. Er liest eine Seite, reißt sie heraus, rollt sich eine Kippe. So qualmt er sich bis zum Neuen Testament. Da packt ihn der Text. Gott sagt: »Ich bin treu wie ein liebender Vater.« Ist das möglich? Noch im Knast gibt Buntz diesem Gott eine Chance und merkt schnell: Das Leben mit Gott ist auch knallhart. Knallhart voller Wunder.

Stephan Maag, Daniel Gerber

Ungezähmt für Jesus

Mein wildes, freies Leben

Klappenbroschur, 14 x 21,5 cm, 272 S.,
inkl. 16-seitigem Bildteil
Nr. 395.762, ISBN 978-3-7751-5762-9

Erfahrungen mit Drogen und Kriminalität prägten das Leben von Stephan Maag – dann folgt er dem Ruf Gottes. Er predigt das Kreuz mit verrückten Aktionen, lebt mit Obdachlosen und reist zu verfolgten Christen. Dabei begegnen ihm immer wieder Wunder. Ein mutmachendes Buch!

Bitte fragen Sie in Ihrer Buchhandlung nach diesen Titeln!
Oder schreiben Sie an: SCM Hänssler in der SCM Verlagsgruppe GmbH, D-71087 Holzgerlingen; E-Mail: info@scm-haenssler.de;
Internet: www.scm-haenssler.de